燃气行业管理实务系列丛书

燃气公司法律纠纷案例分析及应对指南

金 玮 编著

中国建筑工业出版社

图书在版编目(CIP)数据

燃气公司法律纠纷案例分析及应对指南/金玮编著. —北京：中国建筑工业出版社，2019.9
（燃气行业管理实务系列丛书）
ISBN 978-7-112-24096-8

Ⅰ.①燃… Ⅱ.①金… Ⅲ.①天然气工业-工业企业-经济纠纷-案例-中国 Ⅳ.①D925.105

中国版本图书馆 CIP 数据核字（2019）第 180631 号

　　本书从燃气公司日常经营管理的现状出发，通过对人民法院审理的案例进行大数据的详尽分享，对燃气公司面临的燃气特许经营权、燃气建设施工合同、燃气供用气合同、计量纠纷和燃气事故人身损害赔偿如何处理，以及盗窃燃气罪、故意损害易燃易爆设备罪的防范，还有燃气公司应对反垄断、反不正当竞争等行政处罚的应对措施，从刑事、民事、行政三个维度就燃气企业的法律风险进行了认真梳理，并结合司法案例和编者担任燃气企业法律顾问 16 年的经验，就法律风险提出整改措施。

　　本书可作为燃气企业主管部门、燃气企业管理人员和燃气企业从事市场开发、管网运营、工程建设和操作人员使用，也可作为其他专业管理人员以及大专院校相关专业师生使用。

责任编辑：胡明安
责任校对：赵听雨　焦　乐

燃气行业管理实务系列丛书
燃气公司法律纠纷案例分析及应对指南
金　玮　编著

*

中国建筑工业出版社出版、发行(北京海淀三里河路 9 号)
各地新华书店、建筑书店经销
北京红光制版公司制版
北京建筑工业印刷厂印刷

*

开本：787×1092 毫米　1/16　印张：14　字数：240 千字
2019 年 10 月第一版　　2019 年 10 月第一次印刷
定价：**56.00** 元
ISBN 978-7-112-24096-8
（34598）

燃气行业管理实务系列丛书
编 委 会

本 书 编 委 会

主　编　金　玮　山东汉顿律师事务所

副 主 编（按姓氏拼音为序）

李华明　重庆三峡燃气（集团）有限公司

乔腾飞　山东汉顿律师事务所

伍荣璋　华润燃气华中大区长沙区域公司

张会会　山东汉顿律师事务所

编　委（按姓氏拼音为序）

高敏娜　山东汉顿律师事务所

何　卫　深圳市燃气集团股份有限公司

刘晓东　惠州市惠阳区建筑工程质量监督站

楼聪冲　山东汉顿律师事务所

彭知军　华润燃气控股有限公司

阳抗震　华润燃气华中大区郴州区域公司

自　序

作为一名为燃气行业服务超过 16 年的律师，我为燃气公司做过无数场培训，但是我一直考虑：燃气公司需要一本什么样的法律书籍？

相对于市场上关于房地产、医疗、建筑工程、公司法等诸多法律专业的书籍，其中精品多多，是很多优秀同行的作品，不但具有理论性，更具有实际操作性，确实是作者心血的结晶，但是我更感觉，这些书绝大部分是给律师、法官或企业法务看的，对于关心气源指标、新增气量的燃气公司高管或员工来讲，他们缺乏法律专业知识和耐心来认真阅读，其实就广大律师来讲，如果不是工作需要，也很少有人愿意长篇大论地阅读法律专业书籍，因此实用性、便捷性就是 e 能律师团队出版本书的目的。

目的定了，落实到实际出书过程中就是目录的设计问题。按照传统的方式，可以编撰为"燃气公司民事案件法律风险分析""燃气公司行政案件法律分析"之类的格式，但是这样是法学院的写法，不是燃气公司读者的阅读习惯，如何编制既通俗易懂又随手可查的图书？这个问题一直困扰我，后来感谢燃气行业友人提示，建议按照燃气公司的行业特点而不是按照法律分类进行编撰，所以，我们团队将燃气公司常见的案例，没有按照传统的民事、刑事、行政三大类区分，而是按照燃气公司日常经营范围进行区分，从燃气公司的气源采购、建设工程开始，再按照运营管理、客户管理的常见纠纷，最后结合偷盗气等燃气公司常见的刑事案件和燃气公司关心的燃气特许经营、反垄断及不正当竞争进行了章节安排。这样更贴近燃气公司管理人员和普通员工的阅读习惯。

在具体案例的编排上，我们没有直接告诉读者法律答案，而是先提出具体问题，让读者带着问题去阅读，促使读者通过研究案例来知道问题的由来并增进对法律问题的思考，"律师解析"、"实务启示"两部分，分析和提示了今后遇到类似问题的解决方案。

整个体系，遵循提出问题、分析问题、解决问题三个维度进行编撰，这也一直是 e 能燃气律师团队的工作思维方式。

所以，这不是一本法律理论书，而是一本燃气公司能作为员工普法的口袋书、工具书。我感觉燃气公司需要的就是这么一种案例汇编，可以作为工具书，让他们在发生类似纠纷时，有据可查。

本书编撰案例，其中有一部分案件是我们团队代理的，但绝大部分来源于中国裁判文书网，因为是全国范围公开，所以我们没有像通常法律书籍那样，将其中的当事人变成 A 公司、B 公司来表述，而是直接将大部分当事人名称化名，其中非常重要的原因就是希望方便读者阅读。当然考虑到读者绝大多数都为非法律专业人士，所以在案例编撰中，我们力争将案例写得通俗易懂，避免那些冗长枯燥的表述，但是因为编写时间短，团队律师还要处理诸多燃气公司的诉讼和法律顾问业务，因此表达得不够清晰，各位读者多多见谅。希望在今后的修改中补正。

感谢团队律师在百忙中对本书的支持，张会会律师承担团队中最重要的为燃气公司客户提供合同审查、出具法律意见等重要工作，在繁重的工作任务后还要进行案例编撰，很多工作任务都是在凌晨三四点钟完成的；乔腾飞律师往返于各地办理燃气公司的诉讼案件，往往是开了一天车回来再审核章节；最后还要感谢楼聪冲律师，如果不是她充当"首席逼疯官"的重要角色，我们团队在这么短的时间内是无法完成这本书的编撰的。

法律和行业结合起来才生动、鲜活，来自燃气行业的专业人士李华明、何卫从燃气专业角度提供重要意见和深刻见解。在资料收集过程中，刘晓东、阳抗震提供目录指导，并对全书做了统筹和校对工作。

当然本书有很多不足，包括体例的编排应该更理想一些，可是时间短、任务重，还要兼顾团队的办案，也只能编到这里了。

一本案例汇编的工具书，我们只是编者，没什么可骄傲的。如果读者能从其中得到些许收益，那是代理案件的诸多律师和审理案件的法官的功劳，并非我们。

中国燃气律师网创办人

山东汉顿律师事务所主任

e 能燃气律师团队负责人　金玮律师

2019 年 7 月 11 日于山东青岛

目　录

第一章　工程施工类　　第一节　建设工程合同纠纷……………… 3
　　　　　　　　　　　第二节　第三方施工损害赔偿纠纷 ……… 14
　　　　　　　　　　　第三节　提供劳务者受害责任纠纷 ……… 25
　　　　　　　　　　　第四节　管道铺设相邻权纠纷 …………… 35

第二章　运营管理类　　第一节　燃气开通纠纷 ………………… 47
　　　　　　　　　　　第二节　施工破坏纠纷 ………………… 54
　　　　　　　　　　　第三节　排除妨害纠纷 ………………… 60
　　　　　　　　　　　第四节　计量表更换纠纷 ……………… 66

第三章　用户服务类　　第一节　人身伤害纠纷 ………………… 75
　　　　　　　　　　　第二节　燃气过户纠纷 ………………… 80
　　　　　　　　　　　第三节　用气计量纠纷 ………………… 86
　　　　　　　　　　　第四节　停气损失赔偿纠纷 …………… 93

第四章　燃气行业刑事　第一节　偷盗气犯罪 …………………… 101
　　　　犯罪类　　　　第二节　破坏易燃易爆设备罪 ……… 110
　　　　　　　　　　　第三节　职务侵占罪 ………………… 112
　　　　　　　　　　　第四节　偷漏税犯罪 ………………… 118

第五章　燃气特许经营　第一节　燃气特许经营权行政侵权纠纷 …… 123
　　　　权类　　　　　第二节　燃气特许经营权民事侵权纠纷 …… 139
　　　　　　　　　　　第三节　管道运输合同纠纷 ………… 147
　　　　　　　　　　　第四节　气源计量纠纷 ………………… 158

第六章　反不正当竞争　第一节　垄断协议类 …………………… 171
　　　　与反垄断类　　第二节　强制收费类 …………………… 176
　　　　　　　　　　　第三节　工程绑定类 …………………… 184

附录 1：燃气公司新闻舆情应对法律指引 ……………………………… 190
附录 2：关于工业用户气费清欠工作流程 ……………………………… 196
附录 3：居民燃气用户入户安检流程法律指引 ………………………… 199
附录 4：天然气盗窃刑事案件大数据分析报告 ………………………… 207

第一章　工程施工类

第一节　建设工程合同纠纷

　　燃气工程建设是燃气公司生产经营中必不可缺的一环，一般涉及金额巨大，而且直接影响后期燃气用户的安全使用。燃气工程建设中时常因合同约定不明确或履行不规范等原因导致发包方和承包方间矛盾纠纷不断，违法违规现象时有发生。这不但徒增了各方的违约责任或维权成本，而且纠纷经常导致燃气工程不能按时竣工，严重损害后期燃气用户的利益。

　　因此，在燃气建设工程合同签订时应注意哪些事项，以避免合同履行中可能发生的争议，显得十分重要。本章作者将就竣工验收、违约责任以及工程结算三个方面抛砖引玉。

一、实务要点

　　（1）如燃气工程未经竣工验收，燃气公司即运营供气，会有什么法律后果？

　　（2）燃气公司在燃气工程合同中设定的违约责任应考虑哪些方面？

　　（3）燃气工程结算应注意哪些问题？

二、案例解析

1. 案例一　南化公司与西海燃气公司建设施工合同纠纷

（1）案情概要

　　2013年2月6日，南化公司与西海燃气公司签订综合利用工程施工合同。合同约定工程范围为新建输气管道、城区次高压管道、城区中压管道、新建门站1座、调压站2座等；合同开工日期暂定2013年2月6日，正式开工日期以开工报告为准；2013年4月20日前具备通气条件，2013年6月30日具备竣工验收条件；合同固定总价为44132023元。

　　2013年5月10日，南化公司、西海燃气公司又签订了盈德气体工程、根源光大工程、卫星能源工程施工合同各一份，作为综合利用工程合同的增补合同。盈德气体工程合同约定，工程范围为次高压A管线、调压计量柜的施工；合同开工日期暂定2013年5月26日，正式开工日期以开工报告为准；2013年8月20日前具备通气条件，2013年9月30日具备竣工验收条件；合同固定总价为458952元。根源光大工程合同约定，工程范围为次高压 A 管线、调压计量柜的施工；合同开工日期暂定 2013 年 5 月 26 日，正式开工日期以开工报告为准；2013 年 8 月 20 日前具备通气条件，2013 年 9 月 30 日具备竣工验收条件；合同固定总价为 1498074 元。卫星能源工程合同约定，工程范围为次高压 A 管线、调压计量站的施工；合同工期为开工日期暂定 2013 年 5 月 26 日，正式开工日期以开工报告为准；2013 年 9 月 20 日前具备通气条件，2013 年 10 月 30 日具备竣工验收条件；合同固定总价为 2011328 元。

综合利用工程于 2012 年 10 月 8 日开工，于 2013 年 7 月 30 日交工；盈德气体工程于 2013 年 3 月 22 日开工，于 2013 年 8 月 31 日交工；根源光大工程于 2013 年 3 月 28 日开工，于 2013 年 11 月 21 日交工；卫星能源工程于 2013 年 8 月 18 日开工，于 2013 年 11 月 23 日交工。

2013 年 12 月 27 日至 2015 年 7 月，西海燃气公司对争议工程进行了运行生产。

2014 年 1 月 4 日，南化公司向西海燃气公司提交了上述工程的结算文件、已完工程量确认单及竣工图等资料。

2014 年 9 月 9 日，平湖市发展和改革局会同国土资源局、规划建设局、环保局等单位对涉案工程进行了工程环保、安全、质监、消防、职业卫生等验收，出具了平湖市独山港区天然气综合利用工程竣工验收鉴定书，意见为：工程已按批准的建设规模、标准和要求建成，工程总投资基本控制在批准的概算内，工程质量合格，试运行情况良好，竣工验收手续基本完备，归档资料基本齐全，具备竣工验收条件，同意工程通过竣工验收。

2015 年 4 月 17 日，南化公司再次向西海燃气公司移交了涉案工程的竣工资料。

2012 年至 2015 年期间，西海燃气公司共向南化公司支付工程款 3795 万元。

西海燃气公司委托北京中燕通华工程造价咨询有限公司对上述工程进行了工程结算审核，北京中燕通华工程造价咨询有限公司于 2014 年 9 月 11 日出具了审核结果。2014 年 9 月 26 日，南化公司、西海燃气公司对审核结果进行了确认，其中综合利用工程审定金额为 49911198.28 元，盈德气体工程审定金额为 458952 元，根源光大工程审定金额为 1498074 元，卫星能源工程审定金额为 2190445.29 元，合计 54058669.57 元。

事后，双方对付款及竣工情况产生异议。南化公司向浙江省平湖市人民法院起诉西海燃气公司，诉请西海燃气公司支付南化公司工程款16108669.57元，并按中国人民银行同期贷款利率支付逾期利息至判决确定的付款之日止（其中13405736.10元工程款从2014年2月4日起计算逾期付款利息，其中质保金2702933.47元从2015年1月15日起计算逾期付款利息）。西海燃气公司随后提起反诉，诉请南化公司向西海燃气公司支付逾期竣工的违约损失423万元，包括逾期竣工及逾期交付竣工资料的利息损失、延期竣工造成的生产营业利润损失、延期竣工造成的公司管理、工资支出损失以及增加的监理费用损失。

1）关于工程竣工验收的时间。西海燃气公司主张应以平湖市发展和改革局主持进行的竣工验收所确定的日期2014年9月9日为竣工验收日期。南化公司主张应以西海燃气公司进行生产运行的日期2013年12月27日为竣工验收日期。

一审法院认为，平湖市发展和改革局所主持的竣工验收并非对施工工程的竣工验收，而是对西海燃气公司该投资项目是否符合各项标准、要求等而进行的验收，不能确定为竣工验收日期；而西海燃气公司于2013年12月27日开始使用争议工程，西海燃气公司虽称之为试生产，但实际生产运行时间长达一年多，且双方在建设工程施工合同中并未约定工程需要进行试生产，故西海燃气公司系擅自使用建设工程，西海燃气公司的行为可视为对涉案工程竣工验收合格的确认，故认定2013年12月27日为工程竣工验收合格日。

2）关于工程款结算。一审法院认为，根据双方合同的约定，西海燃气公司向南化公司支付工程款至工程结算价款的95%，必须同时具备工程竣工验收合格及南化公司向西海燃气公司提交结算书之后的30日内，而南化公司向西海燃气公司提交结算书的日期为2014年1月4日，故根据合同约定，西海燃气公司向南化公司支付至工程结算价款的95%的日期为2014年2月3日前，本案工程总价款为54058669.57元，支付至95%为51355736.10元，但西海燃气公司支付至3795万元，尚余13405736.10元，对于该款西海燃气公司应及时向南化公司支付，但西海燃气公司逾期未支付，明显属违约，故对于南化公司要求西海燃气公司支付以13405736.10元为基数，按中国人民银行同期贷款利率，从2014年2月4日计算至判决确定的履行之日止的利息的请求，法院予以支持。对于剩余5%的工程款即2702933.47元，双方约定为质保金，于工程保修期满后十四个工作日内支付给南化公司。双方在建设工程施工合同中约定，

"保修期自竣工验收之日起一年，且满足法律法规规定最低保修年限"，但该约定出现在支付保修金的条款中，而双方对工程的保修期另行签订了工程质量保修书进行详细约定，故上述条款并非对工程保修期的约定，而是对工程保修金支付时间的约定，本案工程于 2013 年 12 月 27 日竣工验收合格，故法院认定西海燃气公司应返还质保金的时间为一年后 14 个工作日内，即 2015 年 1 月 16 日前支付。该质保金到期后，西海燃气公司应及时向南化公司支付，但西海燃气公司逾期未支付，明显属违约，故对于南化公司要求西海燃气公司支付质保金 2702933.47 元，并支付以该金额为基数，按中国人民银行同期贷款利率计算至本判决确定的履行之日止的利息的请求，予以支持，但利息应从 2015 年 1 月 17 日起算。

3) 关于逾期竣工。一审法院认为，南化公司虽分别于 2013 年 7 月 30 日（综合利用工程）、2013 年 8 月 31 日（盈德气体工程）、2013 年 11 月 21 日（根源光大工程）、2013 年 11 月 23 日（卫星能源工程），与西海燃气公司办理了交工手续，但南化公司直至 2014 年 1 月 4 日才向西海燃气公司交接了竣工资料，故上述交工时间均不是具备竣工验收条件的时间；但由于西海燃气公司已于 2013 年 12 月 27 日开始使用争议工程，法院认定西海燃气公司为擅自使用争议工程，故法院认定西海燃气公司的行为视为确认工程竣工验收合格，但在该日之前南化公司并无证据证实工程已具备了竣工验收的条件，故法院认定 2013 年 12 月 27 日系工程具备竣工验收条件的日期。虽然南化公司提供的设计变更通知单、施工变更联络单及工程量签证单能够证明在施工过程中存在设计、施工及工程量的变化，但根据双方合同的约定，工期顺延需经西海燃气公司的同意及南化公司的书面申请，但上述证据内容均无工期顺延的要求，且工程设计及施工发生变化，也不必然导致工期延长，故不涉及工期顺延。因此，综合利用工程应于 2013 年 6 月 30 日，但实际于 2013 年 12 月 27 日具备竣工验收条件，延误了工期；盈德气体工程及根源光大工程均应于 2013 年 9 月 30 日，但实际于 2013 年 12 月 27 日具备竣工验收条件，延误了工期。

一审法院判决：①西海燃气公司支付南化公司工程款 13405736.10 元及质保金 2702933.47 元，合计 16108669.57 元；并支付上述款项逾期支付的利息（其中 13405736.10 元从 2014 年 2 月 4 日起计算，2702933.47 元从 2015 年 1 月 17 日起计算，均按中国人民银行同期同类贷款基准利率计算至该判决确定的履行之日止）；②南化公司赔偿西海燃气公司工期延误的损失（其中综合利用工程以 2100 万元为基数，从 2013 年 7 月 1 日起算；根源光大工程、盈得气体工程合计以 120 万元为基数，从 2013 年 10 月 1 日起算；上述损失均按中国人民银行同期同类贷款基准利率计算至 2013 年 12 月 27 日止）；上述①、②项折抵后，西海燃气公司应于该判决生效后十日内将应付的款项支付给南化公司；③驳回南化公司的其他本诉请求；④驳回西海燃气公司的其他反诉请求。

西海燃气公司对浙江省平湖市人民法院作出的（2015）嘉平民初字第 2083 号民事判决不服，向浙江省嘉兴市中级人民法院提起上诉，要求撤销原判中要求西海燃气公司承担的 1079789.94 元（按照中国人民银行同期同类贷款基准利率计算，至 2015 年 5 月 16 日）。

西海燃气公司认为，双方签订的《建设工程施工合同》明确约定了工程款的支付方式，其中"工程竣工验收合格且向西海燃气公司提交结算书后 30 日内支付工程结算价款到 95％并结清履约保证金"。提交完整的竣工资料既是工程所需要件，也是南化公司应尽的合同义务。涉案工程于 2014 年 9 月 9 日验收，南化公司移交完整竣工资料日期为 2015 年 4 月 17 日（建设工程竣工资料需要到平湖市城建档案部门完成备案手续且验收合格），而西海燃气公司在提交竣工资料后 30 日内（即 2015 年 5 月 16 日前）已支付工程款 3795 万元，款项给付符合合同约定，不构成违约。

二审查明事实与一审认定的事实一致。

（2）裁判要旨

二审法院认为，根据双方合同约定，工程竣工验收合格且南化公司向西海燃气公司提交结算书后 30 日内，西海燃气公司应支付至工程结算款的 95％。二审争议焦点即上述付款时间节点如何认定，西海燃气公司是否逾期付款。

关于付款节点中"工程竣工验收合格"的时间，西海燃气公司在工程尚未竣工验收的情况下，擅自使用涉案工程进行生产运行，时间长达一年多，该行为表明其对合同标的物的认可，视为对涉案工程竣工验收合格的确认；再者，从实践角度，发包方一旦使用工程，即意味着标的物从承包方向发包方转移占有，若以之后的验收来确定竣工日期，难以区分质量责任。一审法院据此以西海燃气公司生产运行的日期 2013 年 12 月 27 日作为竣工验收日期，符合司法解释的相关规定，并无不当。西海燃气公司认为应以平湖市发展和改革局主持进行的竣工验收日期来确定，但该竣工验收并非对施工工程的竣工验收，而是对投资项目的验收，故对西海燃气公司的该抗辩意见，二审不予采信。

　　根据查明的事实，2014 年 1 月 4 日南化公司向西海燃气公司提交了涉案全部工程的结算文件、已完工程量确认单及竣工图等资料。至此，"工程竣工验收合格且南化公司向西海燃气公司提交结算书"的条件已经成就，西海燃气公司应按约在该日起 30 日内支付相应工程款。西海燃气公司认为应以 2015 年 4 月 17 日南化公司第二次移交竣工资料作为提交结算书的日期，缺乏依据。一审法院据此认定西海燃气公司逾期支付工程款并按上述时间节点计算利息，并无不当。

　　（3）裁判结果

　　二审法院判决驳回西海燃气公司上诉，维持一审判决结果。

　　（4）律师解析

　　本案中南化公司与西海燃气公司办理交工手续后迟迟未向西海燃气公司提交竣工资料，实则违约在先，但西海燃气公司在未经竣工验收的情况下即进行生产运行构成擅自使用，是西海燃气公司在本案中最致命的漏洞。

　　实践中，燃气公司经常会在面对来自用户端或相关部门要求尽快通气的压力下，忽视竣工验收程序的重要性，擅自使用未经竣工验收的燃气工程，事后再倒签补齐竣工验收手续。燃气公司这种未经竣工验收即擅自使用的行为，已经违反了《中华人民共和国合同法》《中华人民共和国建筑法》《建设工程质量管理条例》《最高人民法院关于审理建设工程施工合同纠纷案件适用法律问题的解释》《中华人民共和国消防法》以及《城镇燃气管理条例》等相关法律法规，不但将导致理应可以主张的民事权利不能再得到保护，而且将承担行政方面的不利法律后果。

　　燃气建设工程擅自使用的法律后果：

　　1）因违反相关法律规定，发包方将受到行政处罚。

　　2）发包方擅自使用建设工程之日将被视为竣工日期，同时，若合同双方就工程款支付的时间节点约定不明，将导致发包方擅自使用之日被视为工程款应支付之日，逾期支付还将承担违约责任。

　　3）擅自使用后工程的占有发生转移，若发包方再以已使用部分（除地基基础工程和主体结构外）质量不符合约定为由主张民事权利，将难以得到法律支持，同样，若发包方再以工程存在质量问题为由拒付工程款，也将难以得到法律支持。

　　（5）实务启示

　　1）如果出现施工方逾期竣工验收燃气工程的情况，燃气公司应及时以合法有效的途径给施工方施加压力促使其配合竣工验收，而不应未经竣工验收即擅自使用燃气工程。

2）燃气公司在签订燃气工程合同时，应明确约定工程进度的时间节点及逾期违约责任。设定违约责任时应充分考虑，如果工程逾期竣工，燃气公司需要向用户端承担的违约责任，以及如果燃气工程迟迟不竣工交付，燃气公司通过法律途径维权的成本等。

3）一旦出现工程逾期的情况，燃气公司应及时固定往来函件等相关证据，并通过发送商务函、律师函等方式敦促施工方配合竣工验收，如果施工方依旧不作为，燃气公司应尽快启动法律途径维权。

（6）相关规定链接

1）《中华人民共和国合同法》

第二百七十九条 建设工程竣工后，发包人应当根据施工图纸及说明书、国家颁发的施工验收规范和质量检验标准及时进行验收。验收合格的，发包人应当按照约定支付价款，并接收该建设工程。建设工程竣工经验收合格后，方可交付使用；未经验收或者验收不合格的，不得交付使用。

2）《中华人民共和国建筑法》

第六十一条 交付竣工验收的建筑工程，必须符合规定的建筑工程质量标准，有完整的工程技术经济资料和经签署的工程保修书，并具备国家规定的其他竣工条件。

建筑工程竣工经验收合格后，方可交付使用；未经验收或者验收不合格的，不得交付使用。

3）《中华人民共和国消防法》

第十三条 国务院住房和城乡建设主管部门规定应当申请消防验收的建设工程竣工，建设单位应当向住房和城乡建设主管部门申请消防验收。

前款规定以外的其他建设工程，建设单位在验收后应当报住房和城乡建设主管部门备案，住房和城乡建设主管部门应当进行抽查。

依法应当进行消防验收的建设工程，未经消防验收或者消防验收不合格的，禁止投入使用；其他建设工程经依法抽查不合格的，应当停止使用。

4）《建设工程质量管理条例》

第十六条 建设单位收到建设工程竣工报告后，应当组织设计、施工、工程监理等有关单位进行竣工验收。

建设工程竣工验收应当具备下列条件：

（一）完成建设工程设计和合同约定的各项内容；

（二）有完整的技术档案和施工管理资料；

（三）有工程使用的主要建筑材料、建筑构配件和设备的进场试验报告；

（四）有勘察、设计、施工、工程监理等单位分别签署的质量合格文件；

（五）有施工单位签署的工程保修书。

建设工程经验收合格的，方可交付使用。

第五十八条　违反本条例规定，建设单位有下列行为之一的，责令改正，处工程合同价款百分之二以上百分之四以下的罚款；造成损失的，依法承担赔偿责任；

（一）未组织竣工验收，擅自交付使用的；

（二）验收不合格，擅自交付使用的；

（三）对不合格的建设工程按照合格工程验收的。

5）《城镇燃气管理条例》

第十一条　进行新区建设、旧区改造，应当按照城乡规划和燃气发展规划配套建设燃气设施或者预留燃气设施建设用地。

对燃气发展规划范围内的燃气设施建设工程，城乡规划主管部门在依法核发选址意见书时，应当就燃气设施建设是否符合燃气发展规划征求燃气管理部门的意见；不需要核发选址意见书的，城乡规划主管部门在依法核发建设用地规划许可证或者乡村建设规划许可证时，应当就燃气设施建设是否符合燃气发展规划征求燃气管理部门的意见。

燃气设施建设工程竣工后，建设单位应当依法组织竣工验收，并自竣工验收合格之日起 15 日内，将竣工验收情况报燃气管理部门备案。

6）《最高人民法院关于审理建设工程施工合同纠纷案件适用法律问题的解释》

第十三条　建设工程未经竣工验收，发包人擅自使用后，又以使用部分质量不符合约定为由主张权利的，不予支持；但是承包人应当在建设工程的合理使用寿命内对地基基础工程和主体结构质量承担民事责任。

第十四条　当事人对建设工程实际竣工日期有争议的，按照以下情形分别处理：

（一）建设工程经竣工验收合格的，以竣工验收合格之日为竣工日期；

（二）承包人已经提交竣工验收报告，发包人拖延验收的，以承包人提交验收报告之日为竣工日期；

（三）建设工程未经竣工验收，发包人擅自使用的，以转移占有建设工程之日为竣工日期。

2. 案例二　天虹燃气公司与牛某建设施工合同纠纷

（1）案情概要

2010 年 12 月 31 日，天虹燃气公司（甲方，发包人）与牛某（乙方，承包人）签订工程建设施工合同。工程内容为用户庭院管道及支线管道工程土方施工，合同约定的开工日期为 2011 年 1 月 1 日，竣工日期为 2011 年 12 月 31 日，合同约定的计价原则为土方结算按甲方指定的《2009 年燃气管网工程综合造价费用明细表（修改）》进行结算，本单价为一次性包干价格，再不做其他任何签证、材料、人工、机械等费用。

合同签订后牛某开始施工，至 2012 年 12 月工程完工。

2012 年 4 月 13 日双方进行了工程款的第一次结算，结算金额为 1685048.38 元。后双方进行了第二次结算，在第一次结算金额的基础上，追加金额 502808.26 元。至 2013 年 1 月 14 日，天虹燃气公司共支付牛某工程款 2187856.64 元。

事后，牛某认为两次结算并没有涵盖所有的工程量，协商无果，便向法院起诉诉请天虹燃气公司支付工程款，同时申请对涉案的 53 张《工程量确认单》记载的工程量对应工程造价按建设行政主管部门发布的计价方法或者标准进行鉴定。2018 年 1 月 16 日，青海百鑫工程造价司法鉴定所出具青百工所（2017）工鉴字第 026 号司法鉴定意见书，鉴定结论工程款总价为 2808768.34 元。

一审法院认为，关于工程款的结算，双方在合同履行过程中并未按照合同约定的计价方式进行结算，至少进行了两次以上的结算，且结算工程款的数额不断增加，双方的该行为应视为对合同约定的计价方式的变更，从公平原则考虑，天虹燃气公司应当按照牛某的实际施工量对工程款予以结算。根据鉴定结论工程款总价为 2808768.34 元，扣除天虹燃气公司已经给付牛某的工程款 2187856.64，剩余工程款 620911.7 元应由天虹燃气公司向牛某承担给付责任。

一审法院判决：天虹燃气公司于一审判决发生法律效力之日起十日内给付牛某工程款 620911.7 元。

天虹燃气公司对一审判决不服，提起上诉。诉请撤销原判驳回牛某的诉讼请求。事实与理由：双方对工程的计价标准及计价方法有明确约定，合同约定涉案工程为固定单价，双方已根据工程量及约定的固定单价对工程款完成结算并全部支付。牛某出具的《工程结算承诺书》进一步明确本案工程已全部结算完毕，不再做任何调整。两次结算均是按工程量及合同约定固定单价进行结算，属于对遗漏工程量的补充核算并非"变更合同计价方式"。

二审查明事实与一审认定的事实一致。

（2）裁判要旨

法院认为，案件的争议焦点为：天虹燃气公司与牛某之间就涉案工程款是否已经结算完毕。

本案工程款的结算需确定清单工程量及工程单价两个因素。牛某认可53张《工程确认单》中确认的工程量就是其全部完成的工程量，双方当事人均明确对53张工程确认单中确认的工程量无异议，仅对计价方式存在争议。天虹燃气公司主张按照合同约定的固定单价计算工程款，牛某主张按照建设部门发布的计价方式计算工程款。本案中双方当事人签订的《工程建设施工合同》第六条计价原则约定"土方结算按甲方（天虹燃气公司）制定的《2009年燃气管网工程综合造价费用明细（修改）》进行结算，本单价为一次性包干价格，再不做其他任何签证、材料、人工、机械等费用。"该合同已经约定采用固定单价的计价标准及计价方式，双方当事人第一次结算时按照牛某已完成工程量乘以固定单价的方式确定结算工程款为1685048.38元，第二次结算时对于遗漏的部分工程量亦采取遗漏工程量乘以固定单价的方式确定结算工程款为502808.26元。两次实际结算均采用已完成工程量乘以合同约定固定单价的方式计算工程款，表明双方一直依据合同约定的固定单价结算工程款，不存在变更合同计价方式的情形。因此，本案应采用合同约定的固定单价的计价方式计算工程款。本案中用已完成工程量乘以固定单价就可以计算出本案工程款，无须再通过鉴定机构重新鉴定工程价款。一审法院委托司法鉴定机构对本案工程造价按建设行政主管部门发布的计价方式或者计价标准进行鉴定并据此作出判决错误，应予纠正。天虹燃气公司提交的由牛某出具的《工程结算承诺书》一份，承诺书显示"牛某所承建的天虹燃气公司土方工程最终工程量截至2012年12月26日已得到全部确认，结算已经全部完成。本人承诺，今后若发生工程量疑义（异议）、工人工资及其他纠纷，均由本人承担所有责任。本结算为最终结算，不再做任何调整，签字确认后即为生效。"承诺书有牛某签字捺印即表示牛某认可涉案工程已经完成最终结算的事实。牛某的工程款已付清，应驳回牛某的诉讼请求。

（3）裁判结果

驳回牛某的诉讼请求。

（4）律师解析

建设工程在施工过程中，经常出现增减工程量的情况，施工方会采用签证、工程量确认单等方式要求发包方确定增加的工程量，事后再一并进行工程款结算。这要求发包方要严格内部管理，规范工程量确认流程，及时审查发包方提交的工程量结算文件。避免被施工方蒙蔽，草率确认增加的工程量，进而导致发包方需要支出不必要的费用。

（5）实务启示

燃气工程中经常使用的结算方式主要有两种，固定总价和固定单价。当合同采用固定总价结算方式时，燃气公司作为发包方应严格审核增加的工程量签证，谨防施工方通过低价拿项目再以增加工程量签证的方式变相提高工程结算款。无论采用哪种结算方式，都建议在合同中明确约定一个单价的计价标准，以防增加的工程量因计价依据不明导致双方出现纠纷。

依据《最高人民法院关于审理建设工程施工合同纠纷案件适用法律问题的解释》第十六条"当事人对建设工程的计价标准或者计价方法有约定的，按照约定结算工程价款。"和第二十二条"当事人约定按照固定价结算工程价款，一方当事人请求对建设工程造价进行鉴定的，不予支持"之规定，一旦合同双方约定了计价标准，只要双方就工程量没有异议，那么在结算价款时也不会出现分歧。

（6）相关规定链接

《最高人民法院关于审理建设工程施工合同纠纷案件适用法律问题的解释》：

第三条　建设工程施工合同无效，且建设工程经竣工验收不合格的，按照以下情形分别处理：

（一）修复后的建设工程经竣工验收合格，发包人请求承包人承担修复费用的，应予支持；

（二）修复后的建设工程经竣工验收不合格，承包人请求支付工程价款的，不予支持。

因建设工程不合格造成的损失，发包人有过错的，也应承担相应的民事责任。

第十六条　当事人对建设工程的计价标准或者计价方法有约定的，按照约定结算工程价款。

因设计变更导致建设工程的工程量或者质量标准发生变化，当事人对该部分工程价款不能协商一致的，可以参照签订建设工程施工合同时当地建设行政主管部门发布的计价方法或者计价标准结算工程价款。

建设工程施工合同有效，但建设工程经竣工验收不合格的，工程价款结算参照本解释第三条规定处理。

第二十二条 当事人约定按照固定价结算工程价款，一方当事人请求对建设工程造价进行鉴定的，不予支持。

第二节 第三方施工损害赔偿纠纷

近年来，随着城镇燃气管道建设的飞速发展，因第三方施工造成的破坏燃气管道事件也逐年增加，给燃气管网的安全运行和社会公众的人身财产安全造成极大的隐患。第三方破坏燃气管道事件的主要表现形式一般有以下几种：（1）第三方出于非法目的有意破坏燃气管道；（2）交叉施工未提前沟通意外破坏燃气管道；（3）城市扩建、道路建设施工不规范破坏燃气管道；（4）未在安全距离外使用机械工具进行取石、采石等施工作业破坏燃气管道。燃气属于易燃易爆气体，一旦燃气管道遭到第三方施工破坏而发生泄漏，如果处置不当燃气就会迅速蔓延。当空气中燃气的浓度达到爆炸极限时，遇到明火或火花就极易引起爆炸、爆燃、火灾等恶性事故，造成人员伤亡和财产损失。因此，燃气公司如何有效避免或应对第三方施工破坏燃气管道显得尤为重要。

一、实务要点

燃气公司在生产经营中如何有效避免或应对第三方施工破坏燃气管道事故？

二、案例解析

1. 案例一 马某与成原通信工程有限公司、某电信分公司、尔关燃气有限公司财产损害赔偿

（1）案情概要

成原通信工程有限公司（以下简称成原公司）成立于 2001 年 12 月，

主要从事通信长途线路、市话线路、通信管道、移动通信、传输设备的安装，安防系统工程的设计、施工及维修等业务。具有通信信息网络系统集成企业丙级资质证书。2010年该公司成立邵阳项目部，全权委托邵阳项目部处理邵阳市通信工程的投标、合同签订、施工结算等业务。项目部设有隆回施工队。

某电信分公司是央属国有企业。2013年12月20日某电信分公司与县人民政府签订《县城区治安电子防控系统（第四期）建设合同书》。该工程由某电信分公司投资建设，由县人民政府租赁使用。合同签订后某电信分公司将该工程发包给成原公司邵阳项目部，并派某电信分公司员工为现场代表。电信邵阳公司与成原公司签订了《施工现场安全协议书》，协议书第四条约定，甲方（某电信分公司）或具体项目业主委托监理公司对乙方施工现场进行监督，具体项目业主代表或监理人员有权对施工现场的安全管理进行指导和监督。

尔关燃气有限公司（以下简称尔关燃气公司）成立于2005年11月，由某能源有限公司投资建设。2005年7月经某设计院设计，2005年8月经县建设局批准，办理了建设工程规划许可，2006年6月3日，经邵阳市公用事业管理局组织有关专家及相关单位进行竣工验收，有关手续齐全。2013年9月股东将尔关燃气公司的全部股份进行转让。

尔关燃气公司建立健全了各项安全管理制度及操作规程，于2014年元月制订了城网应急抢险预案，城网供气主管直径16cm、主管供气压力0.17MPa、供气流速为20m/s，燃气主要成分为甲烷、乙烷、丙烷，公司安排员工范某、钱某负责抢险维修及管道巡查，副总经理负责安全管理及抢险工作。

2014年3月31日18时许，成原公司项目部的施工队施工人员龙隶（施工队队长）、田某、胡某、卿某、马某到某通信电杆处施工。18时20分，在装好铁架后，胡某和龙某开始装防雷角钢，龙某手扶接地角钢紧靠电杆摆好位置，胡某用大锤往下敲打角钢，18时25分，龙某感到有气体顺着角钢冒上来，立即停止施工，紧接着给某电信分公司、县公安局指挥中心、12345县长热线打电话报警。18时38分，县110处警来到现场，18时50分，尔关燃气公司抢险人员来到现场，关闭了进气和回气阀门。消防、住建、电信、市政等部门接到报告后也相继赶到现场，并在现场拉起了警戒线，疏散群众，告知群众不要生火、不要吸烟。19时20分在确认燃气阀门已关闭到位。尔关燃气公司员工用仪器检测，泄漏点燃气浓度趋于安全时，公安、消防等部门大部分人员陆续撤离，只留少数工作人员在现场警戒。19 时 30 分，在离泄漏点 16m 左右桃洪中路的杨某大儿媳范某某带两个小孩来到一楼卫生间洗澡，19 时 35 分范某某将卫生间外液化气钢瓶阀门打开，然后进卫生间打开热水器开关，发生燃气燃烧爆炸，产生的巨大火球将范某和两个小孩以及二楼鞋店店长儿子马某烧伤，同时将路过某鞋业门口的行人罗某烧伤，一楼（地下室）卷闸门冲开 20 余米。二楼鞋店及三、四、五楼的窗户玻璃全被振碎散落在马路及人行道上，一至二楼楼梯及二楼墙面被振坏开裂，停放在街道上的两辆小车及三辆电动车与摩托车不同程度受损。

燃气泄漏点位于电信电杆处，经开挖测量，燃气管道埋土深 0.65m，与电杆紧靠，距人行道外侧 0.7m，距人行道内侧（房屋）4.4m，距桃洪中路城市排水管道 2m，人行道上燃气管道警示标志距电信主杆 3.3m，燃气管道标识中心线偏离燃气主管道 0.15m，燃气泄漏点距杨某某家 16m 左右，施工钢主要用于防雷接地，角钢长 1.5m，刺穿透地下燃气管道底部 0.5m 深。成原公司未对员工进行安全教育培训，施工队长无证上岗，某电信分公司没有按规定办理破占道施工许可，在施工过程中，某电信分公司安排的管理人员没有在现场对施工安全生产进行管理。

2014 年 4 月 1 日，经县人民政府批准成立了由县安监局、县监察局、县公安局、县总工会、县住建局、县质监局、县经信局、桃洪镇人民政府为成员的事故联合调查组，并邀请县人民检察院派员参加事故调查工作，对事故进行调查，查明了事故发生的经过和原因。事故发生直接原因为：成原公司施工队违规施工。施工队长龙某、施工员胡某在看到了燃气管道警示标识，明知施工电杆处埋有燃气管道，仍然冒险强行施工安装接地角钢，角钢将地下燃气管道刺穿，造成燃气大量泄漏。事故发生间接原因为：①燃气泄漏点地表为大理石铺盖，地下土质疏松，导致泄漏燃气不能从地表向空中扩散，而从疏松的土壤中向周边扩散，杨某家地下室与街道保坎有缝隙，泄漏燃气涌入杨某家通风换气效果不好的室内积聚，形成爆炸性混合气体，遇热水器点火发生爆炸。②成原公司未认真落实安全生产责任制，未对员工进行安全教育培训，项目部经理及施工队长无证上岗，企业安全管理混乱。③某电信分公司工程施工前没有按规定办理破占道施工许可，安全生产责任不落实，安全管理不到位，工地代表没有到现场进行安全生产管理。④燃气泄漏点地段管线布设不符合安全规范，燃气管道与通信杆线路灯照明线等距离达不到 1m 的安全要求。⑤事故应急处理不当，发生燃气泄漏后，参加抢险人员对燃气泄漏可能涉及范围估计不足，应对措施不当，没有将燃气可能泄漏范围内的人员及时疏散撤离，防止用火行为发生。县人民政府同意事故调查组对事故原因的分析、事故性质的认定，并作出了处理意见的批复，该事故是一起一般性生产安全责任事故。

事发后，政府委托县价格认证中心对马某的损失进行评估，结论为：生活用品损失 13605 元，鞋子损失 164425 元，3 个月停业门面及房屋租金 27000 元，四楼房屋租金 900 元，员工工资 22200 元，共计 228130 元。三被告预付了 750000 元在县人民政府，马某在县人民政府领取了 10000 元。

一审法院认为，本案争议焦点为：①各被告对燃气爆炸事故的发生是否有过错，各自责任大小。②马某的损失如何确定。

1）燃气爆炸事故发生的过错及责任大小。

根据《中华人民共和国安全生产法》第二十五规定，生产经营单位应当对从业人员进行安全生产教育和培训，保证从业人员具备必要的安全生产知识，熟悉有关的安全生产规章制度和安全操作规程，掌握本岗位的安全操作技能。未经安全生产教育和培训合格的从业人员，不得上岗作业。根据《城镇燃气管理条例》规定，在燃气设施保护范围内，有关单位从事铺设管道、打桩、顶进、挖掘、钻探等可能影响燃气设施安全活动的，应当与燃气经营者共同制定燃气设施保护方案，并采取相应的安全保护措施。成原公司施工人员均未取得相关上岗资质，在燃气设施保护范围内施工，未与尔关燃气公司共同制定燃气保护方案，施工过程中施工人员在看到了燃气管道警示标识，明知施工电杆边的地下埋有燃气管道，仍然冒险强行施工，将地下燃气管道刺穿，直接导致燃气泄漏，最终导致爆炸事故发生，其行为具有重大过错。由于其过错行为是导致燃气泄漏的直接原因，应对燃气爆炸事故的发生承担主要责任。某电信分公司作为县城区治安电子防控系统（第四期）建设工程的投资建设方，虽然其将工程发包给成原公司，并签订了施工现场安全协议书，协议书第四条约定，甲方或具体项目业主委托监理公司对乙方施工现场进行监督，具体项目业主代表或监理人员有权对施工现场的安全管理进行指导和监督……。《中华人民共和国安全生产法》第十三条规定，生产经营单位委托工程技术人员提供安全生产管理服务的，保证安全生产的责任仍由本单位负责。第四十六条规定，生产经营项目发包或者出租给其他单位，生产经营单位对承包单位、承租单位的安全生产工作统一协调、管理,定期进行安全检查,发现安全问题的,应当及时督促整改……。某电信分公司安全管理人员没有去现场进行安全管理,安全巡检及抽检没有跟踪到位,作为该工程投资建设方,没有落实好安全管理责任,具有一定过错。尔关燃气公司作为易燃易爆危险物品的所有人,燃气管道铺设不符合有关规定。燃气泄漏后,尔关燃气公司抢险人员对燃气泄漏可能涉及范围估计不足,应对措施不当,亦具有一定过错。综上,燃气爆炸事故系各被告无意思联络的分别行为相互结合发生同一损害后果,应根据各行为人的责任大小分别承担相应的民事责任。根据本案事故发生的直接原因、间接原因、当事人责任大小,酌定由成原公司承担60%的赔偿责任,某电信分公司承担20%的赔偿责任,尔关燃气公司承担20%的赔偿责任为宜。

2)马某的损失如何确定。

马某的损失,经县价格认证中心认证生活用品损失13605元,鞋子损失164425元,3个月停业门面、房屋租金及员工工资等共计228130元。成原公司虽然申请重新鉴定该损失,但无法定理由,且该价格认证结论是由政府委托县价格认证中心进行的损失鉴定,该鉴定没有违反法律规定。故成原公司申请重新鉴定不予准许。但县价格认证中心认证三个员工工资,马某并未提供相关证据予以证明,根据客观情况认定该店只需保留一名员工工资为6000元,故马某的损失核定共计211930元。

一审法院判决:①由成原通信工程有限公司赔偿马某财产损失121158元;②由某电信分公司赔偿马某财产损失40386元;③由尔关燃气有限公司赔偿马某财产损失40386元;④驳回马某的其他诉讼请求。以上给付款项限本判决生效后3日内付清。

成原公司、某电信分公司、尔关燃气公司对一审民事判决不服,向中级人民法院提起上诉。

成原公司上诉称,原判责任划分不当,成原公司不应承担主要责任。尔关燃气公司标示错误且没有按照安全标准安装管道,才导致成原公司将煤气管道刺穿。事故发生以后,尔关燃气公司抢险不当,其负责抢修的人员没有抢险资格证书,没有判断好燃气扩散的范围并作出了安全的判断,尔关燃气公司没有按照规定对燃气进行加臭,最终导致了爆炸的发生。成原公司已经对本案鉴定意见提出异议并申请重新鉴定,原判驳回成原通信公司重新鉴定申请违反了法定程序。故请求二审法院予以改判。

某电信分公司上诉称,本案爆炸事故存在两个阶段,第一个阶段是因尔关燃气公司标示与主管偏离及安装管道与通信照明杆的安全距离没有达到1m导致成原公司误判将燃气管道刺穿。第二个阶段是燃气泄漏后尔关燃气公司工作失误，抢险不当，没有对地下一层的房屋进行检测，没有通知相邻居民禁止点火，最终导致范某某在开热水器时发生燃气爆炸。本案燃气爆炸事故的发生是因尔关燃气公司与成原公司的过错造成的，且主要过错在于尔关燃气公司。本案应系高度危险责任纠纷，原判定性有误。某电信分公司在本案中没有任何过错，不应承担赔偿责任。

尔关燃气公司上诉称，尔关燃气公司的地下管网建设工程依法报批、验收合格，管网使用多年未发生安全事故。尔关燃气公司的职责是在接警后组织抢修、抢险，对燃气泄漏可能涉及范围的估计及提出有效应对措施的义务不是尔关燃气公司的法定义务，尔关燃气公司在接警后已经尽到了职责。事故的发生是由于成原公司、某电信分公司以及房主的过错造成，尔关燃气公司在本案中没有过错，不应承担赔偿责任。

二审查明事实与一审认定的事实一致。

（2）裁判要旨

本案的争议焦点有三：1）案由是财产损害赔偿纠纷还是高度危险责任纠纷；2）价格认证结论书能否采信；3）成原公司、某电信分公司、尔关燃气公司对马某的财产损失是否应承担赔偿责任以及如何责任划分。

法院认为，高度危险责任是指行为人实施高度危险活动或者管理高度危险物造成他人人身损害或者财产损害，应当承担损害赔偿责任的行为。《中华人民共和国侵权责任法》第九章对高度危险责任的特征及类别进行了规定，而本案是因行为人的行为致燃气泄漏后发生爆炸造成他人财产受损引起的财产损害赔偿纠纷，不符合高度危险责任的特征，故原判对本案定性准确，某电信分公司关于本案定性错误的上诉理由不能成立，法院不予支持。

爆炸事故发生后，县价格认证中心对本次燃气爆炸事故中的财物损失进行了价格认证鉴定，虽然该价格认证结论对员工工资损失部分缺乏证据，应予以部分剔除，但整个价格认证结论依照法定程序作出，成原公司亦没有提供足以反驳的相反证据和理由，因此原审法院对成原公司申请重新鉴定不予准许并无不当。成原公司就此提出的上诉理由亦不能成立，法院亦不予支持。

《中华人民共和国侵权责任法》第六条第一款规定，行为人因过错侵害他人民事权益，应当承担侵权责任。第十二条规定，二人以上分别实施侵权行为造成同一损害，能够确定责任大小的，各自承担相应的责任。本案中因成原公司、某电信分公司、尔关燃气公司的混合过错导致马某在燃气爆炸中遭受财产损失，成原公司、某电信分公司、尔关燃气公司均存在过错，均应承担侵权赔偿责任，某电信分公司、尔关燃气公司关于其不应承担侵权赔偿责任的上诉理由不能成立，法院不予支持。成原公司、某电信分公司、尔关燃气公司如何承担责任应当根据其各自的过错程度及责任大小予以确定。成原公司施工人员未取得相关上岗资质，在燃气设施保护范围内施工，未与尔关燃气公司共同制定燃气保护方案，其施工人员在看到燃气管道警示标识，明知施工电杆处埋有燃气管道的情况下，仍然冒险强行施工，导致地下燃气管道刺穿，造成燃气大量泄漏，其违规行为明显存在过错，且是本案燃气爆炸事故发生的直接原因，应承担本案事故的主要责任。某电信分公司没有按有关规定和合同约定，在施工前办理破占道施工许可，在施工过程中没有派安全管理人员到现场进行安全管理，安全管理不到位，亦具有一定过错，应承担本案事故的次要责任。尔关燃气公司铺设燃气管道不符合安全技术规范，燃气管道与通信线杆、路灯照明线杆等距离没有达到安全要求标准。发生燃气泄漏后，其抢险人员对燃气泄漏可能涉及范围估计不足，应对措施不当，亦具有一定过错，应承担本案事故的次要责任。原判对本案责任划分妥当，成原公司关于原判责任划分不当的上诉理由不能成立，法院不予支持。

（3）裁判结果

1）由成原通信工程有限公司赔偿马某财产损失 121158 元；

2）由某电信分公司赔偿马某财产损失 40386 元；

3）由尔关燃气有限公司赔偿马某财产损失 40386 元。

（4）律师解析

该燃气爆炸事故中第三方施工中未办理施工许可、未采取有效安全防护措施的过错先暂且不论，但就燃气公司而言，其在运营环节中存在严重的管理问题。燃气公司专业从事燃气领域并作为燃气管道的建设者、所有人，其管道敷设不符合《城镇燃气设计规范》GB 50028、《城镇燃气输配工程施工及验收规范》CJJ 33 等规范要求，应急预案不健全，工作人员应急抢险救灾能力不强，从最开始就为本次事故埋下了隐患的种子。

（5）实务启示

燃气公司在生产经营中为有效避免或应对第三方施工破坏燃气管道事故，需要注意以下几点：

1）燃气公司日常运营中要加大安全管理力度，认真开展隐患排查和治理工作，对城市供输管道要进行全面检查，对原来管道敷设不合规范、安全距离不够的地方要加大安全防护措施，增设安全警示标志；加大员工安全教育培训，加大抢险检测设备的配备，聘请专业技术人员进行安全管理，完善各种应急抢险救灾能力；定期进行巡查、检测、维修和维护，确保燃气设施的安全运行。

2）燃气公司应多与住建、城管、交通等负责城市道路规划管理，办理施工、开挖许可的政府职能管理部门的工作联系和对接机制。第一时间获取区域内各类施工申报、审批进程、工程范围、开工时间、拟采用的开挖方式等情况。对未办理许可证的非法或野蛮施工，燃气公司要积极配合管理部门执法取证和调查处理，不断提高施工单位保护燃气管道的安全意识。按期或及时向政府管理部门报告第三方施工破坏燃气管道造成的后果、损失和负面影响情况。燃气公司与施工单位对接时，应重点沟通明确燃气管道位置、走向、埋深并制定燃气设施安全保护措施。

3）燃气公司应该与各地政府研究出台政策，对施工项目只要涉及道路开挖，应与施工单位签订安全施工协议，明确施工单位应尽的燃气管网安全保护义务，将管网保护关口提前，化被动变为主动。

（6）相关规定链接

1）《中华人民共和国安全生产法》

第十三条　依法设立的为安全生产提供技术、管理服务的机构，依照法律、行政法规和执业准则，接受生产经营单位的委托为其安全生产工作提供技术、管理服务。

生产经营单位委托前款规定的机构提供安全生产技术、管理服务的，保证安全生产的责任仍由本单位负责。

第二十五条　生产经营单位应当对从业人员进行安全生产教育和培训，保证从业人员具备必要的安全生产知识，熟悉有关的安全生产规章制度和安全操作规程，掌握本岗位的安全操作技能，了解事故应急处理措施，知悉自身在安全生产方面的权利和义务。未经安全生产教育和培训合格的从业人员，不得上岗作业。

生产经营单位使用被派遣劳动者的，应当将被派遣劳动者纳入本单位从业人员统一管理，对被派遣劳动者进行岗位安全操作规程和安全操作技能的教育和培训。劳务派遣单位应当对被派遣劳动者进行必要的安全生产教育和培训。

生产经营单位接收中等职业学校、高等学校学生实习的，应当对实习学生进行相应的安全生产教育和培训，提供必要的劳动防护用品。学校应当协助生产经营单位对实习学生进行安全生产教育和培训。

生产经营单位应当建立安全生产教育和培训档案，如实记录安全生产教育和培训的时间、内容、参加人员以及考核结果等情况。

第四十六条　生产经营单位不得将生产经营项目、场所、设备发包或者出租给不具备安全生产条件或者相应资质的单位或者个人。

生产经营项目、场所发包或者出租给其他单位的，生产经营单位应当与承包单位、承租单位签订专门的安全生产管理协议，或者在承包合同、租赁合同中约定各自的安全生产管理职责；生产经营单位对承包单位、承租单位的安全生产工作统一协调、管理，定期进行安全检查，发现安全问题的，应当及时督促整改。

2）《城镇燃气管理条例》

第三十四条　在燃气设施保护范围内，有关单位从事敷设管道、打桩、顶进、挖掘、钻探等可能影响燃气设施安全活动的，应当与燃气经营者共同制定燃气设施保护方案，并采取相应的安全保护措施。

第三十六条　任何单位和个人不得侵占、毁损、擅自拆除或者移动燃气设施，不得毁损、覆盖、涂改、擅自拆除或者移动燃气设施安全警示标志。

任何单位和个人发现有可能危及燃气设施和安全警示标志的行为，有权予以劝阻、制止；经劝阻、制止无效的，应当立即告知燃气经营者或者向燃气管理部门、安全生产监督管理部门和公安机关报告。

2. 案例二　辽宁某燃气有限公司与某浴池财产损害赔偿

（1）案情概要

2016 年 12 月 8 日 8 时，位于大街上的室内燃气管线遭到某浴池装修施工的破坏，造成燃气大量外泄并引发火灾，室内外燃气设施严重损毁，无法继续使用。经辽宁某燃气有限公司紧急抢修，控制了燃气泄漏，辽宁某燃气有限公司实施抢修支付了有关费用，双方对赔偿事宜未达成一致。某浴池对辽宁某燃气有限公司抢修支出费用不予认可，经辽宁某燃气有限公司申请，审理中法院委托对该抢修工程造价进行鉴定，经鉴定造价总额为：63655.35 元，辽宁某燃气有限公司垫付鉴定费 5000 元。辽宁某燃气有限公司要求某浴池赔偿实施紧急抢修的费用并承担诉讼费用。

一审法院认为，公民合法的财产受法律保护，任何单位和个人不得侵犯。某浴池在施工过程中破坏了燃气管线，造成燃气泄漏及火灾，可能危及公众安全，辽宁某燃气有限公司作为燃气维护企业，因抢修该事故所产生的合理费用应当由某浴池予以赔偿。某浴池在鉴定中提出的有争议项目，未提供证据证明是在该次燃气抢修过程中不必要之需，故该笔费用亦为工程造价合理部分，一审法院对某浴池主张不予支持。

一审法院判决：1）某浴池于本判决生效后 5 日内赔偿辽宁某燃气有限公司因抢修燃气事故所产生费用 63655.35 元；2）某浴池于本判决生效后 5 日内赔偿辽宁某燃气有限公司鉴定费用 5000 元；三、驳回辽宁某燃气有限公司、某浴池其他诉讼请求。

某浴池对一审民事判决不服，向中级人民法院提起上诉。某浴池上诉请求：撤销一审判决主文第一、二项，并予以改判，同时驳回辽宁某燃气有限公司对某浴池的诉讼主张；辽宁某燃气有限公司承担本案诉讼费。事实和理由：1）一审判决中判定的工程造价缺乏合理性。作为一审判决依据的鉴定报告中明确提出抢修费中包括无争议部分和有争议部分，而法院在一审判决时并未予以考虑，将全部费用判予某浴池承担。某浴池不同意支付有争议部分的抢修费用。2）一审举证过程中辽宁某燃气有限公司未能提供全部费用依据。在一审举证过程中，辽宁某燃气有限公司并未能够提供全部费用的票据及证明。一审法院在没有完全核实费用依据的前提下，对辽宁某燃气有限公司主张予以支持，是不合理且不合法的。3）辽宁某燃气有限公司提出的抢修费用条目与事实不符。辽宁某燃气有限公司在抢修费用中提出的路面修复，抢修车辆台班数以及管线长度等与事实不符。抢修处的地面实际为某浴池在抢修工程结束后自行修复，燃气公司并未予以处理。

二审查明事实与一审认定的事实一致。

（2）裁判要旨

法院认为，公民、企业的合法财产受法律保护。行为人因过错侵害他人民事权益，应当承担侵权责任。当事人对自己提出的诉讼请求所依据的事实有责任提供证据加以证明，没有证据或者证据不足以证明当事人的事实主张的，由负有举证责任的当事人承担不利后果。本案中，辽宁某燃气有限公司为证明其损失提交了相应的证据，其损失情况有《工程造价司法鉴定报告》等证据予以佐证，一审法院根据证据情况，对合理的损失予以支持，并无不当。上诉人在上诉状中提出的异议的路面恢复费用、抢修车辆台班数及管线长度等项目并未包含在鉴定结论最后确定的费用中。对其他项目，上诉人未提出相应的依据和证据予以推翻。故法院对上诉人的该项主张不予支持。

（3）裁判结果

1）某浴池于本判决生效后5日内赔偿辽宁某燃气有限公司因抢修燃气事故所产生费用63655.35元；

2）某浴池于本判决生效后5日内赔偿辽宁某燃气有限公司鉴定费用5000元。

（4）律师解析

燃气公司在实施应急抢险救灾时应加强证据意识，有意留存并妥善保管好实施紧急抢修过程中相应花费的票据，现场相关当事人员事后以书面情况说明的方式记录当时的处理经过，以便日后向有关责任方追偿。不然时间一长，经常会出现当事人回忆不清、材料遗失等情况，为日后维权造成极大障碍。

（5）实务启示

燃气公司对于应急抢险救灾的工作制作工作流程和相应的清单，并对员工加以培训，时应做到日常定期演练，事发时留痕管理。这样面应对突发事件时，不至于手忙脚乱、忙中出错。

（6）相关规定链接

1）《中华人民共和国民法通则》

第一百零六条　公民、法人违反合同或者不履行其他义务的，应当承担民事责任。

公民、法人由于过错侵害国家的、集体的财产，侵害他人财产、人身的，应当承担民事责任。

没有过错，但法律规定应当承担民事责任的，应当承担民事责任。

2）《中华人民共和国侵权责任法》

第六条　行为人因过错侵害他人民事权益，应当承担侵权责任。

根据法律规定推定行为人有过错，行为人不能证明自己没有过错的，应当承担侵权责任。

第十二条　二人以上分别实施侵权行为造成同一损害，能够确定责任大小的，各自承担相应的责任；难以确定责任大小的，平均承担赔偿责任。

第十五条　承担侵权责任的方式主要有：

（一）停止侵害；（二）排除妨碍；（三）消除危险；（四）返还财产；

（五）恢复原状；（六）赔偿损失；（七）赔礼道歉；（八）消除影响、恢复名誉。

以上承担侵权责任的方式，可以单独适用，也可以合并适用。

第十九条 侵害他人财产的，财产损失按照损失发生时的市场价格或者其他方式计算。

第三节 提供劳务者受害责任纠纷

提供劳务者受害责任，是指在个人之间存在劳务关系的前提下，提供劳务的一方因劳务活动自身受到伤害的，在提供劳务一方向接受劳务一方主张损害赔偿时，由双方根据各自的过错程度承担相应的民事责任。燃气公司通常将燃气工程的施工建设项目进行发包，在此过程中，存在建设单位拿到项目后违法分包或者个人挂靠建设单位拿项目等情况。这时如果燃气公司没有尽到足够的注意义务，一旦施工中工人意外受伤，燃气公司很有可能会因自己的疏忽而为违法的第三方买单。

一、实务要点

燃气公司在发包燃气工程项目时需要注意什么，以避免在提供劳务者受害责任纠纷中承担责任？

二、案例解析

1. 案例一 张某与许某、吉祥工程安装有限公司、江西九河燃气有限公司提供劳务者受害责任纠纷

（1）案情概要

2007年12月28日，被告许某与被告江西九河燃气有限公司签订协议书，该协议书编号为JXCJ-BY-GC-2007-03，约定被告许某承建城市管道天然气项目等四个工程。被告许某在协议的"承包人"处加盖了印文为"吉祥工程安装有限公司合同专用章"的公章。

2008年3月，原告经人介绍到被告许某处上班，月工资3000元。

2008年8月27日上午10时许，原告在被告许某所承建的工程处上班时，不慎将右手碰伤，后被送往医院治疗，经诊断为右桡骨骨折。

2009年4月7日，原告经司法医学鉴定中心鉴定为五级伤残。

2010 年，原告向劳动争议仲裁委员会申请劳动争议仲裁，要求确认原告与被告吉祥工程安装有限公司存在劳动关系，劳动争议仲裁委员会因证据不足驳回了原告的仲裁申请。

2011 年，原告张某向法院起诉吉祥工程安装有限公司，原告于 2011 年 9 月 28 日撤诉。

2013 年 5 月 29 日，原告将被告许某诉至法院，一审判决后，原告张某上诉至中级人民法院，中级人民法院发还原审法院重新审理。

被告吉祥工程安装有限公司委托公安局对编号为 JXCJ-BY-GC-2007-03 的协议书上加盖的印文"吉祥工程安装有限公司合同专用章"经公安局进行鉴定，鉴定结论为：该印文与被告吉祥工程安装有限公司使用的合同专用章不是同一印章。原告张某系农村居民，2014 年度农村居民人均年纯收入 9102 元。

一审法院认为：公安局的鉴定结论具有真实性、合法性，予以确认，故承包被告江西九河燃气有限公司工程的合同相对方并非是被告吉祥工程安装有限公司，而是被告许某个人。根据相关法律规定，雇员在从事雇佣活动中遭受人身伤害，雇主应当承担赔偿责任。在本案中，雇员张某受被告许某的雇佣，在许某承包的工程工作过程中受伤，被告许某应当对原告的损害承担赔偿责任。被告江西九河燃气有限公司将工程发包给没有资质的个人许某，对于原告张某的损失，被告江西九河燃气有限公司应当与雇主许某承担连带责任。原告主张精神抚慰金有事实和法律依据，予以支持。原告误工费应当计算至评残日前一天计 223 天，误工费为 22300 元（3000 元/30 天×223 天）；残疾赔偿金应当按照 2014 年度农村居民人均纯收入计算，金额为 109224 元（9102 元×20 年×60％）。原告主张鉴定费 600 元，因未提供相关证据，不予支持。被告许某辩称原告起诉已过诉讼时效，因原告受伤后多次向相关机构和被告主张权利，因此诉讼时效在原告主张权利时中断，并且重新计算，因此原告起诉并未超过诉讼时效。

一审法院判决：①被告许某于判决生效之日起 30 日内给付原告张某误工费 22300 元、残疾赔偿金 109224 元、精神损害抚慰金 18000 元，共计 149524 元。②被告江西九河燃气有限公司对判决第一项承担连带赔偿责任。③驳回原告张某的其他诉讼请求。

张某、许某对一审民事判决不服，向河北省廊坊市中级人民法院提起上诉，请求撤销原判。张某的上诉理由是：①被上诉人吉祥工程安装有限公司应与许某、江西九河燃气有限公司共同承担连带赔偿责任。②残疾赔偿金计算有误。③鉴定费实际发生应予以赔偿。许某的上诉理由是：①一审法院认定事实错误，被上诉人张某的伤残等级过高。②原审法院认定上诉人许某承保被上诉人张某所在的工地工程证据不足。上诉人许某不具备雇佣被上诉人张某的主体资格。③被上诉人张某的起诉已经超过诉讼时效。

二审查明事实与一审认定的事实一致。

（2）裁判要旨

法院认为，关于被上诉人吉祥工程安装有限公司应否在本案中承担赔偿责任，上诉人许某与江西九河燃气有限公司签订协议书，上诉人许某在协议的"承包人"处加盖了印文为"吉祥工程安装有限公司合同专用章"的公章。但经公安局进行鉴定，鉴定结论为：该印文与被告吉祥工程安装有限公司使用的合同专用章不是同一印章，故被上诉人吉祥工程安装有限公司不应成为本案的赔偿主体，上诉人张某主张应由吉祥工程安装有限公司承担连带赔偿责任，未提供相关证据予以证实，法院对该上诉请求不予支持。关于残疾赔偿金的数额，一审法院计算正确，法院予以确认。关于上诉人张某主张的鉴定费，因其未提供鉴定费票据，一审法院不予认定并无不妥。上诉人许某主张对被上诉人张某的伤残进行重新鉴定，上诉人许某在一审期间未提出重新鉴定的申请，且鉴定部门具备鉴定资质，鉴定程序合法，法院对上诉人许某的重新鉴定申请不予准许。经审查，上诉人张某受伤害后，曾多次向有关部门主张权利，并未超过诉讼时效。关于上诉人许某与上诉人张某之间的法律关系，经过庭审，已经确认上诉人许某与江西九河燃气有限公司签订协议书，与被上诉人吉祥工程安装有限公司无关，上诉人张某是在上诉人许某所承包工程的工地上受到伤害，一审法院认定两者之间为雇佣关系符合客观实际，上诉人许某作为上诉人张某的雇主，应依法承担赔偿责任。综上，上诉人许某、张某的上诉理由均不能成立，一审法院认定事实清楚，适用法律正确。

（3）裁判结果

1）被告许某于判决生效之日起 30 日内给付原告张某误工费 22300 元、残疾赔偿金 109224 元、精神损害抚慰金 18000 元，共计 149524 元。

2）被告江西九河燃气有限公司对判决第一项承担连带赔偿责任。

（4）律师解析

如果江西九河燃气有限公司在将燃气工程的施工建设项目进行发包时，能够通过正规途径选择与较大规模的建设单位进行合作，签订合同时留存建设单位的资质、证件等材料的复印件，那么完全可以在此次事件中全身而退不用承担连带赔偿责任。

（5）实务启示

燃气公司在发包燃气工程项目时，应当根据《建设工程质量管理条例》《建设工程勘察设计管理条例》《建设工程安全生产管理条例》等法规，检查设计、监理、施工单位是否具有与燃气工程规模相应的资质和安全生产条件，并留存相关证照的复印件作为合同签订附件。律师建议燃气公司在与设计、监理、施工单位签订合同时，应明确约定承包单位的项目负责人，并要求对方提供项目负责人的社保缴费记录，以避免出现挂靠。

（6）相关规定链接

1）《中华人民共和国民法总则》

第一百一十八条　民事主体依法享有债权。

债权是因合同、侵权行为、无因管理、不当得利以及法律的其他规定，权利人请求特定义务人为或者不为一定行为的权利。

2）《中华人民共和国侵权责任法》

第十六条　侵害他人造成人身损害的，应当赔偿医疗费、护理费、交通费等为治疗和康复支出的合理费用，以及因误工减少的收入。造成残疾的，还应当赔偿残疾生活辅助具费和残疾赔偿金。造成死亡的，还应当赔偿丧葬费和死亡赔偿金。

第三十五条　个人之间形成劳务关系，提供劳务一方因劳务造成他人损害的，由接受劳务一方承担侵权责任。提供劳务一方因劳务自己受到损害的，根据双方各自的过错承担相应的责任。

3）《中华人民共和国建筑法》

第二十九条　建筑工程总承包单位可以将承包工程中的部分工程发包给具有相应资质条件的分包单位；但是除总承包合同中约定的分包外，必须经发包单位认可。施工总承包的，建筑工程主体结构的施工必须由总承包单位自行完成。

建筑工程总承包单位按照总承包合同的约定对建设单位负责；分包单位按照分包合同的约定对总承包单位负责。总承包单位和分包单位就分包工程对发包单位承担连带责任；禁止总承包单位将工程分包给不具备相应资质条件的单位。禁止分包单位将其分包的工程再分包。

4）《最高人民法院关于审理人身损害赔偿案件适用法律若干问题的解释》

第十一条　雇员在从事雇佣活动中遭受人身损害，雇主应当承担赔偿责任。雇佣关系以外的第三人造成雇员人身损害的，赔偿权利人可以请求第三人承担赔偿责任，也可以请求雇主承担赔偿责任。雇主承担赔偿责任后，可以向第三人追偿。

雇员在从事雇佣活动中因安全生产事故遭受人身损害，发包人、分包人知道或者应当知道接受发包或者分包业务的雇主没有相应资质或者安全生产条件的，应当与雇主承担连带赔偿责任。

属于《工伤保险条例》调整的劳动关系和工伤保险范围的，不适用本条规定。

第十七条　受害人遭受人身损害，因就医治疗支出的各项费用以及因误工减少的收入，包括医疗费、误工费、护理费、交通费、住宿费、住院伙食补助费、必要的营养费，赔偿义务人应当予以赔偿。

受害人因伤致残的，其因增加生活上需要所支出的必要费用以及因丧失劳动能力导致的收入损失，包括残疾赔偿金、残疾辅助器具费、被扶养人生活费，以及因康复护理、继续治疗实际发生的必要的康复费、护理费、后续治疗费，赔偿义务人也应当予以赔偿。

受害人死亡的，赔偿义务人除应当根据抢救治疗情况赔偿本条第一款规定的相关费用外，还应当赔偿丧葬费、被扶养人生活费、死亡补偿费以及受害人亲属办理丧葬事宜支出的交通费、住宿费和误工损失等其他合理费用。

第十八条　受害人或者死者近亲属遭受精神损害，赔偿权利人向人民法院请求赔偿精神损害抚慰金的，适用《最高人民法院关于确定民事侵权精神损害赔偿责任若干问题的解释》予以确定。

精神损害抚慰金的请求权，不得让与或者继承。但赔偿义务人已经以书面方式承诺给予金钱赔偿，或者赔偿权利人已经向人民法院起诉的除外。

第十九条　医疗费根据医疗机构出具的医药费、住院费等收款凭证，结合病历和诊断证明等相关证据确定。赔偿义务人对治疗的必要性和合理性有异议的，应当承担相应的举证责任。

医疗费的赔偿数额，按照一审法庭辩论终结前实际发生的数额确定。器官功能恢复训练所必要的康复费、适当的整容费以及其他后续治疗费，赔偿权利人可以待实际发生后另行起诉。但根据医疗证明或者鉴定结论确定必然发生的费用，可以与已经发生的医疗费一并予以赔偿。

第二十条　误工费根据受害人的误工时间和收入状况确定。

误工时间根据受害人接受治疗的医疗机构出具的证明确定。受害人因伤致残持续误工的，误工时间可以计算至定残日前一天。

受害人有固定收入的，误工费按照实际减少的收入计算。受害人无固定收入的，按照其最近 3 年的平均收入计算；受害人不能举证证明其最近 3 年的平均收入状况的，可以参照受诉法院所在地相同或者相近行业上一年度职工的平均工资计算。

第二十一条　护理费根据护理人员的收入状况和护理人数、护理期限确定。

护理人员有收入的，参照误工费的规定计算；护理人员没有收入或者雇佣护工的，参照当地护工从事同等级别护理的劳务报酬标准计算。护理人员原则上为一人，但医疗机构或者鉴定机构有明确意见的，可以参照确定护理人员人数。

护理期限应计算至受害人恢复生活自理能力时止。受害人因残疾不能恢复生活自理能力的，可以根据其年龄、健康状况等因素确定合理的护理期限，但最长不超过 20 年。

受害人定残后的护理，应当根据其护理依赖程度并结合配制残疾辅助器具的情况确定护理级别。

第二十二条　交通费根据受害人及其必要的陪护人员因就医或者转院治疗实际发生的费用计算。交通费应当以正式票据为凭；有关凭据应当与就医地点、时间、人数、次数相符合。

第二十三条　住院伙食补助费可以参照当地国家机关一般工作人员的出差伙食补助标准予以确定。

受害人确有必要到外地治疗，因客观原因不能住院，受害人本人及其陪护人员实际发生的住宿费和伙食费，其合理部分应予赔偿。

第二十五条　残疾赔偿金根据受害人丧失劳动能力程度或者伤残等级，按照受诉法院所在地上一年度城镇居民人均可支配收入或者农村居民人均纯收入标准，自定残之日起按 20 年计算。但 60 周岁以上的，年龄每增加一岁减少一年；75 周岁以上的，按 5 年计算。

受害人因伤致残但实际收入没有减少，或者伤残等级较轻但造成职业妨害严重影响其劳动就业的，可以对残疾赔偿金作相应调整。

5）《中华人民共和国民事诉讼法》

第一百四十四条　被告经传票传唤，无正当理由拒不到庭的，或者未经法庭许可中途退庭的，可以缺席判决。

第二百五十三条　被执行人未按判决、裁定和其他法律文书指定的期间履行给付金钱义务的，应当加倍支付迟延履行期间的债务利息。被执行人未按判决、裁定和其他法律文书指定的期间履行其他义务的，应当支付迟延履行金。

2. 案例二　高某与栾某、刘某、四方安装工程有限公司、北城燃气有限公司提供劳务者受害责任纠纷

（1）案情概要

2014 年，被告北城燃气有限公司将北城加气站工程发包给四方安装工程有限公司，四方安装公司将工程分包给被告刘某，刘某将木工工程承包给栾某。

2014 年 10 月 1 日，被告栾某雇佣原告高某到加气站做胎模。

2014 年 10 月 14 日，原告高某在做胎模时不慎被电锯割伤左脚，致使多根肌腱断裂。原告高某到医院住院治疗，诊断为：足外伤、肌腱断裂、足背动脉断裂、腓深神经断裂、皮肤挫裂伤。原告高某起诉要求被告赔偿损失。

本案审理过程中，经原告高某申请对伤残程度进行鉴定，伤残程度为十级，其误工时间自受伤之日起为 60～150 日，其护理时间自受伤之日起为 60～90 日。原告高某支出鉴定费 2080 元。被告刘某在原告高某受伤后垫付原告医疗费 10600 元，被告栾某垫付原告款项 9800 元。

（2）裁判要旨

本案争议焦点为：1）关于雇主的问题。2）关于被告刘某是否在本案工程中分包的问题。3）关于被告四方安装工程有限公司有无安全生产资质的问题。

关于雇主的问题。一是被告四方安装工程有限公司在相关民事裁定书案件庭审过程中提交被告栾某书写的《协议》一份，内容为"因木工高某在工地操作失误，割伤脚腕，住院误工一切费用由栾某负责处理，与其他人员无关"，该《协议》有栾某本人签字，栾某在庭审中辩称内容不是本人书写，但即使内容部分不是栾某书写，但栾某在落款处签字，表明对上面内容的确认。二是被告四方安装工程有限公司在相关民事裁定书案件庭审过程中提交木工工程量结算明细一份，最下方有栾某签字，并有"全部付清"字样，该证据可以表明涉案木工工程量与栾某结算，证明木工工作由栾某负责并支取报酬。三是在相关民事裁定书案件庭审过程中，原告申请证人出庭作证，证明栾某雇佣其在加气站干活，原告高某在此做木工。综上，可以认定木工活由栾某承包，原告高某在涉案工程干活系由栾某雇佣。

关于被告刘某是否在本案工程中分包的问题。被告北城燃气有限公司将CNG加气站改扩建工程发包给四方安装工程有限公司，原告主张四方安装公司将工程分包给被告刘某，被告方提交四方工程安装有限公司与被告刘某于2014年3月20日签订的《劳动合同》，载明该劳动合同的期限以完成一定工作任务为期限：自2014年3月20日起至北城加气站工程施工、结算、工程款追要工作任务完成为止。原告高某对此有异议，法院认为，被告提交《劳动合同》证明刘某系四方安装公司工作人员，在涉案工程中系职务行为，对被告证据予以采信，对原告主张被告刘某分包不予采信，认定为四方安装工程有限公司将木工工程分包给被告栾某。

关于被告四方安装工程有限公司有无安全生产资质的问题。被告北城燃气有限公司在相关民事裁定书案件审理中提交四方安装工程有限公司的《企业法人营业执照》一份，《安全生产许可证》一份、《山东省建筑施工安全生产许可证信息查询》一份，《山东省建筑业企业资质查询》一份，证明被告四方安装工程有限公司具备工程所需资质。法院认定，被告四方安装工程有限公司在承接CNG加气站改扩建工程期间具有相关安全生产资质。

法院认为，根据《中华人民共和国侵权责任法》规定："个人之间形成劳务关系，提供劳务一方因劳务造成他人损害的，由接受劳务一方承担侵权责任。提供劳务一方因劳务自己受到损害的，根据双方各自的过错承担相应的责任。"原告高某在工作过程中受伤，被告栾某作为雇主应承担赔偿责任。原告高某在从事劳务时应格外尽到谨慎注意的义务，尤其是使用电锯这种高速运转的具有较大危险性的设备，应确认好机器的运转状态，防止自身受到伤害，综观本案中原告受伤的原因、经过，以原告自担20％的责任、被告栾某承担80％的赔偿责任为宜。

（3）裁判结果

1）被告栾某赔偿原告高某各项损失共计85406元，于本判决生效后10日内付清；

2）被告四方工程安装有限公司对被告栾某的上述赔偿承担连带责任，于本判决生效后10日内付清。

（4）律师解析

北城公司正因为在将加气站改扩建项目发包前，审慎注意了四方公司的相应资质和安全生产条件，才避免了责任承担。

（5）实务启示

提供劳务者受害责任纠纷涉及的群体大部分是一线建筑工人特别是农民工，纠纷发生的原因主要是由于建筑施工企业安全管理制度落实不到位、工伤保险参保覆盖率低，出现工伤时农民工的待遇得不到有效维护所致。因此燃气公司在发包燃气工程项目时应注意建筑施工企业是否已按项目投保了工伤保险。根据人力资源社会保障部、住房城乡建设部、国家安全生产监督管理总局以及中华全国总工会联合于 2014 年 12 月 29 日发布的《关于进一步做好建筑业工伤保险工作的意见》（人社部发〔2014〕103号），建筑施工企业对于不能按用人单位参保工伤保险的建筑业职工特别是农民工，应按项目参加工伤保险。

（6）相关规定链接

《关于进一步做好建筑业工伤保险工作的意见》。

1）完善符合建筑业特点的工伤保险参保政策，大力扩展建筑企业工伤保险参保覆盖面。建筑施工企业应依法参加工伤保险。针对建筑行业的特点，建筑施工企业对相对固定的职工，应按用人单位参加工伤保险；对不能按用人单位参保、建筑项目使用的建筑业职工特别是农民工，按项目参加工伤保险。房屋建筑和市政基础设施工程实行以建设项目为单位参加工伤保险的，可在各项社会保险中优先办理参加工伤保险手续。建设单位在办理施工许可手续时，应当提交建设项目工伤保险参保证明，作为保证工程安全施工的具体措施之一；安全施工措施未落实的项目，各地住房城乡建设主管部门不予核发施工许可证。

2）完善工伤保险费计缴方式。按用人单位参保的建筑施工企业应以工资总额为基数依法缴纳工伤保险费。以建设项目为单位参保的，可以按照项目工程总造价的一定比例计算缴纳工伤保险费。

3）科学确定工伤保险费率。各地区人力资源社会保障部门应参照本地区建筑企业行业基准费率，按照以支定收、收支平衡原则，商住房城乡建设主管部门合理确定建设项目工伤保险缴费比例。要充分运用工伤保险浮动费率机制，根据各建筑企业工伤事故发生率、工伤保险基金使用等情况适时适当调整费率，促进企业加强安全生产，预防和减少工伤事故。

4）确保工伤保险费用来源。建设单位要在工程概算中将工伤保险费用单独列支，作为不可竞争费，不参与竞标，并在项目开工前由施工总承包单位一次性代缴本项目工伤保险费，覆盖项目使用的所有职工，包括专业承包单位、劳务分包单位使用的农民工。

5）健全工伤认定所涉及劳动关系确认机制。建筑施工企业应依法与其职工签订劳动合同，加强施工现场劳务用工管理。施工总承包单位应当在工程项目施工期内督促专业承包单位、劳务分包单位建立职工花名册、考勤记录、工资发放表等台账，对项目施工期内全部施工人员实行动态实名制管理。施工人员发生工伤后，以劳动合同为基础确认劳动关系。对未签订劳动合同的，由人力资源社会保障部门参照工资支付凭证或记录、工作证、招工登记表、考勤记录及其他劳动者证言等证据，确认事实劳动关系。相关方面应积极提供有关证据；按规定应由用人单位负举证责任而用人单位不提供的，应当承担不利后果。

6）规范和简化工伤认定和劳动能力鉴定程序。职工发生工伤事故，应当由其所在用人单位在 30 日内提出工伤认定申请，施工总承包单位应当密切配合并提供参保证明等相关材料。用人单位未在规定时限内提出工伤认定申请的，职工本人或其近亲属、工会组织可以在 1 年内提出工伤认定申请，经社会保险行政部门调查确认工伤的，在此期间发生的工伤待遇等有关费用由其所在用人单位负担。各地社会保险行政部门和劳动能力鉴定机构要优化流程，简化手续，缩短认定、鉴定时间。对于事实清楚、权利义务关系明确的工伤认定申请，应当自受理工伤认定申请之日起 15 日内作出工伤认定决定。探索建立工伤认定和劳动能力鉴定相关材料网上申报、审核和送达办法，提高工作效率。

7）完善工伤保险待遇支付政策。对认定为工伤的建筑业职工，各级社会保险经办机构和用人单位应依法按时足额支付各项工伤保险待遇。对在参保项目施工期间发生工伤、项目竣工时尚未完成工伤认定或劳动能力鉴定的建筑业职工，其所在用人单位要继续保证其医疗救治和停工期间的法定待遇，待完成工伤认定及劳动能力鉴定后，依法享受参保职工的各项工伤保险待遇；其中应由用人单位支付的待遇，工伤职工所在用人单位要按时足额支付，也可根据其意愿一次性支付。针对建筑业工资收入分配的特点，对相关工伤保险待遇中难以按本人工资作为计发基数的，可以参照统筹地区上年度职工平均工资作为计发基数。

8）落实工伤保险先行支付政策。未参加工伤保险的建设项目，职工发生工伤事故，依法由职工所在用人单位支付工伤保险待遇，施工总承包单位、建设单位承担连带责任；用人单位和承担连带责任的施工总承包单位、建设单位不支付的，由工伤保险基金先行支付，用人单位和承担连带责任的施工总承包单位、建设单位应当偿还；不偿还的，由社会保险经办机构依法追偿。

9）建立健全工伤赔偿连带责任追究机制。建设单位、施工总承包单位或具有用工主体资格的分包单位将工程（业务）发包给不具备用工主体资格的组织或个人，该组织或个人招用的劳动者发生工伤的，发包单位与不具备用工主体资格的组织或个人承担连带赔偿责任。

第四节　管道铺设相邻权纠纷

目前，随着城镇化的步伐，天然气已在我国居民日常生活中被广泛普及与应用，逐渐成为必要的公共设施。燃气公司在为老旧小区进行改造配套时，经常需要在房屋外墙上施工架空管道，原本是方便大家的好事，却引起了部分老百姓的担心。为什么偏从我家墙外走不从被人家墙外走？一旦发生燃气事故我家不是受灾最惨？管线这么难看，以后会不会对我家的房屋价值产生影响？……不安定的种子一旦在人心中扎根就会疯狂生长，面对老百姓心中的种种疑问，此时燃气公司如果处理不当，不但施工进度可能会受到影响，而且很有可能会接到用户一遍又一遍的投诉电话甚至诉讼。

一、实务要点

燃气公司在为老旧小区进行配套改造时应注意什么？

二、案例解析

1. 案例一　李某与天天燃气有限公司排除妨害纠纷

（1）案情概要

李某的房屋用于经商，开办某服务中心。2017 年，天天燃气有限公司（以下简称天天燃气）将燃气管道安装在 3 号楼的外墙上。李某家所在的 3 号楼上没有任何业主申请安装天然气，天天燃气在 3 号楼上安装燃气管道是为小区 1 号楼业主提供燃气。

李某认为天天燃气在没有经过其允许下，就私自将燃气管道安装在李某家所居住的 3 号楼外墙上，天天燃气的行为已经构成侵权，也影响了此楼某服务中心的业务经营，为此李某多次就此找相关部门请求解决，但都协商未果，无奈诉至法院。

庭审中，李某申请小区物业公司经理谭某作为证人出庭作证，证明天天燃气在小区安装天然气未经物业公司允许。但一审法院认为该证人证言与本案无关联性，故对谭某证言不予采信。

一审法院认为：①天天燃气认为李某的房屋现在商用，开办服务中心，服务中心为受害主体，原告主体不适格。因该房屋登记在李某名下，李某是3号楼业主，是真正的物权人，故李某系适格原告。②天天燃气在李某房屋外墙上安装燃气管线，应当经过李某允许。③天天燃气认为应允许相邻不动产权利人铺设管线。首先天天燃气并不是李某的相邻不动产权利人；其次3号楼全体业主无任何一户申请安装天然气；再次天天燃气是为小区其他楼房的业主安装天然气，天天燃气没有证据证明必须安装在李某所在的3号楼外墙上才能达到为其他楼房业主安装天然气的目的。④为了让天天燃气充分说明在3号楼外墙安装天然气的安全性，安排了第二次庭审。庭审中，天天燃气的说明并不具体，只是强调管道安装符合规范、施工程序合法，当问及管道与房间门、窗洞口的净距多远时，天天燃气表示此净距不应小于0.3m，而在庭审前天天燃气代理人去现场进行了测量，表示由于高度原因测量不是很准确、差不多0.4m左右。从天天燃气的表述来看，天天燃气在实际施工中对窗洞口与管线的距离等安全性因素并没有做到心中有数。天天燃气的说明，没有让法院对如此安装的安全性产生绝对的信心。⑤天天燃气主张外墙系业主的共有部分。即使是共有，3号楼没有其他业主安装天然气，李某作为共有人之一也有权提起诉讼。综上所述，天天燃气的行为构成对李某的侵权，李某的诉讼请求，应予支持。

一审法院判决：天天燃气有限公司于本判决生效后立即停止侵权、排除妨害，即对安装在李某家外墙上的燃气管道予以拆除并恢复原状。

天天燃气对一审民事判决不服，向中级人民法院提起上诉。天天燃气上诉要求撤销原判，发回重审或依法改判。

天天燃气上诉称，2017年5月经小区业户申请，天天燃气进入该小区安装燃气。该工程系经专业机构依据《城镇燃气设计规范》GB 50028设计，天天燃气严格按照设计图纸施工，同时天天燃气持有县城市环境综合执法局颁发的《燃气经营许可证》，是具有合法经营资质的专业公司，在业内拥有良好声誉。根据上述小区住宅楼的布局，其中一条燃气管线必须通过李某所在住宅楼的后墙体，李某提出异议。根据《中华人民共和国侵权责任法》，排除妨害的前提应该是造成现实的损害或存在潜在的危险，但是在原审的两次庭审过程中，李某没有提交证据证明其遭受到损害以及其经营的某服务中心（无经营资质）所受到的影响。根据《中华人民共和国物权法》，建筑物的外墙是业主的共有部分，并不属于某一业主专有，利用业主的共有部分为全体业主谋福利、做贡献、发挥物的效用，完全符合物权法的基本原则。一审法院完全忽视天天燃气依规设计、合法施工的事实，导致一审判决认定事实不清、适用法律错误。

（2）裁判要旨

法院认为，判断一行为是否构成一般侵权，应当考虑该行为是否符合行为违法性、损害事实的存在、因果关系、行为人主观上的过错这四要素。本案中，李某主张天天燃气在其所有的房屋外墙上安装燃气管道的行为侵权。根据国家《城镇燃气设计规范》GB 50028 第 6.3.16 规定，室外架空的燃气管道，可沿建筑物外墙或支柱敷设，李某所居住的小区原来没有安装燃气管道，故天天燃气在该栋楼沿建筑物外墙及支柱敷设天然气管道符合相关规定。原审中天天燃气提供了竣工验收报告，由施工单位、监理单位、建设单位加盖公章，用以证实该工程是合格工程。故天天燃气在李某所有的房屋后墙体安装天然气管道，未违反国家标准及规定，未造成损害后果，李某主张天天燃气的行为构成侵权并无证据支持。另外，随着社会的发展，人们生活的改善，安装天然气亦是小区业主的共同需求，为了小区业主的共同利益。虽该 3 号楼目前没有申请安装天然气的业户，但不排除未来安装的可能，在该楼上安装天然气管道也是为相邻 1 号楼业主提供燃气供应的需要，李某对楼房共有部分，享有权利，承担义务，不能以其自己放弃安装燃气而不履行对相邻业主安装燃气提供便利的义务。天天燃气有限公司的上诉请求成立。

（3）裁判结果

驳回李某的诉讼请求。

（4）律师解析

燃气公司作为专业机构应该具备利用普通人能理解的方式表达专业问题的能力，不然就会引起不必要的误解。天天燃气将燃气管道安装在李某家所居住的 3 号楼外墙上之前没有尽到足够的解释说明义务，提前消除李某的顾虑，是引起这起纠纷的根本原因。本案进入诉讼后在一审中，天天燃气依然没有向法院和李某解释清楚室外架管的合法性与合理性，最终寻致其在一审中败诉。

（5）实务启示

燃气公司在为老旧小区进行配套改造时，需要注意以下几点：

1）根据《城镇燃气管理条例》第十一条的规定，燃气工程的规划、设计、施工、竣工验收、备案一系列程序务必合法、完整。实践中，燃气公司经常由于种种原因在燃气工程施工过程中缺少上述一个或几个步骤，导致程序瑕疵或燃气工程不符合设计施工规范。一旦因用户投诉引起政府问责或诉讼，将使燃气公司处在极其被动的地位。

2）燃气公司在施工前务必公开、透明的做好工程宣传及安全宣传工作，例如将管道铺设、费用收取的相关文件及依据进行公示，向小区居民说明燃气工程的合法性和合理性。老旧小区进行燃气配套改造是为用户提供生活便利，燃气公司按照设计规范在建筑物外墙架设天然气管道的行为并不会对房屋的所有权人造成侵害，或导致其财产遭受损失或贬损，亦非侵犯了大多数业主的公共利益。

（6）相关规定链接

1）《中华人民共和国物权法》

第八十八条　不动产权利人因建造、修缮建筑物以及铺设电线、电缆、水管、暖气和燃气管线等必须利用相邻土地、建筑物的，该土地、建筑物的权利人应当提供必要的便利。

2）《城镇燃气设计规范》GB 50028

6.3.16 室外架空的燃气管道，可沿建筑物外墙或支柱敷设。并符合下列要求：

1 中压和低压燃气管道，可沿建筑耐火等级不低于二级的住宅或公共建筑的外墙敷设……

2 沿建筑物外墙的燃气管道距住宅或公共建筑物门、窗洞口的净距；中压管道不应小于0.5m，低压管道不应小于0.3m……

2. 案例二　梁某与百色东明城市燃气发展有限公司排除妨害纠纷

（1）案情概要

百色东明公司成立于2006年，经营范围包括对液化气、分布式能源、冷热电三联供项目、燃气管网及相关设施的投资等。2005年5月，百色东明公司与百色市市政管理局签订《百色市管道燃气特许经营协议》，协议主要约定百色东明公司取得在特许经营期限内独家在特许经营区域范围内建设、运营、维护市政管道燃气设施、以管道输送形式向用户供应燃气，提供相关管道燃气设施的抢修抢险业务等并收取费用的权利，特许经营权有效期限自 2005 年 10 月 17 日起至 2035 年 10 月 16 日止。

2015 年 3 月,百色东明公司在梁某居住的小区内张贴进行管道天然气施工的公示。2015 年 4 月 6 日,百色东明公司在梁某居住的小区进行天然气管道施工。2015 年 5 月 14 日,百色东明公司与百色市嘉乐物业服务有限责任公司签订一份《协议书》,协议主要约定物业公司协助百色东明公司在小区内进行管道燃气主管网的施工安装(小区总户数共 206 户),期间进行管道燃气宣传、报装及安装事宜的沟通与协调工作等。都市嘉园小区的燃气管道工程于 2015 年 5 月 27 日竣工,并经项目监理机构验收合格,天然气覆盖户数 174 户。都市嘉园小区天然气项目竣工投入使用后,小区内使用天然气的用户共有 58 户。

梁某居住都市嘉园小区。百色东明公司于 2015 年 4 月为原告居住的小区安装天然气管道,按照施工设计,管道布置在楼房的外墙上,从一楼与二楼之间横布管道,通过一楼与二楼之间的阳台处铺设。梁某等部分业主曾于 2015 年 8 月向百色东明公司发出一份《要求书》,以百色东明公司未经业主同意擅自施工安装管道,违反国家相关规定,要求将管道移至围栏外。因百色东明公司未能解决管道移除问题,现梁某等部分业主以百色东明公司侵占其外墙、阳台,燃气管道危及其人身、财产安全为由诉至法院要求移除天然气管道至小区围墙外。

原告梁某的诉讼请求:①判令被告立即停止侵害原告所有的外墙、阳台、并对该位置的主供气管道改装,移至小区的围墙外;②判令被告补偿原告修补外墙、阳台的经济损失 300 元;③本案的律师费、诉讼费由被告承担。事实与理由:2015 年 3 月,被告百色东明公司未向原告履行施工方案的告知义务并征得原告同意,擅自在原告所有的外墙、阳台进行安装主供气燃气管道,不仅侵占了原告的合法财产,同时给原告的生命带来安全隐患。依据《中华人民共和国民法通则》第 75 条规定,公民的个人合法财产包括房屋受法律保护,禁止任何组织或个人侵占、破坏。被告的行为严重侵犯了原告的合法权益。本小区的业主代表就被告侵占外墙、阳台的违法施工之事,投诉至被告客服处,同时,本小区的 24 名业主联名书面向被告提出关于都市嘉园燃气管道改装问题的要求,被告并未就此停止施工,停止侵权。原告向本小区物业管理处、百色市市政管理局多次反映被告的违法施工问题,最终无法解决。依据我国相关法律规定,侵权行为危及他人人身、财产安全的,被侵权人可以请求侵权人承担停止侵害、排除妨碍、消除危险等侵权责任。被告安装天然气管道没有经过公示天然气管道安装布置图而进行施工建设，且在施工前没有与原告住宅楼的业主代表签订管道燃气配套建设配合协议，该施工方案和竣工结果均违反法律规定，同时影响住户的生活及生命安全。原告诉至法院，提出上述诉讼请求。

被告百色东明公司辩称：①被告安装的燃气管道符合安全标准及相关的施工许可要求，并未危害到原告的安全。燃气管道的铺设，经过相关部门的许可，并且有相关的许可文件，符合施工手续。被告与物业公司签订了《协议书》，安装管道时已经得到物业公司的批准，符合法律程序。②安装的燃气管道属于对建筑物外墙合理的利用，没有给原告带来任何损失或者造成任何安全隐患。根据《中华人民共和国物权法》第八十八条规定："不动产权利人因建造、修缮建筑物以及铺设电线、电缆、水管、暖气和燃气管线等必须利用相邻土地、建筑物的，该土地、建筑物的权利人应当提供必要的便利。"被告安装的管道是符合安全生产标准的，并且是给该小区用气用户提供燃气服务的必要设备，根据该规定，建筑物的权利人应当提供必要的便利。③被告安装的管道是以最便利，最安全的路径设置的，如果改装至小区围墙外，将会加长输气线路，从而加大用气户的用气成本，造成不便。④原告诉请律师费无法律依据。综上，原告的诉讼请求于法无据，应予以驳回。

原告梁某提供如下证据：①百色东明公司电脑咨询单，证明被告的主体资格；②被告安装燃气管道的照片，证明被告侵占原告房屋外墙、阳台安装管道的事实；③关于都市嘉园燃气管道改装问题的要求书，证明2015年8月22日，原告向被告提出改装燃气管道的要求，被告未予处理。

被告百色东明公司对证据1、2、3的真实性无异议，但对证明目的有异议。

被告百色东明公司提供如下证据：①百色市管道燃气特许经营协议；②关于加快百色市老旧小区推广管道天然气转换工作的通知（百市政联〔2015〕1号文件）；③百色市物价局文件（百价格〔2016〕43号）；④2015年5月14日百色市嘉乐物业服务有限责任公司与百色东明公司签订的《协议书》；⑤天然气管道安装示意图的公示照片；以上证据证明百色东明公司在小区内安装天然气管道有合法手续，符合法律规定，不存在违法施工行为；⑥2015年2月4日百色市嘉乐物业服务有限责任公司就小区铺设天然气管道的公示；⑦2015年5月20日经项目监理单位验收合格的单位工程竣工验收报审表；⑧工程竣工验收交接证明书；⑨工程竣工报告；上述证据证明百色东明公司铺设的天然气管道经过合法程序，符合相关规定，已经为小区的部分业主提供燃气服务，燃气管道并非危险物，不涉及原告所称威胁其安全问题，不存在任何侵权行为；⑩《城镇天然气设计规范》GB 50028，证明百色东明公司所铺设的天然气管道是按照设计规范进行设计施工，并经验收合格后投入使用；⑪关于都市嘉园小区燃气项目情况，证明小区内有 58 户使用天然气，原告中有 6 户正常使用天然气。

原告对被告提供的证据①、②、③、⑥、⑦、⑧、⑨、⑩、⑪的真实性无异议，对证据④、⑤有异议，认为被告安装天然气管道没有经过三分之二业主同意与被告签订协议，违背了业主的真实意思表示，且也没有履行相应的告知义务；认为证据②、③与本案无关联，且无法证实所安装的天然气不存在危险。对证据⑥有异议，认为对于天然气管道的安装部分业主已提出异议，但物业公司没有处理。法院认为，被告提供的证据②、③与本案无关联，故不予认定，对证据⑥，原告认为部分业主已对安装燃气管道提出异议，但对于已公示的内容无异议，法院对该证据予以认定。

（2）裁判要旨

法院认为，公民、法人的合法民事权益受法律保护。当事人对自己提出的诉讼请求所依据的事实或者反驳对方诉讼请求所依据的事实有责任提供证据加以证明。没有证据或者证据不足以证明当事人的事实主张的，由负有举证责任的当事人承担不利后果。本案关于原告现居住的都市嘉园小区住宅楼的燃气管道安装问题，根据国家《城镇燃气设计规范》G3 50028 第 6.3.15 规定，室外架空的燃气管道，可沿建筑物外墙或支柱敷设，被告百色东明公司在该栋楼安装燃气设备时，沿建筑物外墙及支柱敷设天然气管道符合相关规定，被告百色东明公司在原告的住宅小区内安装天然气管道，并未违反国家标准及规定，且未造成相应的损害后果。原告梁某认为燃气管道距离窗口过近、危害安全，应予移除并赔偿经济损失、律师费的请求缺少法律依据及相应证据，法院不予支持。

（3）裁判结果

驳回原告梁某的诉讼请求。

（4）律师解析

本案中百色东明公司的做法是值得借鉴的，施工前联系小区物业辅助，就管道铺设的相关材料文件进行公示，以向小区居民说明管道铺设的合法性。

（5）实务启示

燃气公司在进行配套改造时向用户收取的燃气配套费价格一定要有物价部门的文件做依据或在物价部门进行价格备案。老百姓在关心老旧小区什么时候能够配套燃气的同时，也同样很关心配套燃气的价格。燃气公司身处天然垄断地位，有义务让用户钱花得清楚、明白。重点避免出现相邻地区收费标准不同的情况，若确需如此，务必在收费前做出合理解释。

（6）相关规定链接

《城镇燃气管理条例》。

第十一条　进行新区建设、旧区改造，应当按照城乡规划和燃气发展规划配套建设燃气设施或者预留燃气设施建设用地。

对燃气发展规划范围内的燃气设施建设工程，城乡规划主管部门在依法核发选址意见书时，应当就燃气设施建设是否符合燃气发展规划征求燃气管理部门的意见；不需要核发选址意见书的，城乡规划主管部门在依法核发建设用地规划许可证或者乡村建设规划许可证时，应当就燃气设施建设是否符合燃气发展规划征求燃气管理部门的意见。

燃气设施建设工程竣工后，建设单位应当依法组织竣工验收，并自竣工验收合格之日起 15 日内，将竣工验收情况报燃气管理部门备案。

3. 案例三　周某与小石燃气公司排除妨害纠纷案

（1）案情概要

经过施工方案公示后，2015 年 4 月，小石燃气公司为周某居住的小区安装天然气管道。按照施工设计，管道横向布置在一楼与二楼之间的阳台外墙处。周某等部分业主认为管道安装在阳台外未经业主同意，且有安全隐患。与小石燃气公司协调无果后，周某诉至法院要求移除天然气管道至小区围墙外。

双方争议的问题是，小石燃气公司利用住宅楼外墙等共有部分铺设燃气管道是否侵害了业主共有权利、是否存在安全隐患以及是否侵害周某人身安全、财产安全。

对前一问题，周某认为此次铺设天然气管道未经业主同意，侵占业主外墙、阳台，管道应移除。小石燃气公司认为自己的安装属于对外墙的合理利用，没有给周某带来损失。

对后一问题，周某认为小石燃气公司管道距离窗口过近，存在安全隐患。小石燃气公司认为此次施工经过相关部门认可，符合安全标准，符合法律程序。

一审法院判决驳回周某诉讼请求，没有支持周某要求移除燃气管道的要求。

周某不服一审判决提起上诉。

（2）裁判要旨

法院认为，小石燃气公司利用讼争的楼房外墙和支柱铺设天然气管道，其目的是为了积极响应国家节能减排的要求、满足小区居民使用天然气的意愿、降低生活成本、减少安全事故和提高居民生活质量，属合理使用范围，并未对小区公共利益或他人正常生产、生活造成妨害。故周某主张小石燃气公司利用楼房外墙和支柱架设天然气管道侵害了业主共有权利的理由不成立。

周某对其主张因小石燃气公司架设燃气管道而致其合法财产权益受损的事实应负责提供证据加以证明。但综合全案证据，因小石燃气公司在周某所居住的小区安装燃气设备时沿建筑物外墙及支柱铺设天然气管道符合国家《城镇燃气设计规范》GB 50028 的规定，并未违反相关法律和其他强制性规定，而周某所提交的证据又未能充分有力证明上述损害事实，故对于其诉称本案所涉燃气管道距离窗口过近、危害人身安全以及造成财产损失，应予移除并赔偿经济损失的主张，法院不予支持。

（3）裁判结果

二审法院判决驳回周某上诉请求，最终未支持周某移除管道的要求。

（4）律师解析

本案情节简单，但是在实务中比较常见。表现最突出的是城市已建成住宅燃气配套（俗称"老户配套"）和近年推行的燃气"村村通"工程。提出这类要求的业主，多数未报名参与燃气配套。在他们看来，自己家没有申请配套燃气，燃气管道就不能从自家外墙或屋顶经过。而且，他们想当然地认为燃气管道会影响经过之处的美观、增加事故风险。

律师接到这类咨询时，最常见的问题是，业主认为燃气公司无权从自己家外墙走管，要求拆除，问律师如何解决。

按照《中华人民共和国物权法》第七十条的规定，住宅楼外墙属于专有部分以外的共有部分。在法律实务中，法院一般会认为在符合设计规范的前提下，其他单位和个人有权因公共利益需要对公共部分进行合理利用。本案中，小石燃气公司是为给周某所在小区全体居民供气而进行燃气管道安装，且其设计符合《城镇燃气设计规范》GB 50028 要求，符合合理利用的条件。

如果是燃气"村村通"遇到这种问题，可以适用《中华人民共和国物权法》第八十八条规定主张管道铺设的合法性。

（5）实务启示

1）建议燃气公司在签约阶段即与用户约定由其负责在开工前协调好邻里关系，将日后矛盾消灭在萌芽状态，或者将其他业主阻挠施工作为可以顺延工期的情况之一。

2）建议燃气公司在开工前进行施工公示，并在公示中披露可能会造成居民反对的施工方案，将方案符合规定的依据同时列出，打消居民疑虑。

第二章　运营管理类

第一节 燃气开通纠纷

燃气开通是从燃气建设阶段进入运营管理阶段的衔接环节。开发商欠款、开放式厨房、邻居不配合等影响开通的情况较为多发，且这几类案件成批出现的概率较大。那么，哪些情况下燃气公司可以拒绝开通燃气，哪些情况下又必须为用户通气呢？希望本节内容能够抛砖引玉，为燃气公司解决此类问题提供参考。

一、实务要点

（1）燃气公司与开发商间存在燃气配套建设款争议是否可以作为拒绝为用户开通燃气的理由？

（2）燃气公司是否可以拒绝为开放式厨房用户开通燃气？

（3）第三方阻碍是否可以作为不履行开通燃气义务的理由？

二、案例解析

1. 案例一 冯某诉灵山燃气公司供用气合同纠纷一案

（1）案情概要

2015年3月2日，冯某与案外人珠山地产公司签订了《商品房买卖合同》。

2015年4月9日，珠山地产公司与灵山燃气公司签订《仁怀市居民用户管道燃气设施安装服务协议书》，约定由灵山燃气公司负责涉案小区庭院及户内燃气安装。

合同签订后，灵山燃气公司按约定将燃气设施工程安装完毕并经验收合格。

冯某将所购房屋装修完毕入住后，灵山燃气公司以珠山地产公司欠付燃气建设尾款且开通燃气需经珠山地产公司通知为由，拒绝为冯某开通燃气。

冯某认为灵山燃气公司侵害了自己权益，因此，起诉灵山燃气公司，要求开通燃气并供气。

关于灵山燃气公司是否有义务为冯某开通燃气。灵山燃气公司认为，根据与珠山地产公司协议约定，尾款未付清，灵山燃气公司有权不予通气。在珠山地产公司欠付尾款的情况下对部分居民没有开通燃气是正当的。此外，灵山燃气公司与冯某间没有任何合同关系，只与珠山地产公司有合同关系，未经珠山地产公司通知，无义务为冯某开通燃气。

冯某认为，自己与珠山地产公司签订的《商品房买卖合同》中已经约定了购房款包含燃气设施配套建设费用，自己理应享受燃气供应服务。

（2）裁判要旨

法院认为，冯某房屋已经满足燃气开通条件，灵山燃气公司有义务为其开通燃气。

首先，珠山地产公司已按当地政府要求将燃气设施建设同步纳入整体规划设计中。

其次，根据《贵州省城镇房地产开发经营管理条例》规定及冯某与珠山地产公司《商品房买卖合同》约定，商品房价格已经包括燃气设施建设费用。冯某房款及珠山地产公司的燃气设施建设费均已支付。

最后，燃气经营者有义务向市政燃气管网覆盖范围内符合用气条件的用户提供燃气供应服务。尽管安装服务协议是由灵山燃气公司与珠山地产公司签订的，但该小区建设完成后，已购房屋的业主对该小区内的基础设施享有使用、管理、维护等权利。灵山燃气公司作为特许经营者，其为用户通气是法定义务，珠山地产公司没有向其支付工程尾款，可以另行主张权利，并不能因此拒绝为冯某开户通气。

（3）裁判结果

法院判决，限灵山燃气公司在判决生效后 5 个工作日内为冯某房屋办理燃气使用开户手续并供气。

（4）律师解析

本案是灵山燃气公司在案涉小区近百个同类型案件中的一个。案情虽然简单，却是一场规模庞大的诉讼，前后历时 3 年，给灵山燃气公司增加了极大诉累。

根据《中华人民共和国行政许可法》第六十七条、《城镇燃气管理条例》第十八条规定，燃气公司应按照国家规定的标准和当地燃气主管部门规定的条件，向用户履行普遍供气义务，不得拒绝向市政燃气管网覆盖范围内符合用气条件的单位或个人供气。本案中，燃气配套建设工程已竣工验收合格，符合用气条件，灵山燃气公司应根据该规定及时为用户通气。

可见，燃气公司与开发商间存在燃气配套建设款争议是不可以作为拒绝为用户开通燃气的理由的。

（5）实务启示

1）燃气公司与开发商间的纠纷，应通过协商或诉讼等途径解决，不应突破合同相对性，以与开发商的纠纷为由拒绝为居民用户提供正常服务。在居民利益受损的同时，如此类现象过多，会影响燃气公司社会信誉。燃气公司拒绝给居民开通燃气的初衷，也许是为了通过居民向开发商施压，解决开发商欠款问题。但是这种方式很容易给燃气公司带来负面影响，并不可取。

2）建议燃气公司梳理居民用户配套建设合同中类似"不付清配套建设款项不予通气"的条款，规避合同内容因损害公共利益而无效的风险，更换为"合同费用支付完毕后开工建设"等与建设阶段有关的可合法约束开发商的内容。

（6）相关规定链接

1）《中华人民共和国行政许可法》

第六十七条　取得直接关系公共利益的特定行业的市场准入行政许可的被许可人，应当按照国家规定的服务标准、资费标准和行政机关依法规定的条件，向用户提供安全、方便、稳定和价格合理的服务，并履行普遍服务的义务；未经做出行政许可决定的行政机关批准，不得擅自停业、歇业。

被许可人不履行前款规定的义务的，行政机关应当责令限期改正，或者依法采取有效措施督促其履行义务。

2）《城镇燃气管理条例》

第十八条第（一）款　燃气经营者不得有下列行为：（一）拒绝向市政燃气管网覆盖范围内符合用气条件的单位或个人供气。

3）《城镇燃气管理条例》

第四十六条第一款　违反本条例规定，燃气经营者有下列行为之一的，由燃气管理部门责令限期改正，处1万元以上10万元以下罚款；有违法所得的，没收违法所得；情节严重的，吊销燃气经营许可证；造成损失的，依法承担赔偿责任；构成犯罪的，依法追究刑事责任：

（一）拒绝向市政燃气管网覆盖范围内符合用气条件的单位或者个人供气的。

2. 案例二　俞某诉鱼鸣燃气公司供用气合同纠纷一案

（1）案情概要

2011年10月27日，业主俞某与鱼鸣燃气公司签订《管道燃气供用气合同》，随后即对房屋进行装修。其中，厨房装修成开放式厨房，与客厅、餐厅直接连通。装修完成后，俞某委托父母通知鱼鸣燃气公司开通燃气。鱼鸣燃气公司到俞某家查看后，以俞某厨房未装门不符合安全条件为由拒绝开通燃气。俞某及其父亲多次要求鱼鸣燃气公司开通燃气并向主管部门反映情况。无果后，俞某起诉鱼鸣燃气公司，要求开通燃气，并赔偿购买替代灶具、多用电费、饮食多支出及交通费损失共计5300余元。

双方争议的焦点在于开放式厨房能否通气、鱼鸣燃气公司是否应赔偿俞某损失。

对于开放式厨房是否必须与客（餐）厅隔断才能开通管道燃气的问题，俞某认为开放式厨房不违反国家标准强制性规定，可以开通燃气。鱼鸣燃气公司认为，俞某装修设计图显示厨房有隔断门，但实际没有加装隔断门，违反了《城镇燃气技术规范》GB 50494、《住宅设计规范》GB 50096以及《城镇燃气设计规范》GB 50028对燃气具安装位置的规定，鱼鸣燃气公司从严执行，拒绝在俞某加装隔断门前为其开通燃气并无不当。

对于鱼鸣燃气公司是否应赔偿俞某因未开通管道燃气造成的损失的问题，俞某认为，因鱼鸣燃气公司未对厨房门隔断事宜进行明确提示，导致燃气未开通，自己额外发生费用，燃气公司应赔偿。鱼鸣燃气公司认为，俞某装修设计图留有装门标识，但俞某没有按设计图装修，厨房装修成开放式厨房与燃气公司是否提示没有因果关系。俞某要求赔偿的各项花费均为俞某工作生活必需的支出，鱼鸣燃气公司没有过错，不应承担赔偿责任。

在一审进行过程中，俞某加装了厨房门，鱼鸣燃气公司为其开通了燃气。俞某撤回了要求开通燃气的诉讼请求。

一审法院认为，双方签订的《管道燃气供用气合同》中，有关燃气管道不具备安全用气条件时鱼鸣燃气公司有权停止供气的约定属于格式条款，S公司没有尽到提示义务，致使俞某将厨房装修成了开放式厨房，因此给俞某造成的损失，鱼鸣燃气公司应赔偿。

一审法院判决鱼鸣燃气公司支付俞某有证据证明的1769.8元损失，其他无证据证明的损失未支持。

鱼鸣燃气公司不服判决结果上诉。

（2）裁判要旨

二审法院认为，在其他案件中，生效行政判决书已经认定鱼鸣燃气公司要求开放式厨房与客（餐）厅隔断才能通气并无不当，所以鱼鸣燃气公司在未予开通燃气的行为中并无过错。《管道燃气供用气合同》中约定的不符合安全用气条件可停气的条款虽属格式条款，但符合燃气规范要求，并非任意增设的条款，不属于必须提示说明的条款，不能以鱼鸣燃气公司未尽提示义务为由认定其负有赔偿责任。

（3）裁判结果

二审法院撤销了一审法院判决，驳回俞某全部诉讼请求。即，法院支持燃气公司对开放式厨房不予通气，且不必赔偿此类业主因不能通气造成的损失。

（4）律师解析

对于因开放式厨房燃气开通问题产生的供用气合同争议，全国各地法院观点是一致的。即，燃气公司从严执行规范，要求开放式厨房须与客（餐）厅隔断才能开通管道燃气的行为是不存在过错的。

在本案中，鱼鸣燃气公司引用的条文来源于国家标准，但并不属于国家标准中的强制性条款。理论上，是存在可以不按该条款执行的空间的。但是法院最终认定燃气公司不予开通燃气的行为并无不当，判决驳回俞某诉讼请求。这一结果，表面是参考相关国家标准的规定及其他案件的判决，实际这不能不说是对社会效果的考虑。如果法院判决支持俞某请求，无异于放任开放式厨房开通燃气，将会极大增加用户用气风险。

虽然从程序上，燃气公司是无责的，但燃气公司其实可以将工作做得更加完善，进一步降低此类争议发生的可能性。具体见下一部分内容"实务启示"。

（5）实务启示

1）建议在燃气建设合同中明确约定厨房不得装修为开放式厨房并以加粗等方式进行特别提示，同时对作出此约定的原因进行解释，防止因用户误解发生争议。

2）对已建成住宅的燃气配套，建议在合同签订前进行现场实地勘察，如存在不符合安装条件的情况，单独进行书面提示或将"某某隐患整改完成前不予通气"写入合同。

3）对新建住宅用户，由于燃气公司是与开发商签订配套建设合同的，未直接与用户签订，需在小区交房前后发布包含开放式厨房不予开通燃气在内的燃气注意事项公告对相关事宜进行提示并对公告发布情况拍照留档。

（6）相关规定链接

1)《城镇燃气技术规范》GB 50494

2.0.12　非居住房间　non-habitable room

住宅中除卧室、起居室（厅）外的其他房间。

8.2.2　居民住宅用燃具不应设置在卧室内。燃具应安装在通风良好，有给排气条件的厨房或非居住房间内。

2)《城镇燃气设计规范》GB 50028

10.4.4　家用燃气灶的设置应符合下列要求：

1　燃气灶应安装在由自然通风和自然采光的厨房内，利用卧室的套间（厅）或利用与卧室连接的走廊作厨房时，厨房应设门并与卧室隔开。

3)《住宅设计规范》GB 50096

2.0.3　居住空间　habitable space

卧室、起居室（厅）的统称。

2.0.5　起居室（厅）living room

供居住者会客、娱乐、团聚等活动的空间。

4)《家用燃气燃烧器具安装及验收规程》CJJ 12

4.2.1　设置灶具的房间除应符合本规程第 4.1.1 条的规定外尚应符合下列要求：

1　设置灶具的厨房应设门并与卧室、起居室等隔开。

2　设置灶具的房间净高不应低于 2.2m。

注：本案判决文书中并未提及《家用燃气燃烧器具安装及验收规程》CJJ12，但该规程 4.2.1 与本案主题相关，故列入。

3. 案例三　兰某诉竹岔燃气公司供用气合同纠纷一案

（1）案情概要

兰某系富民里小区 2-1-601 业主，供气单位为竹岔燃气公司。竹岔燃气公司施工时，开发商提出变更原设计图纸。竹岔燃气公司按照变更后的图纸进行了施工。小区用户自 2011 年 8 月 23 日开始陆续通气。兰某家所在的用户串少数业主要求按照原设计图纸施工，因此拒绝燃气公司入户进行通气安检。此举直接导致包括兰某家在内的整串用户都无法通气。兰某多次要求竹岔燃气公司通气未果，遂起诉竹岔燃气公司为其开通燃气。

双方的争议在于竹岔燃气公司是否应为兰某开通燃气。兰某认为，自己与竹岔燃气公司已经签订《用户安全使用燃气协议书》和《燃气用户通气点火施工验收协议》，点火施工也已经完成。自己家已经符合协议约定的通气条件，竹岔燃气公司应该通气点火。竹岔燃气公司认为，兰某提交的两份协议书并非竹岔燃气公司与其签订，对其效力不予认可。少数业主因设计图纸变更拒绝入户检查和通气，造成处在同一串燃气用户的兰某家至今未通气。因此，责任不在竹岔燃气公司。

一审判决竹岔燃气公司于判决生效后 60 日内为兰某通气。竹岔燃气公司不服判决上诉。

（2）裁判要旨

法院认为兰某提交的两份协议均盖有竹岔燃气公司集团公章，竹岔燃气公司未提交相反证据证明协议系伪造，因此采信这两份证据。根据双方《用户安全使用燃气协议书》第二项约定，在确保安全用气和不影响安全检查及正常维护的前提下，竹岔燃气公司应按期通气点火。少数业主不配合竹岔燃气公司通气，不能成为拒绝为兰某通气的理由。

（3）裁判结果❶

驳回上诉，维持原判。即，竹岔燃气公司需在 60 日内为兰某通气。

（4）律师解析

本案案情简单明确，但法律和实务有冲突。一边是法院做出了符合法律规定的判决，另一方面，案件却因第三人原因长期不具备执行条件。

从法律角度，根据《中华人民共和国合同法》第六十条规定，当事人应当按约定全面履行己方义务。即，除非法定不可抗力和双方合同约定的免责事由出现，否则任何原因都不能成为一方不履行合同的理由。本案中，双方签订了《用户安全使用燃气协议书》且约定了通气条件。那么，在兰某家未出现不可通气隐患的情况下，竹岔燃气公司应当按照约定通气。第三方阻碍不是燃气公司不履行通气义务的理由。

从实务角度，由于兰某家与邻居们同属一串用户，无法实现单户通气，在邻居们拒不配合通气的情况下，本案并不具备执行条件。法院的判决无法执行。

此类案件需要从源头进行预防。通过司法途径可以解决理论上应该怎么做的问题，但很难真正从实务上消除现实矛盾。

（5）实务启示

1）建议在《供用气协议》或者类似案件中的《用户安全使用燃气协

---

❶　判决生效后，竹岔燃气公司没有通气，兰某申请执行。该案因不具备执行条件，法院于 2015 年 11 月 23 日裁定终结执行。本书出版为止，该案是否已执行完毕未知。

议书》和《燃气用户通气点火施工验收协议》等文件中，明确约定"开发商、邻居等第三方原因造成不能按原计划通气的，通气时间顺延"。

2）尽量不要给业务办理单位提供盖有公章的空白合同备用。如批量业务操作必须使用空白合同，应对发放及使用情况进行及时登记，防止违规操作造成已盖章的空白合同外流。

（6）相关规定链接

《中华人民共和国合同法》。

第六十条　当事人应当按照约定全面履行自己的义务。

当事人应当遵循诚实信用原则，根据合同的性质、目的和交易习惯履行通知、协助、保密等义务。

第二节　施 工 破 坏 纠 纷

第三方施工破坏燃气管道导致的事故时有发生。这类事故轻则导致燃气公司管线损失，短暂影响用户用气，重则发生爆炸导致群死群伤。2017年吉林松原7·4管道燃气爆炸事故发生后，根据事故调查报告披露，本次事故共造成7人死亡，85人受伤，直接经济损失4419万元。事后，燃气公司抢修主管、巡线主管、当事巡线员、生产运营部经理、工程技术总监、总经理6人及第三方施工单位、监理单位主管人员及直接责任人员16人涉嫌重大责任事故罪被采取刑事强制措施；市政府及相关主管部门19人被处以警告到开除不等的处分。

本节从燃气公司角度出发，聊一聊这类损害的责任划分和预防问题。

一、实务要点

（1）第三方施工损害的具体数额应如何认定？

（2）在第三方施工导致的燃气管道损害中，燃气公司是否需自行承担责任？

二、案例解析

1. 案例一　大石燃气公司诉韩某财产损害赔偿纠纷案

（1）案情概要

2018年5月2日下午3时左右，韩某的施工队在某村进行施工作业。

在挖电线杆坑过程中，将大石燃气公司地下天然气管道挖坏。大石燃气公司在当天晚上 7 点左右维修完毕。事故发生后，双方就赔偿问题达不成一致意见。因此，大石燃气公司向法院起诉，要求韩某赔偿各项损失 60212.67 元，后依据山东华信价格评估有限公司价格评估结论书，将赔偿数额变更为 56927 元。

案件审理过程中，双方围绕本案损失数额是否应重新进行评估和大石燃气公司对损失产生有无过错展开辩论。

韩某不认可评估结论书内容，但没有在规定期限内申请重新鉴定。韩某认为，大石燃气公司的管道建设没有履行审批程序，没有通过政府划定保护范围并向社会公布，属于违规建设，不应受法律保护。同时，大石燃气公司没有按规定设置警示标志，抢修中及结束后才补充设置了黄色警示带和警示柱。大石燃气公司的违规行为是本次损失产生的唯一原因。

大石燃气公司认为，本案所涉燃气管道的建设为为了贯彻落实"村村通"工程，是按照当地政策实施的，是事实上经许可的公益工程，并非违章建筑。韩某施工前大石燃气公司就已经按规定设置了警示柱。

一审法院判决韩某承担 80% 赔偿责任，支付大石燃气公司经济损失 44541.6 元。韩某上诉要求改判自己不承担责任。

（2）裁判要旨

法院认为，对于损失数额的确定，韩某虽然对鉴定提出异议，但没有提供相反证据且在法院指定的期限内未提出重新鉴定申请，所以损失数额以鉴定结果为依据。

韩某在施工过程中应当知道其施工点附近没有燃气管道，既没有向有关部门提出挖掘作业申请，也没有采取确保安全的施工方案，冒险使用机械进行施工，导致事故发生，有较大过错。大石燃气公司对其管道日常巡护不到位导致韩某将管道挖坏，对事故的发生有一定过错，且未能举证证明警示桩在韩某施工前已经存在，可以酌减韩某 20% 赔偿责任。一审法院判决并无不当。

（3）裁判结果

二审法院维持了一审原判。即，韩某承担 80% 赔偿责任，大石燃气公司自行承担 20% 责任。

（4）律师解析

本案反映了第三方施工导致燃气管道损失的常见发生模式。第三方施工单位不按规定办理施工申请和制定燃气设施保护方案，结果导致燃气公司管道损坏。而燃气公司，也未按规定进行巡视导致不能及时发现第三方违规施工行为。

在这种情况下，法院可适用《中华人民共和国侵权责任法》第二十六条规定，酌减第三方施工单位的侵权赔偿责任。多数情况下，酌减比例约在20%～30%之间。对于具体损失数额的确定，如双方无法达成一致，需通过有资质的评估公司进行评估。如一方对另一方单方委托的评估结果不予认可，有权申请重新评估。因此，评估一般须由双方共同委托或者通过法院委托。

本案发生在燃气"村村通"工期紧、任务重、范围广的大背景下。为赶工期，燃气公司难以保证所有工程均具备施工图纸、路由审批等合法手续导致第三方施工单位没有足够的参照资料。在运营阶段中，也因人员不足等原因难以做到高频率的巡视。这种特殊背景大大提高了第三方施工导致燃气管道损害的概率。

为改善这种状况，燃气公司应从改善自身工作入手，降低第三方施工导致的燃气管道损害发生的概率。

（5）实务启示

1）建议燃气公司按规定设置警示标志，并在警示标志上简要载明《城镇燃气管理条例》第三十四条关于第三方施工应遵守的规定及燃气公司的联系方式，提高第三方的规则意识、方便其办理相关手续。

2）在"村村通"等不方便巡视的项目中，通过劳务派遣或者兼职招聘在项目所在地招募日常巡视与维护人员，提高主动发现第三方违规施工的概率，保证管道安全。

（6）相关规定链接

1）《中华人民共和国石油天然气管道保护法》

第二十二条　管道企业应当建立、健全管道巡护制度，配备专门人员对管道线路进行日常巡护。管道巡护人员发现危害管道安全的情形或者隐患，应当按照规定及时处理和报告。

第三十条　在管道线路中心线两侧各5m地域范围内，禁止下列危害管道安全的行为：……

（二）取土、采石、用火、堆放重物、排放腐蚀性物质、使用机械工具进行挖掘施工；

（三）挖塘、修渠、修晒场、修建水产养殖场、建温室、建家畜棚圈、建房以及修建其他建筑物、构筑物。

第三十五条　进行下列施工作业，施工单位应当向管道所在地县级人民政府主管管道保护工作的部门提出申请：……

（二）在管道线路中心线两侧各 5～50m 和本法第五十八条第一项所列管道附属设施周边 100m 地域范围内，新建、改建、扩建铁路、公路、河渠，架设电力线路，埋设地下电缆、光缆，设置安全接地体、避雷接地体；

（三）在管道线路中心线两侧各 200m 和本法第五十八条第一项所列管道附属设施周边 500m 地域范围内，进行爆破、地震法勘探或者工程挖掘、工程钻探、采矿。

县级人民政府主管管道保护工作的部门接到申请后，应当组织施工单位与管道企业协商确定施工作业方案，并签订安全防护协议；协商不成的，主管管道保护工作的部门应当组织进行安全评审，作出是否批准作业的决定。

第三十七条　进行本法第三十三条第二款、第三十五条规定的施工作业，应当在开工七日前书面通知管道企业。管道企业应当指派专门人员到现场进行管道保护安全指导。

2）《中华人民共和国侵权责任法》

第六条第一款　行为人因过错侵害他人民事权益，应当承担侵权责任。

第二十六条　被侵权人对损害的发生也有过错的，可以减轻侵权人的责任。

3）《城镇燃气管理条例》

第三十四条　在燃气设施保护范围内，有关单位从事敷设管道、打桩、顶进、挖掘、钻探等可能影响燃气设施安全活动的，应当与燃气经营者共同制定燃气设施保护方案，并采取相应的安全保护措施。

第三十五条　燃气经营者应当按照国家有关工程建设标准和安全生产管理的规定，设置燃气设施防腐、绝缘、防雷、降压、隔离等保护装置和安全警示标志，定期进行巡查、检测、维修和维护，确保燃气设施的安全运行。

2. 案例二　中安燃气公司与霍某、釜台通信公司等财产损害赔偿纠纷案

（1）案情概要

2013 年 12 月 11 日，釜台通信公司项目部经理李某在没有办理审批手续，未审查刘某、霍某作业资质的情况下，委托张某以李某及釜台通信公司的名义与刘某、霍某签订《通信管道施工协议》进行顶管施工。

2013年12月15日22时许，霍某发现施工路段地下有燃气管道并向李某汇报。李某与中安燃气公司交涉后，中安燃气公司运行部经理夏某、巡线负责人彭某到现场查看，因没有具体的管道分布图，无法确定管道的具体位置。经开启阀门井查验，夏某与李某制定了从燃气阀门井3m以下明管下放顶管走线的方案。

2013年12月17日21时许，彭某指派方某与李某再次沟通施工方案，双方确定原施工方案不变。随后，霍某亲自进行顶管作业。当晚，顶管机钻头遭遇硬物后改变走向，钻穿燃气管道导致燃气泄漏，霍某遂停止施工。

施工事故发生后，中安燃气公司先后外请南岛公司、金沙公司进行抢修，分别支出893700元、3313.26元。另外，中安燃气公司自行维修产生费用300841.4元。釜台通信公司已赔偿100000元。经会计师事务所审计，维修费用共计1197854.66元。各方对赔偿事宜未达成一致，中安燃气公司起诉要求霍某、刘某、釜台通信公司赔偿其抢维修费用1197854.66元且承担本案诉讼费用。

庭审中，各方对本次事故损失确定及责任划分有较大分歧。

霍某及釜台通信公司认为会计师事务所审计报告不能作为定损的依据且釜台通信公司主张法院应重新组织审计。对于责任划分，霍某认为，中安燃气公司没有审查釜台通信公司施工审批手续且在没有地下管线分布图纸的情况下在施工现场进行不当指挥，应对事故损失承担主要责任。釜台通信公司明知不具备施工手续而施工是事故的直接原因。自己只是受雇于釜台通信公司，不应由自己承担所有责任。釜台通信公司认为，中安燃气公司本身存在过错，应承担部分责任。

中安燃气公司主张实际损失应全额赔偿。同时认为，釜台通信公司未办理顶管作业审批手续、未详细勘查就组织无施工资质人员擅自进行顶管施工，应承担侵权责任。釜台通信公司、霍某、刘某三方应承担连带责任。

一审法院结合抢修发票及抢修合同审计结果、霍某及刘某刑事判决书，认可了外聘南岛公司的抢修费用893700元，但外聘金沙公司及中安燃气公司自行维修的3313.26元、300841.4元仅有收据、结算书、出库单、加班费明细表等结论性证据，没有其他关联性证据佐证，无法确定这些费用产生的必然性和合理性，所以对中安燃气公司自行支付的300841.4 元不予认定。但因存在中安燃气公司自行维修的事实，本部分费用酌定为 50000 元。核减釜台通信公司已经支付的赔偿款 100000 元，中安燃气公司抢修费用损失为 843700 元（893700 元＋50000 元－100000元）。

一审判决霍某、刘某在判决书生效之日起 7 日内赔偿中安燃气公司抢修费用损失 843700 元，釜台通信公司与霍某、刘某承担连带赔偿责任。

霍某、釜台通信公司不服判决上诉。

（2）裁判要旨

二审法院认为，霍某无资质作业造成事故，酌定其承担 50％责任，刘某应与霍某共同承担赔偿责任。

中安燃气公司作为管道所有人和管理人，在没有管网布局图纸的情况下，仍同意霍某施工，且最终施工方案存在巨大安全隐患，对事故发生有一定过错，酌定其承担 20％的责任。

釜台通信公司明知霍某没有施工资质仍与其签订《通信管道施工协议》，对作业风险的增加有间接放任的故意，具有选任过失，酌定其承担30％的赔偿责任。同时，釜台通信公司与霍某、刘某互负连带赔偿责任。

（3）裁判结果

本案最终结果是：

1）由霍某、刘某共同赔偿中安燃气公司 471850 元；

2）由釜台通信公司赔偿中安燃气公司 183110 元；

3）霍某、刘某和釜台通信公司互负连带赔偿责任；

4）驳回中安燃气公司其他诉讼请求。

（4）律师解析

本案中，燃气公司的失误主要有 3 点。

1）在就损失数额举证时，未能提供外聘金沙公司和自行维修的发票、付款凭证等证据，无法证明发生的费用的具体数额及其必要性，导致300841.4 元自行支出的费用仅被酌定为 50000 元，而外聘金沙公司的3313.26 元抢修费用则直接未被支持。

2）在没有管网布局图的情况下同意第三方施工。

3）制定的最终施工方案存在安全隐患。

所以，根据《中华人民共和国侵权责任法》第二十六条的规定，燃气公司因自身存在过错，需承担一定比例的责任。燃气公司应总结教训，严格按照规定完善第三方施工监督措施和施工方案，降低事故发生概率。

（5）实务启示

1）发生第三方施工损害时，应留好完整的损失证据，以备不时之需。

2）如缺乏管网布局图等关键材料，无法摸清管网布局，应谨慎决定是否同意第三方施工。第三方施工客观上无改线可能性必须经过燃气管线位置施工时，应先探查管线情况，确保燃气管线安全。

3）制定的施工方案应确保无重大安全隐患。

（6）相关规定链接

1）《中华人民共和国侵权责任法》

第六条第一款　行为人因过错侵害他人民事权益，应当承担侵权责任。

第二十六条　被侵权人对损害的发生也有过错的，可以减轻侵权人的责任。

2）《中华人民共和国安全生产法》

第一百条第一款❶　生产经营单位将生产经营项目、场所、设备发包或者出租给不具备安全生产条件或者相应资质的单位或者个人的，责令限期改正，没收违法所得……导致发生生产安全事故给他人造成损害的，与承包方、承租方承担连带赔偿责任。

3）《最高人民法院关于审理人身损害赔偿案件适用法律若干问题的解释》

第十条　承揽人在完成工作过程中对第三人造成损害或者造成自身损害的，定作人不承担赔偿责任。但定作人对定作、指示或者选任有过失的，应当承担相应的赔偿责任。

第三节　排除妨害纠纷

要保证燃气设施的正常运行，巡线、检修只是基础工作。除此之外，还会随时面临来自第三方的挑战。本节通过由竞争关系、土地使用权变更引发的两个案例，对燃气设施运行可能遇到的第三方阻碍进行大致介绍，供广大燃气公司预防相关问题参考。

---

❶ 此为 2009 版，2014 年修改后为第八十六条。

一、实务要点

（1）燃气公司拆除竞争对手涉嫌违规的燃气设施是否需要赔偿？

（2）燃气公司承租土地使用权变更后新使用权人是否有权要求燃气公司搬迁？

二、案例解析

1. 案例一　流清燃气公司与九水燃气公司排除妨害纠纷案

（1）案情概要

2010 年 11 月 26 日，民和县人民政府为规范当地燃气市场管理，避免管网重复建设，发函划分了民和县城的燃气经营区域。流清燃气公司与九水燃气公司均为该县燃气公司，区域相邻，两者存在竞争关系。

2014 年 9 月，流清燃气公司投资建设了金星加气站到民和县下川口工业园和兴炭素厂、马场垣高速收费站的燃气管道。该管道位于九水燃气公司已敷设并运营的管道附近。

2014 年 12 月 6 日，九水燃气公司以流清燃气公司在收费站南侧敷设的管道存在安全隐患为由，将该处主管线挖开，造成流清燃气公司部分管道报废。

2015 年 10 月，流清燃气公司提起诉讼，要求停止侵害、排除妨害并赔偿损失 650000 元。同年 12 月 3 日，九水燃气公司提起反诉，要求流清燃气公司将其敷设在九水燃气公司燃气管道安全距离之内的燃气设施拆除并不得再次敷设，赔偿经济损失 617340 元。

2015 年 12 月 3 日，九水燃气公司申请对流清燃气公司在其已运营管道附近又敷设燃气管道是否符合安全规范和设计规范予以鉴定。2016 年 5 月 29 日，流清燃气公司申请对被拆毁管道价值及其恢复工程量和造价进行鉴定。2018 年 5 月，鉴定完成。鉴定结果为：流清燃气公司未告知九水燃气公司施工事宜并损坏九水燃气公司燃气管道警示桩、未共同制定燃气设施保护方案的行为违规；流清燃气公司管道敷设符合垂直距离要求，但存在交叉、重叠敷设，不符合《城镇燃气设计规范》GB 50028 要求。根据鉴定结果，法院认定流清燃气公司管道损失为 72636.01 元。

一审法院认为，双方当事人在敷设燃气管道工程过程中，流清燃气公司在未按规定与九水燃气公司共同制定燃气设施保护方案的情况下，在九水燃气公司先敷设燃气管道的地段又自行敷设燃气管道，其行为违反了

《中华人民共和国安全生产法》《中华人民共和国石油天然气管道保护法》《城镇燃气管理条例》《城镇燃气设计规范》GB 50028、《青海省城镇燃气管理办法》的有关规定，九水燃气公司得知流清燃气公司敷设的管道与其敷设的管道交叉、重叠时未经过有关部门处理，自行将流清燃气公司的管道挖开，对此，双方均存在违法行为，且双方均未提供合法有效的证据证明双方敷设管道时取得了相关部门的批准，故双方在争议地段敷设管道的行为不具有合法性。一审判决对双方诉讼请求均未支持。

两家公司不服一审判决，均提起上诉。

（2）裁判要旨

二审法院认为，流清燃气公司在争议区域敷设管道时应与敷设在先的九水燃气公司签订安全防护协议、取得行政管理部门的施工许可，但流清燃气公司存在未批先行施工的行为，对于双方间纠纷的发生存在主要过错责任；九水燃气公司在发现流清燃气公司在争议区域敷设管道后，未通过合法的渠道或手段主张诉求自行将流清燃气公司管道进行拆除，亦存在一定过错，其对流清燃气公司的拆除损失应当承担相应的赔偿责任，对于流清燃气公司的此项诉求应予部分支持。

对于九水燃气公司认为其拆除流清燃气公司非法安装的燃气管道是为排除安全隐患的一种排除妨害的合法行为及为此造成的损失应由流清燃气公司赔偿的请求及理由因无事实依据故不予支持。

（3）裁判结果

最终判决结果为：九水燃气公司赔偿流清燃气公司经济损失 29054元；驳回流清燃气公司其他诉讼请求及九水燃气公司全部诉讼请求。

（4）律师解析

与诉讼请求所列内容相比，最终的判决结果并未达到双方目的。本次诉讼分清了双方对管道拆除损失发生的过错，解决了部分管道损失的赔偿问题，但双方基于竞争关系产生的管道敷设权利争议仍然存在。

从已知信息看，2010 年调整特许经营区域时，政府并未通过法定的招标或协议方式进行，而是以一纸文件直接定论，程序并不规范。因此，双方的经营权均存在程序瑕疵。这种瑕疵会影响法院是否支持燃气公司要求排除妨害的维权行为，但不会影响对具体敷设行为是否违反相关规范的判定。

根据法院的认定，流清燃气公司违规交叉、重叠敷设管道，且存在未按规定取得管理部门施工许可、未与敷设在先的九水燃气公司签订安全防护协议等问题，为主要过错方。而九水燃气公司的过错在于未通过合法渠道表达诉求，私下拆除竞争对手管道，应付次要责任。从最终的判决数额看，双方责任比例大致是，流清燃气公司负60%责任，九水燃气公司负40%责任。由此可见，在向竞争对手维权的过错中，如措施不当，是需要根据过错程度承担损失赔偿责任的。

其实，严格按照法律规定，管道存在的外部安全隐患，管道企业有权自行排除，自行排除有困难时应当报请政府协助排除。从这一点看，九水燃气公司其实是可以通过政府和法院之外的途径解决问题的。破坏管道这一方式过于极端，导致了原本可以避免的经济损失。

从本案可以看出，即使对手的行为存在过错，若采取不恰当的解决方案，有可能会导致受害方变为加害方，反过来需赔偿对方损失。

律师不否认在双方对立严重、沟通困难的情况下，正常的沟通无法解决问题，反而是极端的解决方式会更加快速有效地打破僵局。但是，极端方式有风险，采取需谨慎。

（5）实务启示

建议遇到此类情形时，优先考虑通过谈判、发送商务函等非诉讼方法及请求主管部门介入等其他合规途径解决问题，并且每一步沟通都要留痕，将来发展到通过法律途径解决问题时可以用来作为证据使用。

如不得已采取其他方式解决问题，务必注意把握尺度、控制损失程度，避免从受害者变为加害者。

（6）相关规定链接

1）《中华人民共和国石油天然气管道保护法》

第二十五条　管道企业发现管道存在安全隐患，应当及时排除。对管道存在的外部安全隐患，管道企业自身排除确有困难的，应当向县级以上地方人民政府主管管道保护工作的部门报告。接到报告的主管管道保护工作的部门应当及时协调，排除或者报请人民政府及时组织排除安全隐患。

2）《中华人民共和国安全生产法》

第四十五条　两个以上生产经营单位在同一作业区域内进行生产经营活动，可能危及对方生产安全的，应当签订安全生产管理协议，明确各自的安全生产管理职责和应当采取的安全措施，并指定专职安全生产管理人员进行安全检查与协调。

3）《城镇燃气管理条例》

第三十四条　在燃气设施保护范围内，有关单位从事敷设管道、打桩、顶进、挖掘、钻探等可能影响燃气设施安全活动的，应当与燃气经营者共同制定燃气设施保护方案，并采取相应的安全保护措施。

第三十七条　新建、扩建、改建建设工程，不得影响燃气设施安全。

建设单位在开工前，应当查明建设工程施工范围内地下燃气管线的相关情况；燃气管理部门以及其他有关部门和单位应当及时提供相关资料。

建设工程施工范围内有地下燃气管线等重要燃气设施的，建设单位应当会同施工单位与管道燃气经营者共同制定燃气设施保护方案。建设单位、施工单位应当采取相应的安全保护措施，确保燃气设施运行安全；管道燃气经营者应当派专业人员进行现场指导。法律、法规另有规定的，依照有关法律、法规的规定执行。

4)《青海省城镇燃气管理办法》❶

第四十三条　建设工程开工前，建设单位或者施工单位应当向燃气经营企业或者城建档案管理机构查明地下燃气设施的相关情况，燃气经营企业或者城建档案管理机构应当在接到查询后及时给予书面答复。

第四十四条　建设工程施工可能影响燃气设施安全的，建设单位或者施工单位应当与燃气经营企业协商，并采取相应的安全保护措施。采取安全保护措施所需费用由建设单位或者施工单位承担。

2. 案例二　北天置业公司与玉泉燃气集团排除妨害纠纷案

（1）案情概要

2006 年 6 月 8 日，玉泉燃气集团租赁成都军区物资采购站重庆分站土地用于建设配气站。租期 3 年，自 2006 年 7 月 1 日起至 2009 年 6 月 30 日止。

2009 年 1 月 19 日，北天置业公司通过转让方式依法取得该地块土地使用权。北天置业公司取得使用权后，将该地块用于商品房的规划建设。为保证土地正常开发，北天置业公司多次发函或派员前往玉泉燃气集团要求玉泉燃气集团及时搬迁配气站。但配气站迁建工作进展缓慢，玉泉燃气集团一直未开展搬迁具体工作。北天置业公司认为此举侵害了其土地使用权，遂起诉至法院要求判令玉泉燃气集团立即拆除配气站并向北天置业公司交付所占用的土地。

北天置业公司认为玉泉燃气集团租赁合同期限早已在 2009 年 6 月 30

---

❶　2019 年 3 月 1 日起《青海省燃气管理条例》生效，与《青海省城镇燃气管理办法》这两个条款对应的内容在第三十九条中。

日届满。其继续占用的行为侵害了北天置业公司的土地使用权，应当拆除配气站向北天置业公司交还土地。

玉泉燃气公司认为配气站服务民生、关系公共利益，为维护公共利益，在没有完成迁建前不可随意拆除。

一审法院认为，租赁合同到期后燃气公司应向土地使用权人北天置业公司返还占用的土地。但配气站属于社会公共利益设施，涉及众多单位和居民用户的生产和生活用气。在替代气站未修建完成、没有其他燃气设施替代的情况下，如立即拆除配气站，会导致众多用户燃气供应中断，严重损害社会公共利益，因此对北天置业公司请求不予支持。

北天置业公司不服一审判决上诉。

（2）裁判要旨

二审法院与一审法院观点基本一致，且认为北天置业公司在二审期间并没有举出相关证据证明损害公共利益的情形已经消失，因此对其上诉请求不予支持。

（3）裁判结果

二审判决结果：驳回北天置业公司上诉，维持原判。北天置业公司没有实现收回土地的诉讼目的。

（4）律师解析

本案涉及三个问题。

1）北天置业公司受让土地后，是否应继续履行玉泉燃气集团未到期的租赁合同。北天置业公司在 2009 年 1 月取得土地使用权，玉泉燃气集团租赁合同 2009 年 6 月 30 日到期。根据买卖不破租赁的规则，租赁期限届满之前，北天置业公司需代替原出租方，履行该合同。

2）玉泉燃气集团是否有义务向北天置业公司交回土地。租赁合同到期后，如北天置业公司不同意继续出租土地给玉泉燃气集团，玉泉燃气集团应当及时将土地交还。

3）如何处理土地交还与北天置业公司土地使用权益冲突的情况。本案中，根据法院观点，涉案配气站属于社会公益项目，在替代气站建好前，贸然要求搬迁会影响用户用气和社会利益且不具备可执行性。这一观点的依据是《中华人民共和国民法通则》第七条和《中华人民共和国物权法》第七条中关于权利的行使不应损害社会公共利益的规定。

据此，燃气公司承租的土地使用权变更后，未履行完毕的租赁合同应当继续履行；租赁合同到期后，新使用权人有权要求燃气公司搬迁，但应以不损害公共利益为前提。

（5）实务启示

1）建议在租赁土地进行燃气经营前对周边土地建设规划及其他可能影响用地的因素进行调查落实，谨慎租赁有使用权变更、征迁、司法查封等可能性的土地，确保土地使用的合法性、稳定性。

2）建议在土地租赁合同中设置前述情况发生时的租赁方利益保护条款。比如出租方应提前六个月书面通知承租方给予承租方充分的搬迁准备时间。

（6）相关规定链接

1）《中华人民共和国民法通则》

第七条　民事活动应当尊重社会公德、不得损害社会公共利益，破坏国家经济计划，扰乱社会经济秩序。

2）《中华人民共和国物权法》

第七条　物权的取得和行使，应当遵守法律，尊重社会公德，不得损害公共利益和他人合法权益。

第四节　计量表更换纠纷

燃气计量表到期后更新成本谁来掏？用户不配合燃气公司更换到期燃气表可以停气吗？这是燃气表更换业务中最经典的两个问题。2015年，承德市某燃气公司因换表收费被判定为属于《反不正当竞争法》规定的滥收费行为，被罚没152万元。后经诉讼，法院以适用法律错误为由判决撤销处罚决定，但仍认为该燃气公司行为违反《河北省燃气管理办法》，换表费用应计入企业成本而不是直接向用户收取。对于不配合换表的用户，燃气公司通常以超期表服役存在安全隐患为由停气。这种主张存在技术上的合理性，也得到了法院的认可和支持。

但是，计量表更换不仅存在以上两个问题，还存在各种各样的衍生问题需要解决。

一、实务要点

（1）用户是否可因与燃气公司存在其他争议拒绝更换到期燃气表？

（2）欠费拆表十多年后重新安装计量表时是否可收新表费用？

二、案例解析

1. 案例一 三岛燃气公司与刘某供用气合同纠纷案

（1）案情概要

八关暖通公司为金世纪嘉园小区燃气管道安装方，安装时向该小区用户刘某收取安装费 2200 元。同年，市物价局下发文件规定本市各燃气公司、房地产公司不得向居民用户单独收取管道安装费。后八关暖通公司将刘某所在小区的燃气管道设施移交给黑石燃气公司使用。2013 年 5 月 10日，黑石燃气公司与三岛燃气公司签订燃气管道供气整体产权移交协议，由三岛燃气公司为小区供气。

刘某累计欠付气费 1600 元。另外，小区燃气表达到使用规定年限后，三岛燃气公司启动燃气表更换工作，但刘某拒绝三岛燃气公司入户更换燃气表。经多次给刘某及其家人做工作无果，三岛燃气公司起诉要求刘某立即支付燃气款 1600 元，并配合三岛燃气公司更换燃气表。

三岛燃气公司认为刘某计量表已经超期，为保证用气安全必须配合更换新表。

刘某认为，按照市物价局政策，当年交纳的 2200 元安装费应退费，退费后可配合更换燃气表。

（2）裁判要旨

法院认为，三岛燃气公司拟为金世纪嘉园小区供应燃气，刘某实际使用燃气公司燃气，依法应向燃气公司支付燃气费。刘某所住房屋燃气表已达到使用规定年限，继续使用存在安全隐患，故对三岛燃气公司要求刘某协助办理燃气表更换事宜的请求予以支持。刘某以八关暖通公司未退还其安装费为由拒绝给付燃气费的主张，于法无据，不予支持。

（3）裁判结果

法院判决刘某支付三岛燃气公司气费 1600 元，协助三岛燃气公司更换燃气计量表。

（4）律师解析

本案案情非常简单，刘某认可欠费事实，燃气公司要求用户配合更换到期燃气表也是正常的业务。双方的矛盾焦点在于八关暖通公司收取的 2200 元安装费的退还问题是否可与欠费交纳和燃气表更换挂钩。

根据判决书信息，无充足证据可判断 2200 元安装费是否应退还及退还主体是哪一方。安装费与燃气表更换属于不同的法律关系，在双方未达成一致的情况下，刘某无权要求先退费后换表。

（5）实务启示

如遇拒不配合更换到期燃气表的用户，除下达整改通知外，法院诉讼是个可选的解决方案。

（6）相关规定链接

《中华人民共和国民法通则》

第一百零八条　债务应当清偿，暂时无力偿还的，经债权人同意或者人民法院裁决，可以由债务人分期偿还。有能力偿还拒不偿还的，由人民法院判决强制偿还。

2. 案例二　福台燃气公司与夏某供用气合同纠纷案

（1）案情概要

2006 年 6 月 16 日，夏某从湛某处取得某房屋所有权并办理了产权登记手续。

在此之前，2003 年 9 月 7 日，福台燃气公司因湛某欠缴燃气费用而将该房屋的燃气表撤掉并收回，欠费金额为 315.4 元。

2017 年 4 月 20 日，夏某向福台燃气公司申请重新开通燃气。

2017 年 4 月 21 日，福台燃气公司派员上门安装燃气表等相关设备，分别向夏某收取了燃气表费 420 元、与新表不匹配的管道的改装服务费和相关配件费用 474 元。同时，收取燃气费 516 元（含预收燃气费 200.6 元），并向夏某出具了燃气费收费票据一张，该票据上所载用户名称为"湛某"。

后夏某起诉福台燃气公司，要求返还燃气表款 420 元、安装费 474 元、补交的燃气费 515.4 元。

就福台燃气公司是否应收取夏某燃气表费 420 元、改装服务费及配件费 474 元一事，福台燃气公司认为，燃气表属于用户专有部分，更新改造成本应由用户承担。退一步说，夏某燃气表安装前房屋内已无燃气表，夏某燃气表属于新设，可以收费。改装服务费及配件费是根据沈阳市政府文件收取的，有合法依据，不应退还。

夏某认为，燃气表是福台燃气公司的生产经营工具，与夏某无关，不应由夏某承担燃气表费。燃气管道改造是福台燃气公司履行供气合同的附随义务，建设、改造应由其负责，夏某无须承担这部分费用。

就夏某对湛某拖欠的燃气费 315.4 元是否有义务代为给付、福台燃气公司应否返还一事，福台燃气公司认为夏某支付燃气费属于代为履行，是合法的，不应返还。夏某认为基于合同相对性，自己无义务支付湛某欠付的气费，之前被迫交费，不是自愿代为偿还，应返还。

一审法院认为，燃气表及相关配件均属"业主专有部分以外的燃气设施"，应由燃气经营者承担运行、维护、抢修和更新改造的责任。涉案房屋原燃气表自拆除之日至夏某申请安装之日已经接近 14 年。根据《膜式燃气表》JJG577 中 7.5.1 燃气表使用期限最长不超过 10 年的规定，夏某申请安装燃气表的行为与福台燃气公司更换超过规定使用年限燃气表的行为，实质上并无差别，与燃气表改造更新性质无异。所以，福台燃气公司不应收取燃气表费、改装服务费和相关配件费用。另外，法院认为燃气公司有义务配装合格燃气表开展经营活动，用户仅负责缴费购气和安全用气，所以夏某无义务承担燃气表费、改装服务费和配件费。

对于收取的 516 元气费，200.6 元的预收款属于合理收取，但 315.4 元是湛某所欠，根据合同相对性原则，夏某无义务支付。

一审法院判决福台燃气公司需向夏某返还燃气表费 420 元、改装服务费和配件费 474 元、多收气费 315.4 元。

福台燃气公司不服判决上诉，向法院提交三份沈阳市物价局收费文件沈价发 19 号、沈价审批 37 号、沈价审批 33 号，证明收费的合理性。

（2）裁判要旨

二审法院认为，涉案用户燃气表因湛某欠费被摘除，故福台燃气公司在与夏某重新建立供用气合同关系时，负有免费为其提供燃气表的义务。

福台燃气公司收取的改装费用有市物价局文件支持，一审法院判决返还，属于认定事实不当，应纠正。

关于燃气费返还问题，法院认为一审法院根据合同相对性原则判决夏某无承担义务认定正确予以维持。

（3）裁判结果

二审法院判决福台燃气公司返还燃气表费和多收气费，改装服务费和配件费无须返还。

（4）律师解析

针对本案判决结果，重点讨论一下重新安装燃气表时需免费与到期免费更换燃气表的关系的问题。首先看福台燃气公司坚持收费安装的理由是否成立，然后分析法院观点的逻辑。

福台燃气公司坚持收费安装燃气表的理由有两个。一是燃气表属于业主专有部分，所以更换燃气表的费用应由夏某承担。二是即使燃气表不属于业主专有部分，夏某申请安装时已无燃气表，不存在更新问题，而是属于新设燃气表，不适用燃气表更新的规定。这两个理由都是不成立的。

第一，福台燃气公司在第一个理由中认可夏某申请安装的性质是"更换"，在第二个理由中又主张不存在更新问题，属于"新设"。自身观点前后矛盾。

第二，根据《城镇燃气管理条例释义》的解释，建筑区划内业主专有部分以外的燃气设施包含燃气计量器具。所以，第一个理由是不成立的。

第三，2017年夏某向福台燃气公司交费时，收费票据上的户名仍是湛某。这表明2003年时的拆表属于停气而非销户。对于一个一直存续无实际使用无增装的用户，只存在更新问题，不存在新设问题。福台燃气公司的第二个理由也不成立。

既然收费安装不成立，那么是不是意味着可以按燃气表更新处理、免费安装呢？

法院要求退还燃气表费的结论是正确的，但是没有详细论述燃气表费应由燃气公司承担的理由。

燃气表费应由哪一方承担的根源是，欠费摘表后重新申请挂表通气时，燃气公司是否有权就复通燃气收取包含燃气表在内的材料费。

如果用户一直正常付费，燃气公司无需摘表停气和重新挂表。因用户欠费导致燃气公司为追缴气费付出的必然产生的额外工作费用应由用户承担。若在原燃气表使用期限内申请复通，使用原表即可，不必然发生新表费用。但超期后申请复通，则需安装新表。表面上，新表费用是额外产生的，需要用户来承担。但是燃气公司原本就有为民用户更新到期燃气表的义务。所以，此案中新表费用并非额外产生，而是本来就应该由燃气公司承担，不应额外向用户收取表费。

（5）实务启示

1）建议有用户发生长期停用燃气的情况时要定期联系回访，征求用户意见做销户处理。如用户同意清账销户，可一定程度上减轻燃气公司安检等工作的负担，同时节省类似本案情况下需免费为用户换表的成本。如用户不同意销户又不及时清账，建议通过诉讼途径解除合同或者督促用户清账后正常供气。

2）对房屋转让后发现前房主有欠费行为的，如新房主自愿代原房主清偿气费，建议要求新房主出具自愿代偿的承诺书，防止新房主事后反悔。

（6）相关规定链接

1）《城镇燃气管理条例》

第十九条 管道燃气经营者对其供气范围内的市政燃气设施、建筑区划内业主专有部分以外的燃气设施，承担运行、维护、抢修和更新改造的责任。管道燃气经营者应当按照供气、用气合同的约定，对单位燃气用户的燃气设施承担相应的管理责任。

2）《城镇燃气管理条例释义》

第十九条释义：……建筑区划内业主专有部分以外的燃气设施是指敷设、安装自建筑物与市政道路红线之间和建筑区划内业主共有的燃气设施，以及燃气引入管、立管、阀门（含公用阀门）、水平管、计量器具前支管、燃气计量器具等……

3）《膜式燃气表》JJG 577

7.5.1 对于最大流量 $q_{max} \leqslant 10m^3/h$ 且用于贸易结算的燃气表只作首次强制检定，限期使用，到期更换。以天然气为介质的燃气表使用期限一般不超过 10 年。以人工燃气、液化石油气等为介质的燃气表使用期限一般不超过 6 年。

第三章　用户服务类

第一节 人身伤害纠纷

我国城镇燃气行业和发达国家相比起步较晚，但受益于我国高速的经济发展、城镇化推进以及"气化中国"的环保压力等因素的影响，天然气已经逐渐走进了千家万户。人们在享受天然气带来的便捷时，往往没有注意用气安全，忽视了天然气的危险性，殊不知等量天然气爆炸时的威力要远远大于 TNT。常言道水火无情，伴随着城镇燃气的普及，居民燃气事故的发生也呈逐年上升趋势，发生事故都造成极为严重的人身伤亡和财产损失。居民燃气事故绝大部分是用户用气不规范引起的，通过提高用户的安全用气意识便可大幅减少燃气事故的发生。为了公众安全也为了自身安全运营，燃气公司应积极承担起社会责任，尽最大可能避免燃气事故的发生或将损失降到最低。

一、实务要点

（1）燃气公司如何采取有效措施降低燃气事故发生的概率？
（2）发生燃气事故后，燃气应采取哪些措施进行有效应对？

二、案例解析

1. 案例一 冯某与大江液化气有限公司健康权纠纷

（1）案情概要

冯某系大江液化气有限公司经营管道燃气的用户。2012 年 10 月 12 日晚 8 时左右，冯某回到自己家中，开门后发生燃气爆炸，冯某被烧成重伤。

事发后，派出所和消防大队先后对事故原因展开调查，经分析，火灾成因为：1）燃气管路漏气点泄漏；2）可燃气体达到爆炸极限；3）不排除冯某进入现场通过开灯等动作引发火灾事故；4）发生火灾后，因未能及时采取有效措施，导致火势蔓延扩大。5）从现场遗留的痕迹看，有果壳等食物。送检的燃气软管上的两处破损痕迹，均系老鼠咬啮所形成。

冯某就燃气事故造成的损失诉至法院，要求大江液化气有限公司进行赔偿。

大江液化气有限公司为证明其履行了检查、维护义务，提供证据证明，大江液化气有限公司于 2010 年 10 月 14 日对冯某所在的小区进行入户检查，只因冯某当时家中正在装修，未能入户检查。

（2）裁判要旨

本案争议焦点为冯某、大江液化气有限公司在本次事故中各自应承担的责任及承担责任比例应如何确定。

关于冯某的过错。法院认为，依据公安消防机关对火灾成因的认定以及公安局物证鉴定所出具物证检验意见，结合已查明的事实，可以确认案涉房屋燃气泄漏系燃气软管上被老鼠咬颌所形成两处破损所致，则说明软管破损与火灾事故具有相当因果关系。冯某疏于对室内卫生环境清洁以及燃气设备的日常管理，是导致火灾事故发生的直接原因。综合以上情况，冯某对火灾事故的发生过错较大，其对自身损害后果应当承担主要责任。冯某应对其损害后果承担 60％责任。

关于大江液化气有限公司的过错。法院认为，大江液化气有限公司作为经营管道燃气公司，在对用户提供供气服务过程中既要保证按照国家标准或行业标准进行供气，也要对用户进行安全教育和安全隐患检查。根据《江苏省燃气管理条例》和《南京市燃气用户设施安全检查规定》的规定，燃气经营者应当对燃气用户设施定期进行入户安检和安全用气宣传，并做好相关记录。本案中，大江液化气有限公司于 2010 年 10 月对冯某所在的小区例行检查时因冯某家里正在装修而未进行入户检查，事后也未进行补检。从法院对案涉小区调查结果可以反映大江液化气有限公司在入户检查时存在不规范和未认真仔细地入户检查和维修以及告知用户注意事项。因此，大江液化气有限公司对于火灾事故的发生具有过错，对冯某的损害后果应承担相应的赔偿责任。大江液化气有限公司应对冯某损害后果承担 40％赔偿责任。

（3）裁判结果

大江液化气有限公司应当承担冯某损失 40％的赔偿责任，其余损失由冯某自行承担。

（4）律师解析

燃气公司是否尽到入户安全检查和用气安全宣传义务不仅要看其相关规章制度是否完善，更应看其是否实际履行法定义务和真正落实规章制度。

燃气公司在进行入户安全检查时，其义务不仅包括对燃气计量表的表前设施进行检查，还应包括对附属设施等可能存在的安全隐患进行检查，并及时提醒燃气用户进行整改。燃气公司向用户出具隐患整改通知书后，还应及时跟进落实用户隐患情况，将入户安检的意义落实到实处。

（5）实务启示

避免燃气事故的发生，最有效的途径就是提高用户的用气安全意识。这需要燃气公司加大在用气安全宣传方面的投入，可以采取电视、广播、报纸、微信公众号、公众场所科普等多种途径进行一对多的宣传。燃气公司在进行入户安检时，除了例行检查外，还要通过向燃气用户口头科普、发放用气安全手册等方式进行一对一的宣传，并确保用户在安检单上签字确认。

（6）相关规定链接

《中华人民共和国侵权责任法》

第二十六条　被侵权人对损害的发生也有过错的，可以减轻侵权人的责任。

2. 案例二　段某达、段某勇、段某芳、段某春与芙蓉燃气有限责任公司、樱花卫厨（中国）股份有限公司生命权、健康权、身体权纠纷

（1）案情概要

2012年7月7日凌晨5点许，在某住房内，江某起床上卫生间时闻到有燃气味道，于是到厨房查看，随后便发生了爆炸导致江某被严重烧伤。听到爆炸声后，江某家属即到厨房救助伤者、使用灭火器将厨房内的残留小火扑灭并同时报警。江某随即被送往医院住院治疗。2012年7月24日晚，江某因医治无效去世。段某达是江某之夫、段某芳和段某春是江某之女、段某勇是江某之子。燃气供应企业为芙蓉燃气有限责任公司，燃气灶具的生产商为樱花卫厨（中国）股份有限公司。

事发后，区安监局组织专家组对事故原因展开调查，专家组在对事故现场进行勘查，与相关方对事故经过进行了解后，出具了《天然气燃爆事故原因分析》。该分析认为，本次事故为一起由于民用天然气泄漏所引发的天然气燃爆事故。事故原因是在吊顶内部形成天然气与空气的爆炸性混合气，最后遇灯座电线黑胶布连接处的局部高温发生爆炸，结合江某是闻到有燃气味道到厨房查看的情况，可以确定天然气爆炸是由于江某查看燃气泄漏时开灯引发了灯座电线黑胶布连接处的局部高温造成。厨房内可能的天然气泄漏点有：从天然气计量表至软管段之间的室内钢管及阀门部分；软管与室内钢管接口部位；连接室内钢管与灶具的软管；软管与灶具的接口部位；灶具出现泄漏或灶具燃气开关未关严。现场目测无法判断具体泄漏点位置。

2012 年 7 月 25 日，街道办事处委托中国测试技术研究院对发生爆炸事故的厨房内疑似的泄漏点进行检测，检测结果均不漏气。

段某达、段某勇、段某芳、段某春就燃气事故造成的损失诉至法院，要求芙蓉燃气有限责任公司和樱花卫厨（中国）股份有限公司进行赔偿。

法院委托四川省产品质量监督检测院对爆炸事故所涉的樱花牌灶具进行质量鉴定。鉴定意见为：灶具内部无维修痕迹，送检灶具气密性项目及熄火保护装置项目符合相应标准要求。

芙蓉燃气有限责任公司为证明其履行了检查、维护义务，出示了对涉案民用客户燃气设施及设备安全巡检单三份，其中第 0044234 号安全巡检单检查日期为 2010 年 2 月 2 日、记载的安全宣传内容为口头宣传和发放《安全用气指南》、客户签名为"李某红"，第 3783453 号安全巡检单检查日期为 2012 年 2 月 26 日、客户签名为"无人在家"，第 3010603 号安全巡检单检查日期为 2012 年 6 月 2 日、未采用测漏仪检测、软管老化、烟道安装不规范、隐患级别为一般，客户签名为"李某红"。芙蓉燃气有限责任公司的《安全用气指南》介绍了安全使用天然气常识、如何正确处理燃气泄漏、处理燃气泄漏的注意事项、如何自行查漏等安全用气的内容。其中处理燃气泄漏的注意事项中明确告知：立即截断气源，关闭燃气管道和燃具的阀门，打开门窗，将泄漏气排出室外，到室外打电话报修，注意疏散人员，燃气泄漏时，千万不能开启电源开关、使用明火，特别是要坚决禁止使用排气扇、电风扇排废气。

（2）裁判要旨

本案争议焦点为此次事故中芙蓉燃气有限责任公司和樱花卫厨（中国）股份有限公司是否应该承担赔偿责任的问题。

法院认为，第一，江某未按照安全用气要求正确处理燃气泄漏是发生天然气爆炸的直接原因。第二，芙蓉燃气有限责任公司尽到了合理的宣传、警示义务。芙蓉燃气有限责任公司在 2010 年 2 月 2 日对事故发生的房屋进行燃气设施及设备安全巡检时，发放了安全用气指南的宣传资料，宣传资料介绍了安全使用天然气常识、如何正确处理燃气泄漏、处理燃气泄漏的注意事项、如何自行查漏等安全用气的内容，明确告知处理燃气泄漏的正确方法是立即截断气源，关闭燃气管道和燃具的阀门，打开门窗，将泄漏气排出室外、到室外打电话报修、注意疏散人员、千万不能开启电源开关、使用明火。芙蓉燃气有限责任公司还通过安全用气电视公益广告、发放安全须知、小区宣传等多种方式对公众进行安全用气宣传，尽到了合理的宣传、警示义务。第三，燃气用户对户内的燃气设施、设备有一定的维护义务。第四，樱花公司生产的灶具气密性项目及熄火保护装置项目符合相关要求，对爆炸事故的发生没有因果关系。第五，在本案中，原告提交的证据不能证明芙蓉燃气有限责任公司的行为与天然气泄漏、爆炸以及损害结果的发生有因果关系，天然气泄漏原因不明，故段某达、段某芳、段某勇、段某春应承担举证不能的不利后果。

（3）裁判结果

驳回段某达、段某芳、段某勇、段某春要求燃气公司承担赔偿责任的诉讼请求。

（4）律师解析

居民燃气事故中燃气公司能否对其已经履行入户安检和安全宣传的法定义务进行有效举证，是燃气公司在事故中是否需要承担责任或减轻责任承担的关键。

现实生活中燃气公司在入户安全检查时，经常会碰见入户不遇或用户拒绝安检的情况，这时尤其需要工作人员做好相关记录，向用户发送入户不遇的安检通知，并安排时间复检。如果多次入户不遇，建议燃气公司将统计结果向燃气主管部门备案。

（5）实务启示

为了将居民燃气事故发生后的损害结果降至最低，建议燃气公司投保公众责任险，并引导燃气用户投保燃气意外险，通过责任转嫁的方式降低自身的责任承担比例。

入户安检不能流于形式，重点需要注意的有以下几点：

1）用仪器或肥皂液等方式检测燃气设施有无泄漏现象；

2）各连接部位是否牢固、胶管两端是否有管卡紧固；

3）管道是否被擅自改动或作为其他电器设备的接地线使用，有无锈蚀、重物搭挂等情况；

4）阀门开关是否灵活、关闭时是否严密；

5）燃气表是否完好；

6）软管是否超长、老化、有接头、穿墙（门、窗、地面、顶棚）；

7）燃气燃烧器具是否属于国家规定淘汰的产品、有无熄火保护装置、是否超过判废年限（查看购买发票或收据，无法提供的询问用户）。检查瓶装液化石油气调压器是否为家用瓶装液化石油气调压器，是否超过正常使用期限（查看购买发票或收据，无法提供的询问用户）；

8）燃气燃烧器具安装位置是否符合规定，燃气热水器、燃气供暖炉是否安装排烟管道并通到室外；

9）燃气灶燃烧是否正常；

10）测试燃气泄漏报警器、紧急切断阀工作是否正常，燃气泄漏报警器、紧急切断阀是否超过使用年限，燃气泄漏报警器是否定期检验；

11）是否存在未接燃气燃烧器具的开放式接口；

12）使用燃气的房间是否住人；

13）相关法律、法规、标准规定的其他检查内容。

居民燃气事故发生的总体数量虽呈逐年上升趋势，但仍属偶发性事故。即便如此，燃气公司仍应未雨绸缪，提早制定居民燃气事故应急预案，并定期进行演练，确保每一名一线工作人员在事故发生后都能从容应对。

燃气公司在处理燃气事故时除第一时间切断气源外，应重点记录第一现场的情况，并对现场进行保护。燃气公司工作人员进入用户家中时应有第三方陪同，从进入用户家时便开启录像记录，重点记录用户室内阀门的开关情况、户内燃气设施情况（包括外观及铭牌）、常见的泄漏点以及户内整体环境等。

（6）相关规定链接

《城镇燃气管理条例》

第十七条 燃气经营者应当向燃气用户持续、稳定、安全供应符合国家质量标准的燃气，指导燃气用户安全用气、节约用气，并对燃气设施定期进行安全检查。

燃气经营者应当公示业务流程、服务承诺、收费标准和服务热线等信息，并按照国家燃气服务标准提供服务。

第二节 燃气过户纠纷

借名买房开立燃气账户后双方发生纠纷，名义房主要求停气、实际房主申请恢复供气到底听谁的？夫妻共同经营的酒楼以妻子名义开立燃气账户，后双方陷入离婚纠纷，妻子申请停气威胁丈夫，燃气公司应该照做吗？

以上情况是律师在为燃气公司服务过程中遇到的真实问题。燃气过户看似一个普通而简单的业务，也会发生各种各样的意外情况，现实比理论往往更加复杂。

上面两个案例最终未通过法律途径解决，不在本节讨论范围之内。本节引用两个真实的法院判决案例，聊一聊办理燃气过户业务过程中应该注意的细节问题。

一、实务要点

（1）房东是否有权要求将承租人开户的燃气账户过户到自己名下？

（2）燃气账户过户办理原则应坚持约定优先还是合理性优先？

二、案例解析

1. 案例一　袁某与李某一、城台燃气公司供用气合同纠纷案

（1）案情概要

袁某与刘某是夫妻关系，李某一与李某二是兄妹关系。袁某是涉案房屋所有权人。

2014年12月18日，刘某与李某二签订《租赁合同》，约定刘某将涉案房屋租赁给李某二，租期5年，经出租人同意后可转租。

2015年7月30日，李某一与袁某签订了涉案房屋《租赁合同》，约定袁某将涉案房屋出租给李某一使用。同时，袁某出具委托书，以袁某名义委托李某一办理该房屋天然气开户事宜。李某一与城台燃气公司签订《燃气工程合同》，交纳工程费用31045元。2015年9月，李某一以自己名义与城台燃气公司签订《天然气供用气合同》。

2016年初，袁某与李某一、李某二协商后解除了《租赁合同》。2016年3月7日，李某二向袁某出具《收据》，确认双方已经解除了租赁合同。

2016年3月29日，袁某到城台燃气公司填写了《更名业务受理申请登记表》，申请将涉案房屋天然气用户名变更为袁某。城台燃气公司对其申请进行了登记，拟办理过户。但之后，袁某与李某一因燃气开设费用及燃气用具的处置发生矛盾。

2016年4月6日，经李某一申请，城台燃气公司暂停涉案房屋供气，并拆除燃气设施，暂停袁某过户申请办理。

袁某遂起诉至法院，请求判令城台燃气公司将涉案房屋燃气用户名称变更为袁某，并恢复供气。

　　李某一认为，自己没有义务协助办理更名。

　　城台燃气公司认为，在与李某一签订的《天然气供用气合同》第十一条中，双方约定李某一如需变更账户名称时，须向城台燃气公司提交书面报告，经城台燃气公司核准、同意并办理相关手续后方可实施。该条款不仅约束李某一，也约束城台燃气公司。如无李某一的协助，燃气公司无法变更用气人名称。

　　在一审诉讼中，法院认为李某一不再经营、与袁某终止租赁合同后，已经实际不再使用燃气，客观上不再是用气人。所以袁某因经营需要向城台燃气公司申请将用户名变更至本人名下、城台燃气公司受理申请的行为并无不妥。如顺利更名可保持供用气关系维持稳定，使涉案房屋具备可使用性，确保物的价值充分发挥。

　　李某一在自己客观上不再是用气人的情况下，仍因与袁某的矛盾以燃气用户名义阻止袁某与城台燃气公司成立供用气关系，造成涉案房屋不能用气、无法继续经营使用的后果，实属不当。因此袁某要求城台燃气公司将天然气用户名称变更到自己名下并供气的诉讼请求，合理正当，法院予以支持。在办理手续时，李某一应给予相应协助。对李某一与袁某之间基于燃气开设费用和燃气用具处理发生的矛盾，属于房屋租赁合同纠纷范畴，双方可另案诉争解决。

　　一审法院判决：判决生效之日起 10 日内，城台燃气公司将涉案房屋的用气人名称由李某一变更为袁某，并向涉案房屋供气；李某一承担协助变更用气人名称的义务。

　　一审法院判决后，李某一不服判决上诉，请求撤销一审判决，认为自己没有协助袁某办理变更用气人名称的义务。

　　（2）裁判要旨

　　二审法院认为，李某一之所以与城台燃气公司签订案涉《天然气供用气合同》并支付开通燃气的工程费用，系因其租用袁某的案涉房屋用于经营所需。李某一与袁某解除双方之间的《房屋租赁合同》后，已非涉案房屋的实际用气人，袁某作为房屋的所有权人，有权要求城台燃气公司变更案涉房屋的用气人名称至其本人或指定的其他人名下，李某一有义务予以必要的协助和配合。

　　李某一与袁某之间基于燃气开设费用、燃气用具和用气费用等产生的纠纷系基于双方之间的房屋租赁合同而产生，可另行解决，李某一以此为由阻碍或拒绝协助袁某就案涉房屋与燃气公司成立供用气关系没有事实和法律依据。由于城台燃气公司明确表示变更用气人名称必须有原用气人的配合，且该主张亦符合《天然气供用气合同》的相关约定，故一审法院判令李某一承担协助袁某办理变更用气人名称义务并无不当，应予维持。

（3）裁判结果

二审法院判决：驳回李某一上诉，维持原判。即，李某一需配合燃气公司办理用气人名称变更。

（4）律师解析

本案是一起典型的小工商户供用气合同纠纷。

虽然实务中燃气公司一般要求以房屋所有权人名义开立燃气账户，但实际上我国燃气管理法规中并未规定燃气户名必须与房屋所有权人一致。在小工商用户中，多数房屋为租赁关系，非工商户自有。在房东不同意以自己名义开立燃气账户或者联系房东不方便的情况下，只能选择由小工商户以自己名义开户，否则将极大影响小工商户的正常用气和燃气公司在此类业务中的市场开发业绩。但是，燃气设施安装使用离不开对房东房屋的利用，安装燃气时仍需取得房东认可。

当小工商户不再经营时，如何处置燃气账户及归属用户方的燃气设施是小工商户和燃气公司都必须考虑的问题。用户希望自己尚有折旧价值的燃气设施能迁至新的用气点或者折价变现。燃气公司则通常希望小工商户能够及时向燃气公司申报相关情况并处理好与房东及下一承租人的所有权与使用权关系，顺利完成交接。

在本案中，根据法院观点，当李某一不再是涉案燃气账户的使用人时，为保证供用气关系持续稳定，确保燃气设施价值得到充分利用，房东有权要求将账户过户到自己名下。

在小工商用户的开发和经营过程中，燃气公司必须将市场开发到用气关系终止后续问题处理的全过程提前考虑清楚，将相关内容在合同中进行明确的约定。

本案中，城台燃气公司在合同中已约定了停用燃气、变更户名等情况的处置方式，且在庭审中坚持在李某一的配合下才办理更名，对自身的保护措施做得比较到位。规避了未经李某一同意过户李某一追究城台燃气公司责任的潜在问题。

（5）实务启示

1）建议在小工商户市场开发过程中，尽量要求以房东名义缴费开户。

2）由承租人以自身名义开立燃气账户时，建议要求承租人提供房东同意安装燃气的书面说明。同时，将合同终止后的设施处置、户名变更等问题提前约定清楚。

3）如果遇到房东与承租人产生纠纷，涉及燃气停供、复通申请等业务的办理，建议执行以尊重燃气户名所有人意见为原则、综合考虑各方利益保护的处理方案。

（6）相关规定链接

本案例无参考规定，此类问题解决主要依靠合同约定。

2. 案例二　闵某与东明燃气公司供用气合同纠纷案

（1）案情概要

闵某与案外人许某于 2009 年 9 月 18 日登记结婚。

2009 年 12 月 1 日，闵某到东明燃气公司交纳 3300 元安装费，办理燃气开户。双方签订的《供用气合同》约定，燃气设施可以拆除、改装、迁移。《客户手册》中载明办理燃气过户时需要新老客户持各自身份证、原客户燃气交费卡、新客户房产证到营业大厅办理。

2012 年 12 月 12 日，许某持闵某与许某双方身份证、结婚证和房产证原件到东明燃气公司以方便缴费为由申请将燃气户号变更到许某名下。东明燃气公司在闵某未到场也未联系闵某的情况下办理了用户号变更。

2013 年 4 月 2 日，闵某以 2012 年过户未经本人同意为由要求将用户号变更回闵某名下。东明燃气公司联系许某无果后，同意了变更。

2013 年 8 月 1 日，闵某、许某经法院判决离婚，案涉燃气户所在房屋判归许某。

2013 年 8 月 21 日，闵某到东明燃气公司处申请办理燃气户迁移业务。

2013 年 8 月 22 日，东明燃气公司经许某持离婚判决书申请，再次将燃气户更名为许某。

2013 年 8 月 30 日，许某将房屋出售给案外人沈某、徐某并于 2013 年 9 月 17 日完成过户。2013 年 10 月 30 日，东明燃气公司根据许某及沈某的申请，将燃气户更名为沈某。

闵某于 2014 年 5 月起诉东明燃气公司，要求法院判令东明燃气公司归还燃气用户号。

就东明燃气公司在未经闵某允许的情况下擅自将燃气户更名到许某名下是否构成违约的问题，闵某认为 2013 年 8 月 22 日，东明燃气公司未经其同意将燃气用户号转移给许某的行为违反了东明燃气公司用户手册的户名变更程序，侵害了闵某合法权益。东明燃气公司认为，许某是持人民法院判决书申请变更燃气户名的。根据生活设施随房走的原则，应许某要求办理用气主体变更是合情合理的。闵某对房屋不再拥有产权，所以其对房屋内的燃气设施也不再享有使用权。

就东明燃气公司违约责任问题，闵某要求将燃气号归还自己。东明燃气公司认为自己未违约，不应承担违约责任。

（2）裁判要旨

法院认为，本案闵某、东明燃气公司双方签订的供用气合同合法有效，对双方均有法律约束力。东明燃气公司在未经闵某允许的情况下擅自将燃气户更名到案外人许某名下的行为，其实质是单方解除与闵某的供用气合同。对此，东明燃气公司并未提供证据证明解除合同有约定或者法定事由，东明燃气公司两次解除合同（2012 年 12 月 12 日及 2013 年 8 月 22 日）均未通知闵某，闵某在得知东明燃气公司擅自将燃气过户到许某名下后，在合理期限内向东明燃气公司提出了异议，并于 2014 年 4 月 19 日向法院提起诉讼，因此东明燃气公司单方解除合同的行为无效，东明燃气公司的行为构成违约。

关于违约责任的承担，本案闵某、东明燃气公司签订的《供用气合同》中明确用气设施安装地址为涉案燃气户所在房屋。但是该房产已被许某转让给他人且已完成燃气过户。因此，东明燃气公司依约履行原合同在事实上已不可能，东明燃气公司应承担采取其他补救措施或者赔偿损失等违约责任。对于闵某要求东明燃气公司燃气迁移燃气户的诉讼请求，法院认为，因《供用气合同》中燃气经营者一方履行债务的标的是提供服务，该债务的标的不适于强制履行，因此对闵某的该诉讼请求，法院不予支持，闵某有权要求东明燃气公司赔偿相应损失。

（3）裁判结果

法院判决：东明燃气公司赔偿闵某 3300 元。

（4）律师解析

本案中，东明燃气公司具有明显的过错，没有尽到谨慎审查义务、办理业务时未遵守合同约定条件。

首次办理过户时，既然客户手册中已经规定了过户条件是新老客户持各自身份证、原客户燃气交费卡、新客户房产证到营业大厅办理，东明燃气公司就应当严格按照规定操作，而不是未通知闵某直接办理。在两人离婚后许某再次要求过户时，东明燃气公司不顾合同可以迁移的约定和闵某已申请迁移的事实仍将燃气户过户到许某名下，属于违约行为。另外，在决定是否办理过户时，应参考的首要标准是是否符合双方约定和过户规定而不是夫妻关系、生活设施随房走等合同约定中没有的其他因素。

在过户应当如何办理没有明确法律规定的情况下，燃气公司应当严格按照双方约定办理，如违反约定办理，无论是否具备合理性，均属于违约行为，用户方有权追究燃气公司违约责任。因此，燃气账户过户办理原则应坚持约定优先。

（5）实务启示

1）办理燃气过户手续时必须严格遵守过户条件、谨慎核实身份和证件。

2）如遇特殊情况确需"特事特办"，必须了解清楚背景、排除一切合理怀疑后再办理。

（6）相关规定链接

《中华人民共和国合同法》

第八条 依法成立的合同，对当事人具有法律约束力。当事人应当按照约定履行自己的义务，不得擅自变更或者解除合同。

依法成立的合同，受法律保护。

第一百零七条 当事人一方不履行合同义务或者履行合同义务不符合约定的，应当承担继续履行、采取补救措施或者赔偿损失等违约责任。

第一百一十条 当事人一方不履行非金钱债务或者履行非金钱债务不符合约定的，对方可以要求履行，但有下列情形之一的除外：

（一）法律上或者事实上不能履行；

（二）债务的标的不适于强制履行或者履行费用过高；

（三）债权人在合理期限内未要求履行。

第三节 用 气 计 量 纠 纷

在燃气计量器具巡检、常规入户安检、到期计量表更换等业务办理过程中，经常会发现因计量表故障导致电子显示读数与机械显示读数不一致的问题。而且，很多这类计量差问题是在故障出现多年后燃气公司才发现和处理的。经过多年积累，用户须补交的差额气费往往较大。由于时间跨度大、金额高，对燃气公司而言，梳理事实、搜集证据会有一定难度；而燃气用户，也往往认为自己是付费购气，从未拖欠气费，对气量出现差额、需补交气费存在不解和抵触心理。双方矛盾如长期未解决，会最终导致诉讼的发生。到诉讼阶段，燃气公司只有在购气记录、用气数量、差额签认、计量表功能检定等方面具备过硬的证据，才能说服法官支持自己的主张。

一、实务要点

（1）计量表电子部分故障后，机械部分的读数一定能作为计量的最终依据吗？

（2）用户在气量差额确认单上盖章是否等同于认可计量差额？

二、案例解析

1. 案例一　北城燃气公司与王某供用气合同纠纷案

（1）案情概要

2013年1月10日，北城燃气公司工作人员至王某家中进行正常检修维护过程中，发现王某家中私接供暖炉，同时燃气表存在故障导致液晶显示部分与机械部分读数不一致，相差9846m³。北城燃气公司当日进行了换表操作。《维修工单》上有维修员及王某签字，维修内容一项填有"大厅核气换卡，表不关阀换表，私接供暖炉"的内容。后北城燃气公司要求王某按照机械读数补交气费差额，王某拒不支付。燃气公司遂起诉到法院，要求王某补交燃气费26970元。

王某认为自己所用燃气均是在燃气公司购得，燃气表的损坏与表多走字与其无任何关系。自己确实私接了供暖炉，但供暖炉只是用于正常的生活用水，并未用于供暖。如果旧表有问题，显示的数额有可能是任意数字，并不是自己实际使用的数额。

北城燃气公司认为，从王某家拆除的旧表机械部分无故障，电子显示部分有故障，造成该表在取下电池后仍能正常使用，即电子部分不显示，但机械部分正常走字。王某应按机械部分读数补交气费。

一审法院认为，本案应从三个方面进行分析。

1）王某家燃气表为民用IC卡表，该表有购买燃气使用完毕后燃气自动切断不能使用的特点。从2008年至2012年间，王某总购气量为656m³，正常情况下燃气使用量上限为656m³。

2）北城燃气公司作为表具提供单位，应负责燃气表的日常维护管理，应定期检查，发现问题及时维修，如果没有及时维修出现问题，产生的损失应由燃气公司承担，而不能转嫁给用户。

3）关于燃气表计数问题，北城燃气公司主张按照机械部分的读数收取燃气费，应负相应举证责任。北城燃气公司主张涉案燃气表为故障表，那么在存在故障的前提下，电子计数和机械计数哪个是准确的并不清楚。该燃气表被换走后没有进行有效封存，直至庭审时才提交至法院，所以北城燃气公司主张事实依据及法律依据不足，其主张不应予以采信。

一审判决结果：驳回北城燃气公司起诉。

北城燃气公司不服判决上诉。

（2）裁判要旨

二审法院观点与一审法院基本一致，认为北城燃气公司没有充分证据证明机械计量是绝对准确的用气量，所以无法支持北城燃气公司上诉请求。

（3）裁判结果

二审判决结果：驳回上诉，维持原判。即，王某无须补交气费。

（4）律师解析

本案是居民用户燃气计量差额补交争议的经典案例，充分说明了发现燃气计量表故障后及时收集有效证据的重要性。北城燃气公司的失误主要有三点。

第一，发现表具故障后未取得《维修工单》中王某对当时表具状态记录的有效认可签字。

第二，北城燃气公司发现燃气表故障后没有做好故障表封存及检定工作。燃气表没有进行有效封存且在从拆下到开庭期间没有进行检定，导致法院无法确认 2013 年 1 月 10 日入户检查时燃气表的原始状态及其故障的真实性。这样，即使在案件审理过程中申请检定，检定结论也不能作为证明王某用气期间计量表状态的依据。机械读数要想作为确认用气量的最终依据，必须确认其自身功能是正常的。如无证据表明机械部分功能正常，机械读数是不能作为计量依据的。

第三，燃气公司未能证明王某供暖炉用气的实际情况。如果在检修当时连同供暖设备的规格型号、小时用量、安装购买日期等基本信息进行记录，后期再通过申请法院调取或其他合法方式排除王某家使用了其他供暖方式，结合已购买气量等证据，争取认定其存在供暖用气的事实，为追偿气费创造有利证据。

法院观点中，一审法院主张"如果没有及时维修出现问题，产生的损失应由燃气公司承担，而不能转嫁给用户"的合法性有待商榷。燃气公司未及时发现问题确有工作失误，但是最终如能证明因燃气公司的工作失误导致王某家在对计量故障不知情的情况下多用了燃气，属于不当得利，应补交多用部分的气费。

虽然北城燃气公司在民事诉讼中最终败诉，但对王某并非没有任何责任追究途径。王某在庭审中自认了私装燃气供暖炉这一基本事实，可向燃气管理部门举报。根据《城镇燃气管理条例》第二十八条、第四十九条的规定，居民用户擅自安装户内燃气设施是可以处以责令限期改正、1000元以下罚款、赔偿损失等行政处罚的，构成犯罪的还可追究刑事责任。

（5）实务启示

1）安检时将燃气表计量准确性作为重点检查项目，发现问题后第一时间进行记录，要求用户进行签收。

2）出现计量问题需要换表或确有必要时，及时对问题表进行有效封存并由用户签字，事后双方共同选定检定机构为燃气表功能进行检定。

3）收集用户购气记录、用气设备等数据作为证明计量异常的辅助证据。

（6）相关规定链接

《城镇燃气管理条例》。

1）关于燃气公司维护责任

第十九条　管道燃气经营者对其供气范围内的市政燃气设施、建筑区划内业主专有部分以外的燃气设施，承担运行、维护、抢修和更新改造的责任。

管道燃气经营者应当按照供气、用气合同的约定，对单位燃气用户的燃气设施承担相应的管理责任。

第三十五条　燃气经营者应当按照国家有关工程建设标准和安全生产管理的规定，设置燃气设施防腐、绝缘、防雷、降压、隔离等保护装置和安全警示标志，定期进行巡查、检测、维修和维护，确保燃气设施的安全运行。

2）关于用户擅自安装室内燃气设施

第二十八条　燃气用户及相关单位和个人不得有下列行为：……（四）擅自安装、改装、拆除户内燃气设施和燃气计量装置……

第四十九条　违反本条例规定，燃气用户及相关单位和个人有下列行为之一的，由燃气管理部门责令限期改正；逾期不改正的，对单位可以处10万元以下罚款，对个人可以处1000元以下罚款；造成损失的，依法承担赔偿责任；构成犯罪的，依法追究刑事责任：……（四）擅自安装、改装、拆除户内燃气设施和燃气计量装置的……

2. 案例二　顾岛戒毒所与西海燃气公司供用气合同纠纷案

（1）案情概要

2003年，西海燃气公司与青海省司法厅劳改局达成《供气协议》，约定由西海燃气公司向顾岛劳动教养管理所家属区供气。

后因劳动教养制度废止，2014年6月18日，顾岛劳动教养管理所经批复同意更名为顾岛戒毒所。

2014年10月16日，西海燃气公司对该小区燃气计量表进行抄表核算，顾岛戒毒所应补交气费134153.5元。

2016年1月1日，顾岛戒毒所在西海燃气公司出具的《天然气锅炉、餐饮及工业用户所欠气量确认单》上加盖公章❶。

后双方因气费补交事宜无法达成一致意见，西海燃气公司提起诉讼，要求顾岛戒毒所支付2003年12月7日至2014年10月16日的燃气费134153.5元。

关于顾岛戒毒所是否为本案适格主体的问题，顾岛戒毒所认为，涉案《供用气合同》的签订主体是西海燃气公司与青海省司法厅劳改局双方，与顾岛戒毒所无关，故顾岛戒毒所不是本案的适格主体。

西海燃气公司认为，用气小区为顾岛戒毒所下属的家属院，顾岛戒毒所曾于2014年向西海燃气公司书面承诺三个月内解决超用气问题，且2016年1月1日西海燃气公司对顾岛戒毒所使用的流量计进行报废处理时，仍存在流量计与控制器显示数量不一致的情况，向顾岛戒毒所催要超用气量气费时，顾岛戒毒所对此确认。所以，顾岛戒毒所是适格的诉讼主体。

关于顾岛戒毒所家属区是否超用了西海燃气公司所称的燃气，是否应补交燃气费的问题，顾岛戒毒所认为，顾岛戒毒所是以IC卡预付费方式购气，剩余气量使用完毕后如不购气无法继续使用，不存在超量用气的条

---

❶　关于此处信息，判决书中有相反的描述，顾岛戒毒所质证意见是该确认单无法明确签字信息，没有顾岛戒毒所公章，但"法院查明"部分载明的为加盖了公章，本案分析以法院查明信息为准。

件。对西海燃气公司主张的"超量用气"不予认可。

西海燃气公司认为，根据 2014～2015 年的用户计量设备巡查《记录表》、顾岛戒毒所的 IC 卡购气明细显示的数据和顾岛戒毒所在《天然气锅炉、餐饮及工业用户所欠气量确认单》中的确认，因 IC 卡控制器少扣减造成超用气量，顾岛戒毒所共欠天然气 103195m³。

关于本案是否超过诉讼时效的问题，顾岛戒毒所认为，西海燃气公司以其燃气计量表多年的累计读数为依据向顾岛戒毒所主张 2003 年 12 月 7 日～2014 年 10 月 16 日期间的气款，超过两年诉讼时效，已不再受法律保护。

西海燃气公司认为本案未超诉讼时效。

一审法院认为，西海燃气公司依据与青海省司法厅劳改局签订的协议为顾岛戒毒所前身的家属区供气，履行了合同确定的义务。后其前身更名为顾岛戒毒所。顾岛戒毒所在 2016 年 1 月 1 日的《天然气锅炉、餐饮及工业用户所欠气量确认单》上加盖公章确认，视为对原供气协议的追认。顾岛戒毒所是适格主体。

西海燃气公司诉求支付燃气费有事实和法律依据，予以支持。

对顾岛戒毒所辩称的诉讼时效问题，因涉案燃气费自 2003 年起至今，西海燃气公司处于持续供气状态，故对此辩称不予采信。

一审判决：顾岛戒毒所支付给西海燃气公司燃气费 134153.5 元。

顾岛戒毒所不服一审判决上诉。

（2）裁判要旨

二审法院认为，西海燃气公司对流量计与 IC 卡表出现用气量数据不一致具有举证责任。西海燃气公司提交的用户计量设备巡查《记录表》、《天然气锅炉、餐饮及工业用户所欠气量确认单》不能证实顾岛戒毒所有故意毁损 IC 卡表或者私改线路的情形，也不能证实顾岛戒毒所存在未缴费购气而使用燃气的事实。顾岛戒毒所因西海燃气公司更换计量设备而在确认单上盖章不能证明是对差额部分气量的认可。虽经当庭演示 IC 卡表确实在电池电量不足的情况下发出错误信号，导致错误计量的情况发生，但是不能证明这是顾岛戒毒所有意为之，因此错误计量不能归责于燃气使用者。西海燃气公司要求由顾岛戒毒所为多超出的气量承担责任，证据不足。一审法院判决不当应纠正。

西海燃气公司自 2003 年以来持续供气，在知悉涉案小区存在超用气量后，一直在主张权利，没有超过诉讼时效。

（3）裁判结果

二审判决：撤销一审法院判决，驳回西海燃气公司诉讼请求。即，西海燃气公司未能追回顾岛戒毒所的"欠付气费"。

（4）律师解析

根据本案一审判决书，西海燃气公司为证明顾岛戒毒所超量用气的事实，共举出了三份证据。一是2014～2015年用户计量设备巡查《记录表》，用来证明截至2014年10月16日，流量计显示累计用气流量为494098m³。二是IC卡购气明细查询一份，证明截至2014年10月14日，顾岛戒毒所累计购气404243m³。三是《天然气锅炉、餐饮及工业用户所欠气量确认单》，证明顾岛戒毒所确认因IC卡控制器少扣减造成超用气量，共欠天然气103195m³。从逻辑构成上，用气流量、购气总数、差额总数确认三者均齐备，是可以认定气量存在差额及差额的具体数量的。

二审法院认为出现计量差额的原因是认定顾岛戒毒所是否承担责任的基础，以没有证据证明顾岛戒毒所属于故意毁损IC卡或私改线路故障不可规归责于顾岛戒毒所、燃气公司要求以流量计为准进行费用结算不符合行业规则且顾岛戒毒所不予认可、西海燃气公司不能举证证实流量计功能正常、西海燃气公司未尽燃气设备正常使用的保障义务为由，认定西海燃气公司证据不足，改判一审结果，驳回西海燃气公司起诉。

律师对此是持有异议的。十多年间没有及时发现计量表故障及时处理、未能保障计量设备正常运行、发现故障后未能有效封存案涉计量表并进行检定确属西海燃气公司工作失误。不应因工作存在失误就否定西海燃气公司追偿气费差额的权利。

顾岛戒毒所是否应补交差额气费的基础应当是是否确实存在超出购气量多用燃气的事实，而不是顾岛戒毒所是否存在违规毁损IC卡或私改线路的过错。燃气费差额的补交不应以顾岛戒毒所有过错、西海燃气公司无过错为前提。根据《中华人民共和国民法通则》第九十二条规定，顾岛戒毒所在所购气量之外多用燃气导致西海燃气公司受到损失属于不当得利，西海燃气公司有权请求其补交这部分费用。当然，这是另外一个案由，不能在供用气合同纠纷中解决。

虽然西海燃气公司未做检定不能证实流量计功能正常，但是当庭演示已经证明燃气表确有故障。同时，顾岛戒毒所在《确认单》上加盖了公章，证明其对计量差是认可的。除非顾岛戒毒所能证明本次盖章属于《中华人民共和国合同法》第五十四条规定的的可撤销的情况，否则应按《确认单》上确认的数额补交计量差额气费。

以上分析基于本案判决书载明的信息作出，如有新的事实披露，以上观点也有可能发生变化。

（5）实务启示

1）对使用 IC 表的用户，数据准确性不能完全依赖智能系统的线上管理。建议在月度巡检抄表或年度用气安全检查时将电子部分和机械部分读数是否一致、燃气表是否存在其他故障作为重点检查项目，做到对计量表故障早发现早处理。

2）将燃气表故障期间的燃气计量方式写入供用气合同。

3）按要求对计量表进行检定，确保发生争议时表具处于检定有效期内，保证依据机械读数计费的要求是成立的。

（6）相关规定链接

1）《中华人民共和国民法通则》

第九十二条　没有合法根据，取得不当利益，造成他人损失的，应当将取得的不当利益返还受损失的人。

2）《中华人民共和国合同法》

第五十四条　下列合同，当事人一方有权请求人民法院或者仲裁机构变更或者撤销：

（一）因重大误解订立的；

（二）在订立合同时显失公平的。

一方以欺诈、胁迫的手段或者乘人之危，使对方在违背真实意思的情况下订立的合同，受损害方有权请求人民法院或者仲裁机构变更或者撤销。

当事人请求变更的，人民法院或者仲裁机构不得撤销。

第四节　停气损失赔偿纠纷

根据《城镇燃气管理条例》及各地方燃气管理条例规定，燃气公司在因施工、检修、紧急抢修影响供气及用户存在欠费、安全隐患等情形时，可以暂停供气。虽说燃气公司有权停气，但是并非只有停气的权利，还需根据规定履行必要的通知义务。同时，也不能直接一停了之，还应平衡停气的必要性和用户利益的关系，尽量不给用户造成生产、生活损失，尤其是对燃气稳定供应有严格要求和生产、停工所需周期较长的行业。本节，就通过两个案例来聊一聊如因停气给用户造成损失，应根据什么标准来判断燃气公司是否应承担责任的问题。

一、实务要点

（1）燃气公司是否需向工业用户赔偿欠费停气造成的生产损失？

（2）燃气公司是否需向具有盗气嫌疑的居民用户赔偿停气损失？

二、案例解析

1. 案例一　朱某与风河燃气公司供用气合同纠纷案

（1）案情概要

2008 年 8 月 2 日，朱某与风河燃气公司签订燃气供用合同及其补充协议，约定风河燃气公司为朱某经营的玻璃制品厂建设燃气管道并供气。因供气设施计划检修、临时检修、依法限气或者用气方违法用气等原因需要中断供气时，应提前 24 小时通过媒体或者其他方式通知朱某，因不可抗力原因中断供气时，风河燃气公司应及时抢修，并在 2 小时内通知朱某。朱某分多次交清建设费用后，风河燃气公司自 2009 年 2 月 28 日开始供气。

2009 年 3 月 13 日，风河燃气公司因朱某拖欠气费停止供气。风河燃气公司声称在 2009 年 3 月 12 日发出了催款通知，但朱某声称没有收到通知且因突然停气导致玻璃制品厂正在进行生产的玻璃水迅速降温并和设备粘接在一起，导致机器设备损坏报废，造成原材料和设备修复更换损失 379790 元。

朱某向法院起诉，要求与风河燃气公司解除供用气合同，赔偿经济损失 379790 元。

朱某认为原料和设备损失的产生是因为风河燃气公司单方强行停止供气造成，应当赔偿。

风河燃气公司认为朱某要求赔偿损失没有依据。

在一审诉讼中，法院认为双方对合同解除没有异议，可依法照准。对于损失后果，朱某证据不足以证明损害后果与风河燃气公司中断供气具有直接因果关系，计算依据不清，证据不充分，不应支持。

一审判决：解除双方供用气合同，驳回朱某其他诉讼请求。

朱某不服一审判决上诉，认为其机器设备的损坏报废是风河燃气公司单方停气行为造成，风河燃气公司应当承担由此给其带来的经济损失

379790 元。

（2）裁判要旨

二审法院认为，风河燃气公司为朱某铺设管道到其工厂内部，明知朱某燃气用于工业用途，中途停气会给生产中的产品原料及机器设备造成损坏仍然停气。同时，拖欠气费不在双方合同约定的停止供气的事由（逾期不交费按日 2‰ 收取滞纳金、需中断供气时提前 24 小时通知）范围内，所以风河燃气公司停气行为构成违约。且停气与朱某设备损坏报废的事实有因果关系。朱某要求赔偿 379790 元，但是提交的票据不规范，以赔偿 270000 元为宜。朱某部分上诉理由成立，应予以支持。

（3）裁判结果

二审判决：维持一审判决中关于解除供用气合同的内容，变更驳回其他诉讼请求，为风河燃气公司赔偿朱某 270000 元。

（4）律师解析

本案中，燃气公司失误有二：

第一，在供用气合同中，未将欠费列为可停气的情形。《城镇燃气管理条例》和《河南省燃气管理办法》均未对燃气欠费是否可停气有具体规定。根据法无规定即可为的原则，双方是可以在合同中约定欠费停气条款的。

第二，停气通知的送达未保留充足证据。根据规定，除非是紧急抢修等特殊情况，停气前，必须提前通知用户。风河燃气公司主张在 2009 年 3 月 12 日时曾给朱某送达一份书面催款通知可证明曾按规定通知朱某，但该通知仅为"通知"本身，并无朱某签收回执或者快递送达回执及其他能证明通知已送达朱某的证据，无法形成完整可信的证据链。

在既没有约定欠费停气条款又没有做好提前通知工作的情况下，二审法院判决风河燃气公司赔偿朱某因停气引起的生产经营损失是没有问题的。

（5）实务启示

1）除约定违约金外，建议燃气公司在供用气合同中约定欠费停气条款，但需注意给用户留足合理的准备时间。

2）因欠费或其他原因导致需要暂停供气时，建议务必按照当地规定及合同约定提前通知，且最好是书面通知。送达时，应通过要求用户签收送达回执、向快递公司索要送达回单、对送达进行拍照录像等方式留下燃气公司已经尽到通知义务的证据。

（6）相关规定链接

《中华人民共和国民事诉讼法》。

第六十四条第一款 当事人对自己提出的主张，有责任提供证据。

2. 案例二 周某与南夏燃气公司供用气合同纠纷案

（1）案情概要

南夏燃气公司的安检人员在对周某家中的燃气设施进行检验时发现存在打孔现象，有盗用天然气嫌疑，遂于2013年8月20日向周某下达民用客户停气告知书，并停止向周某供气。周某于2015年向一审法院提起诉讼，要求南夏燃气公司恢复供应天然气。历经诉讼和强制执行，2016年9月9日，南夏燃气公司恢复燃气供应。

燃气供应恢复后，周某另行起诉，要求南夏燃气公司赔偿停气36个月零20天期间在外采购食品造成生活成本上升的停气损失66600元（1800元/月×37个月）。

周某认为南夏燃气公司无故停气，给自己一家人的生活带来极大不便。除米饭、稀饭使用电饭煲在家做以外，其他熟食均需长期在外购买，生活成本加大，南夏燃气公司应当赔偿。周某主张按每天60元标准赔偿，但未举出具体证据。南夏燃气公司认为，停气后，周某可以使用替代能源用于日常生活。如承担责任，南夏燃气公司应当赔偿的范围是周某选择其他替代性做饭方式与使用天然气做饭之间的差额。

一审法院在本案两个主要争议焦点上观点如下。

第一，南夏燃气公司应承担损失赔偿责任。根据已经生效的民事判决书，南夏燃气公司停气无事实与法律依据，所以南夏燃气公司构成违约，应对2013年8月20日至2016年9月8日停止供气期间给周某造成的损失进行赔偿。

第二，关于周某损失数额的认定。首先，就本地居民生活习惯而言，燃气是日常餐饮主要能源。南夏燃气公司擅自停止供应天然气后必然会给周某的日常生活带来极大不便；其次，周某为维持一家四口的正常生活，在停气期间长期在外购买饮食，相对于正常使用天然气而言，无疑生活成本加大，额外支出增多，该后果与南夏燃气公司违规停气之间存在必然的因果关系；最后，在一审法院作出的法律文书生效后，南夏燃气公司仍然拒不履行判决书确定的义务，其存在主观恶意，以造成周某损失的进一步扩大。因此，综合考量本地居民生活习惯、日常消费水平以及南夏燃气公司的违约程度、主观恶意等因素，对于周某要求按每天60元赔偿损失的诉讼请求依法予以支持。

综上，一审判决结果为：南夏燃气公司应当赔偿周某 2013 年 8 月 20 日至 2016 年 9 月 8 日期间损失 66000 元。

南夏燃气公司不服判决上诉。二审期间，南夏燃气公司提交新证据，周某《2011～2016 年度燃气抄表流水明细表》，证明周某月均供气量 5.7m³，气费约 14 元。周某认为自己家生活习惯是用电饭煲做饭，饮水用电水热器，取暖用空调、洗澡用电淋浴器，燃气就是用来炒菜，所以其每月用气量几立方米是正常用量，并非盗气所致。周某提交新证据（2016）苏 0303 执 1564 号执行结果告知书，证明南夏燃气公司是 2016 年在法院的强制执行下才恢复供气，没有及时恢复供气导致周某损失扩大。

（2）裁判要旨

二审法院认为，根据《中华人民共和国合同法》第一百七十九条及一百八十四条规定，南夏燃气公司向周某供气属于社会公共服务，既是合同义务也是法定义务。南夏燃气公司无正当理由中断向周某供气违法且违约，应依法赔偿周某损失。

根据《中华人民共和国合同法》第一百一十九条规定，南夏燃气公司中断供气后，周某可采取其他替代能源用于日常饮食生活，南夏燃气公司承担的赔偿责任应依据周某选择其他替代性能源烹饪与使用天然气之间的差额予以认定。一审法院依照周某主张的每日 60 元外购菜品的伙食费用，判令南夏燃气公司承担赔偿责任没有事实及法律依据，应依法予以纠正。根据周某正常用气期间的生活习惯及用气量，并结合南夏燃气公司违约程度，酌定南夏燃气公司赔偿周某损失数额以 10000 元为宜。

（3）裁判结果

二审判决：撤销一审判决，改为南夏燃气公司赔偿周某损失 1 万元。

（4）律师解析

关于南夏燃气公司是否应当赔偿周某损失的问题，一审法院根据生效的其他法律文书认为南夏燃气公司属于无正当理由停气，二审法院也维持了这个观点。由于律师未能见到"生效的其他法律文书"，无法得知得出这样的判定结果的具体论证过程，暂时对此不展开评论。但是可以得出的结论是，如燃气公司无确切证据证明用户盗气，关于燃气公司是否需向具有盗气嫌疑的居民用户赔偿停气损失的问题，法院是倾向于保护用户利益的。

从技术角度，燃气表打孔均为人为造成，是不可能在自然状态下形成的。而且，打孔后燃气表电子数据走字会变慢，燃气公司不可能主动这么做。如果燃气公司在发现打孔情况时立即封存送检，证明表具确有人为打孔现象，从证据角度是可以判定周某盗气。如周某不配合处理盗气、补交气费、换表等工作，南夏燃气公司可以根据燃气管理规定和双方合同约定经提前通知后作暂停供气处理。这样，南夏燃气公司就属于合理停气了，自然不用再被追究停气损失。

对于周某损失数额的确定，律师赞同南夏燃气公司上诉意见，如果需要赔偿，应限于替代能源做饭和用燃气做饭之间的成本差额。二审法院判决结果的调整体现出了这一点。

（5）实务启示

1）如存在人为燃气表故障的事实需及时进行燃气表故障及故障原因检定，为解决争议提供基础依据。

2）处理类似长时间停气的问题时，应注意衡量风险与收益的关系。

（6）相关规定链接

《中华人民共和国合同法》。

第一百一十九条　当事人一方违约后，对方应当采取适当措施防止损失的扩大；没有采取适当措施致使损失扩大的，不得就扩大的损失要求赔偿。

当事人因防止损失扩大而支出的合理费用，由违约方承担。

第一百七十九条　供电人应当按照国家规定的供电质量标准和约定安全供电。供电人未按照国家规定的供电质量标准和约定安全供电，造成用电人损失的，应当承担损害赔偿责任。

第一百八十四条　供用水、供用气、供用热力合同，参照供用电合同的有关规定。

第四章　燃气行业刑事犯罪类

第一节　偷 盗 气 犯 罪❶

偷盗气行为，是燃气公司日常经营过程中最常见的违法行为。偷盗气中，如何确定发生盗窃行为，同时如何准确计算盗窃燃气数量从而计算岀盗窃金额，这是案件的两大关键，简单说就是要解决"偷没偷""偷多少"两大问题。

盗窃燃气的刑事案件具有隐蔽性强、危害性大特点。一旦在盗窃过程中发生爆燃，往往会对不特定群众的公共安全产生危害，因此应属于公安机关大力打击的犯罪。但由于燃气在盗窃后马上被消耗掉，这种物理形态的"稍纵即逝"造成司法机关难于计算盗窃金额。这也是确定罪与非罪、量刑轻重的重要问题。而作为燃气盗窃案件中的受害人，燃气公司应协助公安机关准确计算盗窃金额，追究被告人的刑事责任。

行为人盗窃数额轻微，属于违法行为，应按照《中华人民共和国治安管理处罚法》《城镇燃气管理条例》的规定进行行政处罚；行为人盗窃燃气金额超过法律规定数额，依据《中华人民共和国刑法》第二百六十四条的规定，就构成盗窃罪，应该追究犯罪嫌疑人的刑事责任。

下面的案例对于燃气企业了解盗窃罪的构成要件，规避在日常经营中的盗窃风险、协助公安机关追究犯罪嫌疑人的刑事责任具有重要参考价值，作为燃气公司的专业律师，我们撰写了本章内容，供大家在实务中参考。

一、实务要点

（1）燃气盗窃案中被告人的具体的盗窃方式有几种？

（2）燃气盗窃案中盗窃金额如何计算？

（3）作为燃气公司的律师，在燃气盗窃案件中如何协助燃气公司大力打击犯罪、追回盗气损失？

二、案例解析

1. 案例一　张某盗窃案

（1）案情概要

---

❶　司法实践中，没有"偷盗气犯罪"罪名，偷盗气在盗窃罪范围内，本节仅是为表述方便使用。

被告人张某于 2015 年 6 月开始，将连接自己厂房窑炉燃气表的电线外层绝缘体剪开，剪断其中火线，然后私自从自己办公室接了一根线接到剪断的火线上，且在其办公室装了一个开关，烧窑时打开开关厂房窑炉燃气表就开始计量，关了开关厂房窑炉燃气表就停止计量，以此方式偷燃气。至 2016 年 6 月 15 日晚张某偷燃气被燃气公司工作人员抓获时止，张某共计烧窑次数 129 次，抄收量为 140673m³。根据景德镇市计量测试研究所对张某瓷厂梭式窑燃气量进行现场测试，烧制一窑需耗气量 1335.24m³。由此计算得被告人张某盗窃燃气总数为 31572.24m³，价值 38975.7 元。案发后，被告人张某的家属对被害人进行了全额赔偿，得到被害人的谅解。

上述事实，有被告人张某的供述，被害人汪某，证人周某、刘某的陈述相互印证，并有现场勘验笔录、现场照片、指认笔录、报案材料、被告人偷盗气金额追量办法、案件情况说明、关于 2016 年燃煤气价格调整的会议纪要、抄表确认单、谅解书、证明、景德镇市计量测试研究所测试报告、抓获经过、被告人的身份信息等相佐证，足以证实。

（2）裁判要旨

法院认为：被告人张某以非法占有为目的，秘密窃取景德镇中安燃气有限公司燃气 38975.7 元，数额较大，其行为已构成盗窃罪，公诉机关指控罪名成立，应依法惩罚。被告人张某当庭自愿认罪，认罪态度较好，且案发后被告人张某的家属对被害人进行了全额赔偿，得到被害人的谅解，可酌情从轻处罚。辩护人的意见与本案查明事实相符，予以支持。

（3）裁判结果

张某犯盗窃罪，判处有期徒刑一年六个月，缓刑两年。并处罚金人民币 20000 元。

（4）律师解析

关于盗气手法。很多瓷器厂的窑炉是用燃气燃烧来进行生产的，燃气费是瓷器厂的重要成本费用，因此犯罪分子就有盗窃燃气的犯罪动机。本案的犯罪手法就是剪断燃气计量表电线的外层绝缘体，剪断火线，从而达到让燃气表不计量但是正常用气的方式来达到偷盗燃气的目的，同时还采用割裂和用电焊焊接的危险方法，最后判决被告人有期徒刑一年六个月并缓刑处理。

除本案手段外，从公开可检索的案例中总结出，盗气措施还有私接燃气管道、倒装燃气计量表、计量表打孔、在流量计中塞入异物、强磁干扰

等其他方式。❶

关于盗气金额。公安机关提交了被告人张某的供述，被害人汪某，证人周某、刘某的陈述、现场勘验笔录、现场照片、指认笔录、报案材料等证明犯罪事实的发生。用被告人偷盗气金额追量办法、案件情况说明、关于2016年煤气价格调整的会议纪要、抄表确认单、证明、景德镇市计量测试研究所测试报告来证明涉案盗窃金额。

鉴于目前盗气案件刑事立案难的现状，燃气公司必须提前做好通过民事诉讼追回盗气金额的准备，提前整理收集证据是关键的一步。燃气公司发现盗窃嫌疑案件后、公安部门介入前，可参考以上内容尽量留存证据。

（5）实务启示

在盗窃案件中，盗窃事实的发生和盗窃金额的计算是办理本类案件的两个最焦点的问题，燃气公司应针对这两个问题向公安机关提供观点和支持。发现盗窃后，及时组织上述证据提供给公安机关，能最大限度地追究被告人责任，早日索回经济损失。

（6）相关规定链接

1）《中华人民共和国刑法》

第二百六十四条 盗窃公私财物，数额较大的，或者多次盗窃、入户盗窃、携带凶器盗窃、扒窃的，处三年以下有期徒刑、拘役或者管制，并处或者单处罚金；数额巨大或者有其他严重情节的，处三年以上十年以下有期徒刑，并处罚金；数额特别巨大或者有其他特别严重情节的，处十年以上有期徒刑或者无期徒刑，并处罚金或者没收财产。

第七十二条 对于被判处拘役、三年以下有期徒刑的犯罪分子，同时符合下列条件的，可以宣告缓刑，对其中不满十八周岁的人、怀孕的妇女和已满七十五周岁的人，应当宣告缓刑：

（一）犯罪情节较轻；

（二）有悔罪表现；

（三）没有再犯罪的危险；

（四）宣告缓刑对所居住社区没有重大不良影响。

宣告缓刑，可以根据犯罪情况，同时禁止犯罪分子在缓刑考验期限内从事特定活动，进入特定区域、场所，接触特定的人。

---

❶ 具体见本案"相关规定链接"部分关于黑龙江、上海市等地方出台的关于查处燃气盗窃案件的相关规定的对应条款。这些条款是地方性规定，效力范围有限，其他地方可以参考，但不具有强制执行力。

被宣告缓刑的犯罪分子，如果被判处附加刑，附加刑仍须执行。

2）黑龙江省《关于办理盗窃燃气违法犯罪案件适用法律问题的若干规定》

第三条　下列行为属于窃气行为：

（一）在供气企业单位或其他单位、个人的供气、用气设施上擅自安装管线和设施用气的；

（二）绕越法定用气计量装置用气的；

（三）拆除、伪造、开启计量检定机构加封的用气计量装置封印用气的；

（四）改装、损坏法定用气计量装置的；

（五）采用其他方式窃气的。

第四条　凡属于下列情形之一的，属自然人窃气行为：

（一）在个人合伙、承包、租赁生产经营中窃气的；

（二）在从事法律禁止的生产经营中窃气的；

（三）单位成立后以窃气为其主要生产经营内容之一的，或者以窃气为其主要生产经营活动提供支持的；

（四）窃气的利益归个人所有的。

3）上海市《关于办理盗窃燃气及相关案件法律适用的若干规定》

第三条　盗窃燃气是指以非法占有为目的，采取秘密窃取手段实施的不计量或少计量使用燃气的行为。具体确定了三种情形：

① 不通过法定燃气计量装置使用燃气的；

② 擅自改装、损坏法定燃气计量装置使用燃气的；

③ 采取其他方式不计量或者少计量使用燃气的。

4）天津市《关于办理盗窃燃气违法犯罪案件适用法律问题的若干规定》

第二条　盗窃燃气是指以非法占有为目的，通过私接管道、改动用气计量 装置等非法手段窃取燃气的行为。具体包括下列几种行为：

（一）在供气企业或其他单位、个人的供气、用气设施上，擅自接管用气的；

（二）绕越法定用气计量装置用气的；

（三）拆除、伪造、开启法定的或者授权的计量检定机构加封的用气计量装 置封印用气的；

（四）改装、损坏法定用气计量装置，使其少计量或不计量的；

（五）将预购气费卡钥匙非法充值后用气的；

（六）采用其他方式的。

2. 案例二 吴某盗窃案

（1）案情概要

2014年4月21日，被告人吴某与他人共同出资注册成立哈尔滨市冰雪燃气技术开发有限公司。当年，该公司投资建设成立冰雪加气站，吴某作为冰雪加气站的实际经营人，于2014年11月在冰雪加气站未达到燃气开栓供气条件的情况下，吴某找到被告人王某为冰雪加气站设计并铺设绕过计量表的管线，以达到用气不走计量表的目的。王某带领由吴某雇佣的3名工人使用焊枪和氧气瓶将一根管线的一端焊接在加气站气量表阀门的前面，另一端焊接在气量表的后面。而后将气量表前面的阀门关闭，天然气通过气管线绕过计量表直接供给加气站。冰雪加气站自2014年12月25日至2016年1月6日对外营业期间共计盗窃天然气2649984.84m^3，价值人民币共计11779712.10元。

另，冰雪加气站用于取暖的锅炉自2015年10月20日至2016年1月6日使用天然气53984.112m^3，价值235176.94元。

综上，被告人吴某所经营的冰雪加气站共计盗窃天然气2703968.952m^3，价值12014889.04元。

（2）裁判要旨

法院认为，被告人吴某以非法占有为目的，指使被告人王某私接天然气管线，采取秘密手段盗取公私财物，数额特别巨大，二被告人的行为均已构成盗窃罪。指控被告人吴某、王某犯破坏易燃易爆设备罪的罪名不正确，应予纠正。

本案中冰雪燃气公司的相关证人证实由于冰雪加气站的配套使用费未全部交付，手续不健全，未达到开栓供气的条件，冰雪燃气公司未予供气，王某亦在侦查机关供述、第一次开庭审理时当庭供述其施工窃气管线时，加气站正常管线已经按照设计施工完毕，但没有开栓供气，窃气管线是在原有管线设计的基础上，绕过了计量撬，不走计量表，未破坏正在使用的油气设备，因此二被告人的行为不构成破坏易燃易爆设备罪。

吴某、王某在盗窃犯罪中是共同犯罪，其中吴某提出犯意并指使王某等人实施焊接、铺设盗窃天然气的管线，犯罪所得亦被吴某据为己有，系主犯，应按其参与的全部犯罪处罚。被告人吴某犯数罪，应数罪并罚。

王某在犯罪中起辅助作用，系从犯，可对王某减轻处罚。王某虽然主动到公安机关投案，但开庭时不供述犯罪事实，其行为不构成自首。关于王某辩解其没有受吴某指使焊接、铺设盗窃天然气管线的行为，不构成犯罪的理由及辩护人认为王某在侦查机关的有罪供述是孤证，无其他证据印证，应宣告王某无罪的辩护意见。经查，公安机关出具的破案经过证实王某主动到公安机关投案，并供述其受吴某指使焊接、铺设盗窃天然气的管线的事实，证人证实王某在加气站干过活，干活时吴某不让其他人在王某干活的区域内活动，王某在侦查阶段、审查起诉阶段多次稳定供述、第一次开庭审理当庭亦供述其受吴某指使焊接、铺设盗窃天然气的管线的事实，并带领公安机关指认了焊接、铺设盗窃天然气的管线的地点，且讯问、指认现场时的同步录音录像证实王某的有罪供述自然，与其他在案证据相互印证，因此采纳王某的在此次开庭前的供述。

经查，吴某作为冰雪加气站的实际经营者，在冰雪加气站未通过供气审核、不具备开栓供气条件的情况下，吴某找到王某让其为加气站铺设绕计量器管线，窃取天然气对外出售，有王某的供述，现场勘查笔录、冰雪燃气公司出具的证明、证人证言等证据证实，足以认定。

关于吴某的辩护人认为天然气的损失数额计算错误的辩护意见。经查，本案认定天然气的损失数额是根据公安机关在冰雪加气站电脑中提取的由加气站工作人员每日记录的销售燃气报表统计的加气数量、销售金额，根据价格鉴定意见确定盗窃数额，具有真实性、客观性，故此辩护意见不成立，不予采纳。

（3）裁判结果

依据《中华人民共和国刑法》第二百六十四条、第三百四十八条，第二十五条第一款、第二十六条第四款、第二十七条、第五十二条、第五十三条、第五十七条第一款、第五十九条、第六十九条、第六十四条和《最高人民法院关于适用〈中华人民共和国刑事诉讼法〉的解释》第三百六十六条第一款、第三百六十九条的规定，判决如下：

1）被告人吴某犯盗窃罪，判处无期徒刑，剥夺政治权利终身，并处没收个人全部财产；（刑期从判决确定之日起计算。）

被告人王某犯盗窃罪，判处有期徒刑五年，并处罚金人民币100000元。

2）责令被告人吴某、王某退赔被害单位人民币12014889.04元。

在案扣押、冻结的被告人吴某名下的白色越野车一辆、GL8商务车一辆、现金人民币357934.80元、被告人吴某名下的交通银行账号中人民

币 3147.64 元、被告人吴某名下的建设银行账号中人民币 10700.86 元、
吴某名下的建设银行账号中 2141924.17 元、张某名下的建设银行账号中
人民币 100 万元及上述钱款的孳息，发还被害单位（以执行时的实际价值
计入已退赔数额）。

在案查封、扣押的哈尔滨冰雪加气站的办公楼 1 栋、门卫房 1 间、车
库 4 间、加气机 6 台、压缩机组 2 台、过滤器 1 台、哈尔滨市冰雪燃气技
术开发有限公司名下的黑色雅阁轿车一辆、POS 机 1 台、电脑主机 1 台、
笔记本电脑 1 台，按被告人吴某在哈尔滨市冰雪燃气技术开发有限公司的
股权份额变价发还被害单位，余额部分，执行财产刑，不足部分，继续追
缴退赔。

（4）律师解析

该盗窃案是燃气盗窃中非常经典的单位盗窃罪。盗窃燃气案件中，很
多属于里通外合，这也是燃气盗窃案件的一个特点。

本案被告人吴某原系受害单位燃气稽查大队中队长、另一被告人王某
系被害单位分公司职工，在任职期间均熟悉燃气公司的运营流程，同时吴
某作为稽查人员，更是非常了解燃气公司运营流程中的疏漏。于是自行经
营加气站过程中，利用燃气公司管理漏洞，通过私接燃气管道不过表的方
式盗窃燃气大约 1200 万元，属于数额特别巨大。

公安机关为追究犯罪，搜集整理本案证据 71 份，论证严密，认定事
实清楚、证据充分。同时本案中还有包养小三、非法持有毒品、燃气公司
股东入股分红纠纷、隐名持股、民间借贷、犯罪后财产退赔以及犯罪所得
和民事财产的界限、案外人提起执行异议、不服执行异议申请复议等法律
实体纠纷和程序纠纷，确实是燃气法律界人士研究燃气案例的佳作。

本案中，关于吴某盗窃金额如何计算，按照最高人民法院和最高人民
检察院《关于办理盗窃刑事案件适用法律若干问题的解释》法释［2013］
8 号第四条第（三）款，按照下列方法认定：

盗窃电力、燃气、自来水等财物，盗窃数量能够查实的，按照查实的
数量计算盗窃数额；

盗窃数量无法查实的，以盗窃前六个月月均正常用量减去盗窃后计量
仪表显示的月均用量推算盗窃数额；

盗窃前正常使用不足六个月的，按照正常使用期间的月均用量减去盗
窃后计量仪表显示的月均用量推算盗窃数额。

但是，在现实中，燃气盗窃案件往往无法准确查实具体的盗气量和盗

气数额。最高院的前述规定无法发挥作用。鉴于此，各省陆续出台了一些细化的规定。比如黑龙江省《关于办理盗窃燃气违法犯罪案件适用法律问题的若干规定》第五条、大连市《关于盗窃燃气气量及金额认定的意见》第三、五、六、七条❶均有对燃气盗窃数量和金额的详细规定。

关于燃气公司的律师如何协助燃气公司大力打击犯罪、追回盗气损失，现实情况中，有很多地方的公安机关，因为燃气盗窃金额小、盗窃金额计算困难，而在盗窃案件发生后或者推脱不予立案，或者当作治安处罚案件，责令退赔了事。

律师认为，这种情况下，燃气公司应坚持"又打又罚"，既要追偿气费损失，也要追究犯罪嫌疑人的刑事责任。这样形成盗窃燃气被判刑的法律后果，威慑有盗窃犯罪意图的人，让他们不敢伸手盗气。

同时，在公安机关不予立案或拖延时，应积极督促，并协助燃气公司向公安机关提供其他上海、黑龙江、天津等地市司法机关追究盗窃燃气案件的窃气量、窃气金额的计算方式，和公安机关携手共同打击犯罪分子，树立依法用气、诚信用气的市场意识。

（5）相关法律链接

1)《最高人民法院、最高人民检察院关于办理盗窃刑事案件适用法律若干问题的解释》

第四条　盗窃的数额，按照下列方法认定：

（一）被盗财物有有效价格证明的，根据有效价格证明认定；无有效价格证明，或者根据价格证明认定盗窃数额明显不合理的，应当按照有关规定委托估价机构估价；

（三）盗窃电力、燃气、自来水等财物，盗窃数量能够查实的，按照查实的数量计算盗窃数额；盗窃数量无法查实的，以盗窃前六个月月均正常用量减去盗窃后计量仪表显示的月均用量推算盗窃数额；盗窃前正常使用不足六个月的，按照正常使用期间的月均用量减去盗窃后计量仪表显示的月均用量推算盗窃数额；

盗窃行为给失主造成的损失大于盗窃数额的，损失数额可以作为量刑情节考虑。

第十四条　因犯盗窃罪，依法判处罚金刑的，应当在一千元以上盗窃数额的二倍以下判处罚金；没有盗窃数额或者盗窃数额无法计算的，应当

---

❶　详细内容见本案"相关规定链接"部分。

在一千元以上十万元以下判处罚金。

2）黑龙江《关于办理盗窃燃气违法犯罪案件适用法律问题的若干规定》

第五条　窃气数量的认定

（一）窃气数量按照窃气设备的额定用气量或燃气计量装置最大流量、窃气日数、日窃气时间确定，当期已经合法计量的气量应当予以扣除。

窃气量的计算公式：

窃气量＝窃气设备额定用气量总和（如无法确定用气量，按燃气设备装置最大流量）×日窃气时间×窃气日数－当期已合法计量的气量。

（二）凡窃气所使用的燃气设备均为窃气设备。设备额定用气量按照设备铭牌标定的额定用气量确认，无铭牌或者铭牌与设备实际用气量不符的，按照实际测定用气量确认。

（三）有充分证据证明日窃气时间和窃气日数的，按实际计算。

（四）窃气日数无法查明的，窃气日数至少以 180 日计算。日窃气时间无法查明的，居民生活用气按照 3 小时计算，公益及商服单位用气按照 8 小时计算，工业锅炉类用户用气按照 12 小时计算。

第六条　窃气金额的认定

（一）窃气金额按照认定的窃气量乘以当时当地执行的燃气价格加以政府规定的其他应缴费用。

窃气金额计算公式：

窃气金额＝窃气量×燃气价格＋政府规定的其他应缴费用。

（二）窃气后又转售的，转售价格高于法定价格的，窃气金额按转售的价格计算；转售价格低于法定价格的，按法定价格计算。

3）大连市《关于盗窃燃气气量及金额认定的意见》

第三条　燃气月均正常用量应按照有证据证明的实际用量计算，无法查实的，由燃气设备单位（小时）流量、日燃气时间（小时）以及燃气日数三个数据确定。

燃气月均正常用量的计算公式：燃气月均正常用量＝燃气设备单位流量×日燃气时间×燃气日数。

第五条　日燃气时间应按照有证据证明的实际时间计算，无法查实的，按照以下标准计算：

（一）非燃气供暖、制冷居民用户按每日 2 小时计算；

（二）非燃气供暖、制冷非居民用户按每日 6 小时计算；

（三）燃气供暖、制冷用户按每日 12 小时计算：

第六条 燃气日数应按照有证据证明的实际日数计算，无法查实的，按照 15 天/每月计算，不足一个月的按比例进行折算。

第七条 盗窃的燃气金额，按照以下公式计算：

盗窃燃气金额＝燃气月均正常用量×月数×政府核定燃气价格－（已计量但欠费部分＋已计量并缴费部分）。

政府核定燃气价格有变动的，盗窃燃气金额分别核定后合并计算。

第二节 破坏易燃易爆设备罪

为盗窃燃气、报复他人或社会等原因而损害燃气设备的情况时常发生。司法实践中，如犯罪嫌疑人的犯罪行为是损害正在使用的燃气设备且具有危害公共安全的可能性，无论是否造成损害公共安全的后果，均按破坏易燃易爆设备罪定罪。

一、实务要点

（1）在燃气盗窃类案件中，如何区分构成盗窃罪还是破坏易燃易爆设备罪？

（2）破坏易燃易爆设备罪与故意毁坏公私财物罪有何区别？

二、案例解析

1. 案例一 王某破坏易燃易爆设备罪

（1）案情概要

2012 年 10 月的一天，被告人王某伙同杨某（另案处理）等人在徐州某会馆锅炉房内，采取拆卸的手段，用镀锌管三通堵头接驳一根近 7m 非天然气专用塑料管连接在正常安装使用的徐州南夏燃气有限公司天然气管道上，盗窃天然气使用。

2013 年 1 月 23 日，公安机关和徐州市燃气管理处、徐州南夏燃气公司将该会馆查获。2013 年 8 月 16 日，被告人王某因形迹可疑被公安机关盘查，后其主动向公安机关如实供述了犯罪事实。

（2）裁判要旨

被告人王某故意破坏燃气设备，危害公共安全，尚未造成严重后果，其行为已构成破坏易燃易爆设备罪，依法应予刑事处罚。

公诉机关指控被告人王某犯破坏易燃易爆设备罪的事实清楚，证据确实、充分，罪名成立，适用法律正确，予以采纳。

被告人王某因形迹可疑被公安机关盘查，后主动向公安机关如实供述犯罪事实，系自首，依法从轻处罚。案发后被告人王某能积极退赔被害单位的经济损失，酌情从轻处罚。鉴于被告人王某犯罪情节较轻，具有悔罪表现，对其适用缓刑不会对其所居住的社区造成不良影响，不致再危害社会，并经缓刑听证，依法对其宣告缓刑。

（3）裁判结果

被告人王某犯破坏易燃易爆设备罪，判处有期徒刑三年，缓刑三年。

（4）律师解析

根据最高人民法院、最高人民检察院《关于办理盗窃油气、破坏油气设备等刑事案件具体应用法律若干问题的解释》的规定，按如下标准衡量构成盗窃罪还是破坏易燃易爆设备罪。

第一，是否危害了公共安全。盗窃燃气或者正在使用的燃气设备，构成犯罪，但未危害公共安全的，依照刑法第二百六十四条的规定，以盗窃罪定罪处罚。

第二，比较盗窃和破坏易燃易爆设备两种情况在具体案件中哪种情况处罚更重。盗窃燃气同时构成盗窃罪和破坏易燃易爆设备罪的，依照刑法处罚较重的规定定罪处罚。

本罪与故意毁坏公私财物罪有相似之处也有所不同。两者的相同点是均对公私财物造成了破坏。但是两者有三点不同。

第一，本罪破坏的是特定种类的财物——易燃易爆设备，故意毁坏财物罪则涵盖了各种财物。

第二，本罪破坏的是正在使用中的易燃易爆设备，如果破坏的是未投入使用的易燃易爆设备，则可能会以故意毁坏财物罪论处。

第三，本罪的破坏行为要求危及公共安全，但故意毁坏财物罪则没有这一要求。

（5）实务启示

在盗窃燃气与破坏燃气设施现象并存的案件中，如果按照盗窃罪处理缺乏有效证据难以成案，则可与公安机关沟通，考虑从破坏易燃易爆设备罪的角度处置，以威慑犯罪分子。

（6）相关规定链接

1）《中华人民共和国刑法》

第六十七条第一、三款　犯罪以后自动投案，如实供述自己的罪行的，是自首。对于自首的犯罪分子，可以从轻或者减轻处罚。其中，犯罪较轻的，可以免除处罚。

犯罪嫌疑人虽不具有前两款规定的自首情节，但是如实供述自己罪行的，可以从轻处罚；因其如实供述自己罪行，避免特别严重后果发生的，可以减轻处罚。

第一百一十八条　破坏电力、燃气或者其他易燃易爆设备，危害公共安全，尚未造成严重后果的，处三年以上十年以下有期徒刑。

2）最高人民法院、最高人民检察院《关于办理盗窃油气、破坏油气设备等刑事案件具体应用法律若干问题的解释》

第三条　盗窃油气或者正在使用的油气设备，构成犯罪，但未危害公共安全的，依照刑法第二百六十四条的规定，以盗窃罪定罪处罚。

盗窃油气，数额巨大但尚未运离现场的，以盗窃未遂定罪处罚。

为他人盗窃油气而偷开油气井、油气管道等油气设备阀门排放油气或者提供其他帮助的，以盗窃罪的共犯定罪处罚。

第四条　盗窃油气同时构成盗窃罪和破坏易燃易爆设备罪的，依照刑法处罚较重的规定定罪处罚。

第五条　明知是盗窃犯罪所得的油气或者油气设备，而予以窝藏、转移、收购、加工、代为销售或者以其他方法掩饰、隐瞒的，依照刑法第三百一十二条的规定定罪处罚。

实施前款规定的犯罪行为，事前通谋的，以盗窃犯罪的共犯定罪处罚。

第八条　本解释所称的"油气"，是指石油、天然气。其中，石油包括原油、成品油；天然气包括煤层气。

本解释所称"油气设备"，是指用于石油、天然气生产、储存、运输等易燃易爆设备。

第三节　职务侵占罪

在内部员工损害企业利益的情况中，职务侵占是其中比较常见的现象，燃气企业也不例外。根据中国裁判文书网公布的信息，燃气企业中的职务侵占员工，上至高管，下至基层员工，涵盖范围较广。职务有差别，侵占的手法也各不相同。本节截取其中五个案例，向燃气公司展示各种职务的员工的不同侵占手段，供燃气公司研究，希望为燃气公司弥补管理漏洞，提升管理效率提供借鉴。

由于此类犯罪除员工身份与作案手段不同外，基本案情相似度高，故本节不再逐个案件进行解析，而是将五个案件的解析工作集中进行，分别涉及收款员、出纳、材料员、副经理的职务侵占行为。

一、实务要点

判断员工"侵占"行为属于职务侵占犯罪的标准有哪些？

二、案例解析

1. 案例一　李某职务侵占罪

（1）案情概要

2010 年 10 月至 2011 年 5 月期间，李某任大湾燃气公司收款员、计量员一职，负责销售燃气计量及收取公司对外销售燃气钱款的工作。

2011 年 3 月至 5 月，李某利用自己任收款员经手大量现金的职务之便，多次侵占代公司收取的燃气款共计 2172088 元，并将挪用的款项用于赌博，无法归还，随后逃匿。

2011 年 5 月 23 日中午 12 时 30 分许，李某主动到派出所投案自首。

案件审理中，大湾燃气公司递交谅解书及协议书各一份，称李某投案后，通过家属向大湾燃气公司赔偿了 3 万元，并同意用其名下的房产及轿车抵偿被害单位的经济损失，不足部分以后分期偿还，鉴于此情况，恳请法院对李某予以从轻或减轻处罚。

（2）裁判要旨

法院认为，李某身为公司人员，利用职务上的便利，将本单位财物非法占为己有，数额巨大，其行为已构成职务侵占罪。

本案中，被告人李某将从公司截留的款项用于赌博，在自己罪行被公司财务发觉后逃匿，其非法占有的主观故意明显，故对其行为应认定为职务侵占罪，其辩护人关于本案性质应为挪用资金罪❶的辩解不予采纳。

李某犯罪以后自动投案，如实供述自己的罪行，是自首，依法对其予

---

❶　该罪名处罚比职务侵占轻。

以减轻处罚，辩护人的相关辩护意见予以采纳。

本案被侵占资金未能退还，给大湾燃气公司造成经济损失，量刑时予以考虑，但李某归案后通过亲属与被害单位达成赔偿协议，有退赔的意思表示，可酌情予以从轻处罚。

（3）裁判结果

综上，并考虑本案的犯罪手段及社会危害后果等事实情节，以职务侵占罪判处李某有期徒刑四年；缴获的现金 6800 元及冻结的银行存款共计101254.94 元由扣押机关依法发还大湾燃气公司。

2. 案例二　王某职务侵占罪

（1）案情概要

2013 年年初，王某在百和燃气工作期间，按照公司要求，需要到兴隆县地税局代开一张千和公司给付本公司的 37.5 万元工程款发票。王某从公司财务部门领款后，未交税开具发票，而是通过非法途径购买编号为00233357 的建筑业统一发票发票联、记账联和编号为 00105945 的完税证，并将发票记账联及完税证入公司财务核销，将公司用于缴税资金19987.50 元据为己有。

公诉机关认为，王某身为公司工作人员，利用职务上的便利，将本单位财务非法占为己有，数额较大，其行为触犯了《中华人民共和国刑法》第二百七十一条第一款之规定，犯罪事实清楚，证据确实充分，应当以职务侵占罪追究其刑事责任。

王某对起诉书指控其犯职务侵占罪的事实和罪名无异议，并自愿认罪。

（2）裁判要旨

法院认为，王某利用职务上的便利，将本单位财物非法占为己有，数额较大，其行为已构成职务侵占罪。兴隆县人民检察院对王某犯职务侵占罪的指控成立，依法应追究其刑事责任。王某如实供述自己的犯罪事实，依法予以从轻处罚。王某退还了所侵占的赃款，酌情予以从轻处罚。

（3）裁判结果

王某犯职务侵占罪，判处有期徒刑六个月，缓刑一年。

3. 案例三　熊某职务侵占罪

（1）案情概要

2017 年 7 月至 9 月期间，熊某利用担任千智燃气热力工程公司材料员及施工协调员的职务之便，将单位价值共人民币 875567.03 元的天然气管材以材料申请单的形式开出，后在武汉市青山区青王仓库以出库单的形式分多次将材料出售，从中获利人民币 20 余万元。

2017 年 9 月 8 日，熊某在向千智燃气热力工程公司投案，后熊某向公安机关投案并如实供述上述全部事实。

另查明，案发后，熊某家属代其退出全部违法所得人民币 23 万元，取得千智燃气热力工程公司谅解。

（2）裁判要旨

法院认为，熊某身为公司人员，以非法占有为目的，利用职务便利，侵占公司财物共计价值人民币 875567.03 元，数额较大，其行为已经构成职务侵占罪。公诉机关指控熊某犯职务侵占罪的罪名成立。案发后，熊某自动投案，如实供述自己的罪行，且在庭审中自愿认罪，系自首，均可以从轻或减轻处罚；归案后，熊某退出全部违法所得并取得谅解，可以酌情从轻处罚。辩护人辩称熊某系初犯，有自首情节，已退出违法所得并取得谅解，请求从轻处罚的观点，与本案的事实、证据和法律规定相符，法院予以采纳。

（3）裁判结果

熊某犯职务侵占罪，判处有期徒刑二年。

4. 案例四 肖某职务侵占罪

（1）案情概要

2015 年 9 月～2016 年 11 月，肖某在焦庄燃气公司担任施工工程师，同时担任焦庄燃气公司副经理，负责公司技术管理。

后肖某受燃气公司委托与万岗燃气设备公司洽谈撬装设备一事，两家公司签订了一份价值 1046000 元的设备供销合同。合同签订时焦庄燃气公司要求部分配件为进口配件。合同签订后，由于部分设备由进口配件更改为国产配件，双方协商在原 104 万元的合同基础上下调 20 万元，共计 846000 元。当时在燃气公司允许下，肖某与对方公司约定，下调 20 万元后的设备购销合同不再重新签订，按原 1046000 元合同执行。燃气公司多给付给万岗燃气设备公司的 20 万元，由对方公司汇入肖某的个人账户。按燃气公司要求肖某应该把返回的 20 万元上交，但是肖某收到后并没有上交，并且辞职回到老家。燃气公司多次向肖某追要此款，肖某拒不还款。

除以上事件外，三日公司沧州分公司承建焦庄燃气公司的勘探和测量工作时，肖某是焦庄燃气公司项目负责人之一。双方签订合同时三日公司与焦庄燃气公司商定由焦庄燃气公司帮忙走 3 万元办公费，合同履行完再返还给焦庄燃气公司。三日公司的 3 万元现金由肖某收取，但肖某拒绝将上述款项返还给焦庄燃气公司。

发案后，焦庄燃气公司出具的刑事谅解书一份、证明一份、收条复印件一份及还款承诺书证明，肖某已与焦庄燃气公司达成赔偿协议，并已履行完毕，焦庄燃气公司对肖某表示谅解。

（2）裁判要旨

法院认为，肖某身为公司工作人员，利用职务上的便利，将本单位财物非法占为己有，数额较大，其行为已构成职务侵占罪。公诉机关指控罪名成立。肖某当庭自愿认罪，已赔偿公司损失，并取得了公司的谅解，可酌情从轻处罚。肖某已认罪、悔罪，处以缓刑后不致再危害社会，可对其处以缓刑。

（3）裁判结果

肖某犯职务侵占罪，判处有期徒刑一年四个月缓刑二年。缓刑考验期自判决确定之日起计算。

（4）律师解析

遇到自家员工疑似侵占公司财产时，燃气公司可凭以下特点初步判断员工属于侵占罪还是其他罪名。

第一，利用自己在燃气公司任职的职务便利。

所谓职务便利，是指利用职权及与职务有关的便利条件。职权，是指本人职务、岗位范围内的权力。与职务有关的便利条件，是指虽然不是直接利用职务或岗位上的权限，但却利用了本人的职权或地位所形成的便利条件，或通过其他人员利用职务或地位上的便利条件。

第二，有非法占有燃气公司财产的行为。

所谓非法占有，是指采用侵吞、窃取、骗取等各种手段将燃气公司财物占为己有。

第三，必须达到数额较大的程度。

职务侵占六万元以上一百万元以下为数额较大；一百万元以上为数额巨大❶。

（5）实务启示

---

❶　此标准来源于 2016 年 4 月 18 日开始施行的《最高人民法院、最高人民检察院关于办理贪污贿赂刑事案件适用法律若干问题的解释》第一条、第二条、第十一条的规定。在此之前的案件不适用这一数额标准。

为预防员工职务侵占行为的发生，可以从以下方面着手：

1）对经手资金、财物的岗位，及时进行账目核对，掌握财务状况，财务信息掌握在个人手中容易导致管理失控，给不法分子可乘之机。

2）通过"业务双重确认"等方式完善岗位监督制度，弥补业务漏洞，降低侵占概率。

3）妥善保存员工劳动合同及身份证复印件等资料和个人信息。如发生职务侵占案件，便于及时报警处理。

（6）相关规定链接

1）《中华人民共和国刑法》

第六十七条第一款 犯罪以后自动投案，如实供述自己的罪行的，是自首。对于自首的犯罪分子，可以从轻或者减轻处罚。其中，犯罪较轻的，可以免除处罚。

第七十二条 对于被判处拘役、三年以下有期徒刑的犯罪分子，同时符合下列条件的，可以宣告缓刑，对其中不满十八周岁的人、怀孕的妇女和已满七十五周岁的人，应当宣告缓刑：

（一）犯罪情节较轻；

（二）有悔罪表现；

（三）没有再犯罪的危险；

（四）宣告缓刑对所居住社区没有重大不良影响。

宣告缓刑，可以根据犯罪情况，同时禁止犯罪分子在缓刑考验期限内从事特定活动，进入特定区域、场所，接触特定的人。

被宣告缓刑的犯罪分子，如果被判处附加刑，附加刑仍须执行。

第七十三条 拘役的缓刑考验期限为原判刑期以上一年以下，但是不能少于二个月。

有期徒刑的缓刑考验期限为原判刑期以上五年以下，但是不能少于一年。

缓刑考验期限，从判决确定之日起计算。

第二百七十一条 公司、企业或者其他单位的人员，利用职务上的便利，将本单位财物非法占为己有，数额较大的，处五年以下有期徒刑或者拘役；数额巨大的，处五年以上有期徒刑，可以并处没收财产。

2）《最高人民法院、最高人民检察院关于办理贪污贿赂刑事案件适用法律若干问题的解释》

第一条第一款 贪污或者受贿数额在三万元以上不满二十万元的，应当认定为刑法第三百八十三条第一款规定的"数额较大"，依法判处三年以下有期徒刑或者拘役，并处罚金。

第二条第一款　贪污或者受贿数额在二十万元以上不满三百万元的，应当认定为刑法第三百八十三条第一款规定的"数额巨大"，依法判处三年以上十年以下有期徒刑，并处罚金或者没收财产。

第十一条第一款　刑法第一百六十三条规定的非国家工作人员受贿罪、第二百七十一条规定的职务侵占罪中的"数额较大""数额巨大"的数额起点，按照本解释关于受贿罪、贪污罪相对应的数额标准规定的二倍、五倍执行。

第四节　偷漏税犯罪

燃气公司因为系公用事业，法律对燃气公司的从业资格要求很严，同时如果燃气公司要取得当地的管道燃气特许经营权，当地政府对其的考核也比较严格，所以绝大部分燃气公司都依法纳税，很少因为偷税漏税被追究刑事责任，但是也确实有燃气公司被税务局举报后绳之以法。现将福建省一个案例公布供燃气公司借鉴。

一、实务要点

燃气企业如何规范自身经营行为，避免因偷漏税被追究刑事责任或行政责任？

二、案例解析

案例　精进燃气公司、崔某逃税罪

（1）案情概要

被告单位驻马店市精进燃气有限公司于 2003 年 6 月在驻马店市工商局登记注册，法定代表人为崔某。该公司位于城南 2km107 国道西侧，占地 5994m²。经地方税务局核定 2007 年应纳土地使用税 20979 元，被告逃税 20979 元；2008 年应纳土地使用税 35964 元，被告逃税 35964 元；2007 年应纳国税 11598.65 元，已纳税 11598.65 元；2008 年应纳国税 11355 元，已纳税 11355 元；共计应纳税 79896.65 元，实际纳税 22953.65 元，共计逃税 56943 元，逃税数额占应纳税额的 71.27%。被告单位驻马店市精进燃气有限公司及被告人崔某在收到地方税务局责令限期纳税申报通知书后拒不申报交纳税款。案发后，税款已交纳。

（2）裁判要旨

法院认为，被告单位驻马店市精进燃气有限公司、被告人崔某违反国家税收法规，应当缴纳税款而拒不缴纳，逃税数额较大，占应纳税额的71.27%，其行为已构成逃税罪。人民检察院指控的事实和罪名成立，请求惩处应予以支持。辩护人所辩崔某案发后主动补交税款，认罪态度好，应从轻处罚的辩护理由成立，予以采纳。

（3）裁判结果

被告单位驻马店市精进燃气有限公司犯逃税罪，判处罚金人民币二万元。被告人崔某犯逃税罪，判处有期徒刑七个月，并处罚金人民币一万元。

（4）律师解析

依法纳税是每个企业的法定义务，作为燃气公司也不例外。相对于普通的燃气公司来说，规模较大的燃气公司纳税意识都非常强。但是伴随着金税三期系统推出，燃气公司更要加强纳税意识，因为税收违法行为不像其他违法犯罪行为那么界限分明，是否构成偷漏税行政机关具有极大的话语权，并且给燃气企业申辩的机会也不会很多。

按照《中华人民共和国刑法》第二百二十一条规定，精进燃气公司直接负责的主管人员崔某，在精进燃气公司触犯第二百零一条犯逃税罪时，也被依照该条规定处罚。根据该条规定，各燃气公司的法定代表人、财务主管人员及直接负责税务对接的财务人员等应特别注意对本公司纳税情况的关注。如涉及税务犯罪，除公司被罚款外，这几类个人也会被处罚。

（5）实务启示

燃气企业要加强对税法的学习，必要时聘请专业的税务师对企业纳税情况进行评估，是燃气公司避免陷入税收违法行为、守法经营的关键。如发现税收违法行为，积极进行申辩，并在申辩同时缴纳税款，即使构成税收违法行为，按照国家税务总局"首违不罚"原则，努力争取最佳结果。

（6）相关规定链接

《中华人民共和国刑法》。

第二百零一条第一款❶ 纳税人采取伪造、变造、隐匿、擅自销毁账簿、记账凭证，在账簿上多列支出或者不列、少列收入，经税务机关通知申报而拒不申报或者进行虚假的纳税申报的手段，不缴或者少缴应纳税款，偷税数额占应纳税额的百分之十以上不满百分之三十并且偷税数额在一万元以上不满十万元的，或者因偷税被税务机关给予二次行政处罚又偷税的，处三年以下有期徒刑或者拘役，并处偷税数额一倍以上五倍以下罚金；偷税数额占应纳税额的百分之三十以上并且偷税数额在十万元以上的，处三年以上七年以下有期徒刑，并处偷税数额一倍以上五倍以下罚金。

第二百一十一条 单位犯本节第二百零一条、第二百零二条、第二百零四条、第二百零七条、第二百零八条、第二百零九条规定之罪的，对单位判处罚金，并对其直接负责的主管人员和其他直接责任人员，依照各该条的规定处罚。

---

❶ 本案发生后，刑法进行过修正，现行的第二百零一条第一款为：纳税人采取欺骗、隐瞒手段进行虚假纳税申报或者不申报，逃避缴纳税款数额较大并且占应纳税额百分之十以上的，处三年以下有期徒刑或者拘役，并处罚金；数额巨大并且占应纳税额百分之三十以上的，处三年以上七年以下有期徒刑，并处罚金。

第五章　燃气特许经营权类

第一节　燃气特许经营权行政侵权纠纷

燃气特许经营权，是城镇燃气公司最关心的法律问题。因为城镇燃气特许经营权是城镇燃气公司与其所在地的人民政府依据法律法规，和政府签订燃气特许经营协议，从而取得的行政许可，这也是城镇燃气公司进行燃气经营的法定垄断权利来源，一旦燃气公司燃气特许经营权发生问题，轻则导致因燃气经营权和竞争对手大动干戈，甚至陷入民事和刑事诉讼案件，重则导致丢失燃气经营区域，被上级公司或集团公司问责，据说在其些燃气集团内部，有丢燃气经营权总经理就必须离职的说法。可见燃气特许经营权在燃气经营企业中地位之高。

但是因为城镇燃气公司前期为避免激烈的市场竞争，在经过和当地政府的斡旋，通常都是通过谈判取得特许经营权，这样避免在取得特许经营权时避开竞争对手，但是也为将来埋下了隐患。根据律师了解，全国有绝大部分城镇燃气公司都是通过这种方式取得特许经营权的，从而导致在经营中被政府撤销或被竞争对手侵权，而因此诉诸法庭的也比比皆是。

一、实务要点

（1）未经招投标或竞争性谈判签订的燃气特许经营权合同效力如何？

（2）在哪些情形下城镇燃气公司会丧失特许经营权？

二、案例解析

1. 案例一　金东管道燃气公司诉连云港赣榆区政府撤销管道燃气特许经营权纠纷案

（1）案情概要

原告：金东管道燃气有限公司

被告：赣榆区人民政府

第三人：紫晶燃气有限公司

原告诉称：原告是中国香港某投资有限公司应原县政府邀请于2002年7月设立的燃气经营企业，原县政府授予其是当地唯一的独家开发经营管道燃气企业。经过十年运作，在经济欠发达的县境内实际投资 1 亿多元，在多区进行了管道燃气的整体规划设计及管道铺设及实际供气，对促进本区城市现代化建设和经济发展作出了巨大贡献。2012 年，得知江苏省能源局下发苏能源油气发（2012）41 号通知，同意紫晶公司在开发区实施县天然气综合利用项目一期工程前期工作，原告向江苏省人民政府提出复议。在复议过程中获知原县政府未履行招标投标及听证等法定程序，授予其他公司管道燃气特许经营权的行政行为，严重违反法定程序，也侵害了原告的合法权益。在原告已经施工并供气的区域重复授予其他公司特许经营权违法，故起诉要求撤销原县政府授予第三人紫晶公司的特许经营权。

被告区人民政府辩称：原告与本案诉争的具体行政行为无法律上的利害关系，不具备原告主体资格。原告自认在向江苏省人民政府复议期间获知县住房和城乡建设局与第三人签订县四大园区管道燃气特许经营协议，其应当在知道具体行政行为 3 个月内起诉，现已超过法定的起诉期限。请求依法驳回原告的起诉。

第三人紫晶公司述称：原告起诉超过 3 个月的起诉期限。第三人来县投资至今，已依法办理了各项行政许可手续，完成固定资产投资超亿元，成功实现"西气东输"在原赣榆县的开口，顺利地与中石油公司签订了供气协议并拿到用气指标，第三人能够长期稳定地为县人民的生产、生活提供清洁有保证的能源。鉴于第三人的特许经营权关系到本区的国计民生，根据有关法律规定，不能撤销第三人的特许经营权。

连云港市中级人民法院一审审理查明：

2002 年 7 月 1 日，原赣榆县政府和中国香港某投资有限公司（以下简称某公司）签订协议书，约定：某公司投资建设的县"城市管道燃气生产供应系统工程"必须是县唯一的开发经营"城市管道燃气生产供应系统工程"的企业，公司名称暂定为"金东燃气有限公司"。同日，原县政府作出的"关于给予投资建设城市管道燃气系统工程的优惠政策"明确，"同意给予投资商如下优惠政策：①投资商独资开发经营的城市管道燃气生产供应系统工程，必须是当地唯一的独家开发经营的管道燃气企业……" 2002 年 10 月，原告成立，在赣榆县开展管道燃气经营的相关业务，该公司一直利用槽车运气的方式进行经营供气，但没有专门的气源门站。2007 年县建设局与原告签订城市管道燃气特许经营协议书，协议约定：原告为经原县政府批准的县唯一一家特许经营管道燃气的企业，约定原告在县境内及城区发展的新区区域范围内独家开发建设管道燃气项目50年，县建设局维护特许经营权的完整性，在特许经营期间，不得在已授予原告特许经营权地域范围内，再将特许经营权授予第三方。

2010年4月29日，原县政府与西海燃气公司（以下简称西海燃气公司）签订天然气综合利用项目合作框架协议，约定原县政府同意向西海燃气公司在县投资设立的燃气公司授予燃气特许经营权，特许经营范围为县经济开发区、海洋经济开发区、海州湾生态科技园、江苏柘汪临港产业区（以下简称四大园区），特许经营权为30年，公司名称暂定为"西海燃气有限公司"。2010年7月13日，县住房和城乡建设局与连云港本区西海燃气公司（后更名为紫晶公司）签订了赣榆县四大园区管道燃气特许经营协议（即被诉特许经营权），该公司取得了"西气东输"工程对县的开口权和用气指标，开展了管道燃气综合利用的前期工作，在县四大园区部分区域内铺设燃气管道并进行了供气。

2012年7月2日，江苏省能源局作出苏能源油气发（2012）41号《关于同意县天然气综合利用项目一期工程开展前期工作的通知》，同意西海燃气有限公司开展县天然气综合利用项目一期工程前期工作。原告不服，向江苏省人民政府申请复议，江苏省人民政府维持了该通知。原告不服，提起本案诉讼，要求撤销被诉特许经营权。

连云港市中级人民法院一审审理认为：

因原县政府在原告取得的特许经营权期限内授予紫晶公司被诉特许经营权，故原告与本案具有法律上的利害关系，原告与原县政府均是本案适格诉讼主体。因原告系在向江苏省人民政府申请对2012年7月2日作出的苏能源油发〔2012〕41号通知行政复议期间，得知被诉特许经营权的相关情况，故该公司提起本案诉讼，没有超过《最高人民法院关于适用〈中华人民共和国行政诉讼法〉若干问题的解释》（2000年）第四十一条规定的起诉期限。

依照《中华人民共和国行政许可法》《江苏省燃气管理条例》《江苏省管道燃气特许经营管理办法》的规定，本案所涉管道燃气经营权依法应当经过招标等市场竞争机制方可予以许可。原县政府在原告的特许经营期限内，未经法定招投标程序，在原告特许经营范围内又授予紫晶公司被诉特许经营权，违反设立行政许可的程序性规定。但因紫晶公司已取得了中石油西气东输工程对县的开口权和用气指标并实际供气；而原告多年来一直通过槽车运输的方式进行经营，该种供气方式在燃气成本、气源、供气量等较紫晶公司利用"西气东输"工程气源供气存在明显差距。如果撤销原县政府授予紫晶公司的被诉特许经营权，可能对县经济发展和社会生活造成不利影响，根据法律规定，不宜撤销被诉特许经营权。

据此，连云港市中级人民法院依照《最高人民法院关于适用〈中华人民共和国行政诉讼法〉若干问题的解释》（2000年）第五十八条规定，于2014年6月9日作出（2013）连行初字第0002号行政判决：①确认原县政府授予紫晶公司的被诉特许经营权违法。②原县政府应在本判决生效后六个月内采取相应补救措施。

原告、紫晶公司均不服一审判决，向江苏省高级人民法院提起上诉。

原告上诉称：本公司与紫晶公司在燃气售价上实行同样的政府指导价，本公司与紫晶公司在气源供气方面并不存在明显差距。同时，原审法院认定被诉特许经营权为公共利益及未判决原县政府赔偿上诉人损失存在错误。故原审法院认定事实及适用法律错误。请求撤销原审判决，撤销被诉特许经营权。

紫晶公司上诉称：原告应当在2011年12月向江苏省发改委申请行政复议时就知悉被诉特许经营权的存在。而根据原告自认，其在2012年7月向江苏省人民政府申请行政复议期间即获知原县政府授予本公司的被诉特许经营权，复议听证会的召开时间为同年8月，故原告最迟应当于2012年8月就明知该被诉特许经营权，原告于2012年11月向法院提起本案诉讼，已超过《中华人民共和国行政诉讼法》规定的三个月的起诉期限。请求撤销原审第（一）、（二）项判决，改判驳回原告的起诉或诉讼请求。

原县政府答辩称：原审判决对争议事实的认定与客观情况相符、适用法律正确、程序合法，原告的上诉请求及理由依法不能成立。

江苏省高级人民法院经二审审理查明，确认了一审法院查明的事实。

二审另查明，原赣榆县于2014年7月撤县设立区。赣榆县建设局于2010年2月更名为赣榆县住房和城乡建设局，于2014年7月更名为赣榆区住房和城乡建设局。连云港赣榆区西海燃气有限公司于2010年5月成立，于2012年12月更名为紫晶西海燃气有限公司，于2013年1月更名为连云港本区紫晶燃气有限公司，于2014年6月更名为紫晶公司。

二审还查明，原告从其上游天然气气源方处通过槽车运输方式目前向本区区年供气量约为300万 m³，紫晶公司从其上游天然气气源方处通过西气东输的邳连联络支线连云港分输站目前向本区区年供气量约为6000

万 m³。

本案二审的争议焦点为：①原告提起本案诉讼是否超过法定起诉期限；②原县政府授予紫晶公司被诉特许经营权是否符合法律规定；③原县政府授予紫晶公司被诉特许经营权是否应予撤销；④本案是否应当判决原县政府给予原告赔偿。

（2）裁判要旨

江苏省高级人民法院二审审理认为：

1）关于原告提起本案诉讼是否超过法定起诉期限

《最高人民法院关于适用〈中华人民共和国行政诉讼法〉若干问题的解释》（2000 年）第四十一条规定，行政机关作出具体行政行为时，未告知公民、法人或者其他组织诉权或者起诉期限的，起诉期限从公民、法人或者其他组织知道或者应当知道诉权或者起诉期限之日起计算，但从知道或者应当知道具体行政行为内容之日起最长不得超过 2 年。本案中，原告虽确认 2012 年 7 月因不服苏能源油发［2012］41 号通知向江苏省人民政府申请行政复议，期间得知 2010 年 7 月 13 日原县政府授予紫晶公司被诉特许经营权的相关情况，但并无证据证明原县政府就该被诉特许经营权向原告告知了诉权或者起诉期限，故原告于 2012 年 11 月提起的本案诉讼，没有超过法定起诉期限。

2）关于原县政府授予紫晶公司被诉特许经营权是否符合法律规定。

2004 年 5 月 1 日起施行的建设部令第 126 号《市政公用事业特许经营管理办法》第八条规定，主管部门应当依照向社会公开发布招标条件、受理投标等程序选择市政公用事业特许经营项目的投资者或者经营者。2005 年 7 月 1 日起施行的《江苏省燃气管理条例》第十三条规定，管道燃气经营实行特许经营制度。特许经营权的授予，应当采取招标投标等公开、公平的方式。《江苏省管道燃气特许经营管理办法》第七条规定，管道燃气经营权的授予，应当按照《江苏省燃气管理条例》的规定，采取招标投标等公开、公平的方式，选择特许经营企业授予管道燃气经营权。本案所涉被诉特许经营权应当根据上述法律规范所确定的程序，依法经过招投标等程序方可授予，而原县政府并未依照上述法律规范规定的程序授予紫晶公司被诉特许经营权；且被诉特许经营权在原县政府已授予原告的特许经营权范围内，原县政府授予紫晶公司被诉特许经营权的行为不符合其与原告的特许经营约定。故原县政府授予紫晶公司被诉特许经营权的行为违法。

3）关于原县政府授予紫晶公司被诉特许经营权是否应予撤销。

《最高人民法院关于适用〈中华人民共和国行政诉讼法〉若干问题的解释》（2000 年）第五十八条规定，被诉具体行政行为违法，但撤销该具体行政行为将会给国家利益或者公共利益造成重大损失的，人民法院应当作出确认被诉具体行政行为违法的判决，并责令被诉行政机关采取相应的补救措施；造成损害的，依法判决承担赔偿责任。因本案所涉特许经营的产品为天然气，是涉及居民生活和企业生产的重要生活与生产资料，该能源作为清洁能源在环境治理等方面亦发挥重大作用，且随着本区地区经济的迅速发展和群众生活需求的提高，对该能源的需求不断增长，该能源的供给问题直接关系到该地区经济发展、社会生活、环境保护等公共利益。本案中，紫晶公司目前向本区区的年供气量约 6000 万 m³，而目前原告向本区区的年供气量约 300 万 m³，因此，如果撤销原县政府授予紫晶公司的被诉特许经营权，将会对本区区的经济发展、社会生活、环境保护等公共利益产生重大不利影响。据此，原审法院认定被诉特许经营权不宜撤销，并依法作出确认原县政府授予紫晶公司的被诉特许经营权违法及原县政府应在判决生效后 6 个月内采取相应补救措施的判决并无不当。

4）关于本案是否应当判决原县政府给予原告赔偿

《最高人民法院关于审理行政赔偿案件若干问题的规定》第四条第一款、第二十八条规定，公民、法人或者其他组织在提起行政诉讼的同时一并提出行政赔偿请求的，人民法院应一并受理，分别立案，根据具体情况可以合并审理，也可以单独审理。依据上述规定，人民法院裁判行政机关是否应给予当事人行政赔偿，应当以当事人向人民法院提起要求行政机关给予行政赔偿的诉讼请求为前提。因原告提起本案诉讼时并未一并提出要求原县政府给予其相应行政赔偿的诉讼请求，故原审法院就本案作出判决时，未判决原县政府承担赔偿责任并无不当。

（3）裁判结果

综上，原告的上诉理由不能成立。原审法院认定事实清楚、程序合法、适用法律正确。江苏省高级人民法院依据《中华人民共和国行政诉讼法》第六十一条第（一）项之规定，于 2014 年 12 月 30 日作出（2014）苏行终字第 00158 号行政判决：

驳回上诉，维持原判。

（4）律师解析

未经招标投标等规定程序授予的管道燃气特许经营权，实践中绝大部分法院会认定授予违法。对于是否直接撤销，会区分情况。如授予后燃气公司未进行有效投资和开发，授权行为有可能会被撤销。对于进行了实际投资并运行的，则因撤销该具体行政行为将会给国家利益或者公共利益造成重大损失而不予撤销，代之以采取补偿措施。

与上述案例相同的还有南宁市中威管道燃气发展有限责任公司与武鸣县人民政府、武鸣县住房和城乡规划建设局行政判决（见广西南宁市中级人民法院（2014）南市行一初字第 25 号）以及自贡市华燃天然气有限责任公司诉京山县人民政府、京山县住房和城乡建设局城建行政许可判决书（湖北省高级人民法院（2015）鄂行终字第 00079 号）均认定未经过招标投标合同无效。

（5）实务启示

从事管道燃气经营的企业，必须注意特许经营权取得程序的正当性。特许经营权的授予，应当按照规定采取招标投标等公开、公平的方式。依法经过招投标等程序方可授予。否则可能会导致经营权无效。

（6）相关规定链接

1）《中华人民共和国行政许可法》

第六十九条　有下列情形之一的，作出行政许可决定的行政机关或者其上级行政机关，根据利害关系人的请求或者依据职权，可以撤销行政许可：

（一）行政机关工作人员滥用职权、玩忽职守作出准予行政许可决定的；

（二）超越法定职权作出准予行政许可决定的；

（三）违反法定程序作出准予行政许可决定的；

（四）对不具备申请资格或者不符合法定条件的申请人准予行政许可的；

（五）依法可以撤销行政许可的其他情形。

被许可人以欺骗、贿赂等不正当手段取得行政许可的，应当予以撤销。

依照前两款的规定撤销行政许可，可能对公共利益造成重大损害的，不予撤销。

依照本条第一款的规定撤销行政许可，被许可人的合法权益受到损害的，行政机关应当依法给予赔偿。依照本条第二款的规定撤销行政许可的，被许可人基于行政许可取得的利益不受保护。

第七十六条　行政机关违法实施行政许可，给当事人的合法权益造成损害的，应当依照国家赔偿法的规定给予赔偿。

2）《中华人民共和国行政诉讼法》

第七十四条第一款　行政行为有下列情形之一的，人民法院判决确认违法，但不撤销行政行为：

（一）行政行为依法应当撤销，但撤销会给国家利益、社会公共利益造成重大损害的；

（二）行政行为程序轻微违法，但对原告权利不产生实际影响的。

3）《市政公用事业特许经营管理办法》

第八条　主管部门应当依照下列程序选择投资者或者经营者：

（一）提出市政公用事业特许经营项目，报直辖市、市、县人民政府批准后，向社会公开发布招标条件，受理投标；

（二）根据招标条件，对特许经营权的投标人进行资格审查和方案预审，推荐出符合条件的投标候选人；

（三）组织评审委员会依法进行评审，并经过质询和公开答辩，择优选择特许经营权授予对象；

（四）向社会公示中标结果，公示时间不少于 20 天；

（五）公示期满，对中标者没有异议的，经直辖市、市、县人民政府批准，与中标者（以下简称"获得特许经营权的企业"）签订特许经营协议。

4）《江苏省燃气管理条例》

第十三条　管道燃气经营实行特许经营制度。

从事管道燃气经营的企业，必须取得设区的市、县（市）人民政府授予的特许经营权，并与设区的市、县（市）人民政府或者其授权的建设主管部门签订特许经营协议。特许经营权的授予，应当采取招标投标等公开、公平的方式。

管道燃气特许经营的实施方案由设区的市、县（市）人民政府建设主管部门组织制定，经上一级建设主管部门组织论证后，报本级人民政府批准后实施。

2. 案例二　西海燃气公司与江夏区城市管理委员会行政合同纠纷案

（1）案情概要

原告：武汉西海燃气公司（以下简称"西海燃气公司"）

被告：江夏区城市管理委员会

原告西海燃气公司诉称：2014 年 5 月 23 日，被告关于《区人民政府关于明确武汉江夏中安燃气有限公司等企业天然气特许经营范围的批复》将属于原告的天然气特许经营范围的金口地区划归武汉江夏中安燃气有限公司，严重侵害了原告的合法权益。

2014 年 7 月 23 日，被告向原告送达了《解除天然气特许经营协议的函》，主要内容为江夏城管委代表江夏区人民政府单方解除与原告于 2010 年 5 月 25 日签订的《城市管道燃气经营协议》。

2014 年 7 月 23 日，原告因不服被告作出的上述批复，依法向武汉市人民政府申请行政复议，请求依法撤销被告的批复。

2014 年 11 月 12 日，武汉市人民政府以被告未作出具体行政行为、不属于行政复议受理条件为由，作出了行政复议决定书，驳回了原告的申请。原告认为，被告单方解除原告与其签订的《城市管道燃气经营协议》，无任何事实和法律依据，且也违反了法律规定，严重侵害了原告的合法权益，具体理由如下：

1) 被告违约不履行合同义务是导致合同不能履行的根本原因。2011 年，上海精进汽车城落户金口地区已成决议，而被告未及时履行告知原告的通知义务，与此同时，被告竟然允许中安公司在该地区建设管网，原告对此提出严重抗议，并要求被告制止中安公司的非法施工行为，但被告一直不予理睬。就金口其他地区的管线施工，原告多次与街道办联系，并已将原告燃气规划与政府提出的设计院沟通协商，现已纳入规划中，但江夏区燃管办一直拒绝履行相关协助义务，最终将区域燃气经营权划为中安公司。

2) 被告作出《解除天然气特许经营协议的函》无事实依据。自 2010 年原被告双方签订《城市管道燃气经营协议》之日起，原告目前已完成 25.88km 高压管线，一座高中压调压站，一座分输阀室及 13.6km 中压干管的建设，项目拟投资 1.47 亿元，于 2010 年 9 月起，原告与武汉市燃气热力设计院对金口地区现场踏勘两次，多次向市规划局申请路由走向及地形图标，并于 2010 年 11 月将金口燃气管道建设初步方案上报江夏区建设局。与此同时，原告已与多家企业签订了《用气意向书》，为日后江夏区金口地区燃气管道建设做好了充分的准备工作。

3) 被告作出的《解除天然气特许经营协议的函》违反了《城市管道燃气经营协议》的约定。协议第十章第 10.3 条约定的合理补救条款，被告一直未按照该约定以书面形式告知原告有致使其特许经营权被取消的行为和书面告知 180 天的补救期，故该协议应当合法有效，被告应全面履行。被告单方取消原告特许经营权的行为给原告造成了巨大经济损失，每年经营损失约为8584万元。若被告违约，应当赔偿原告的全部经济损失。

4）2014年8月14日武汉市江夏区燃气管理办公室作出的《专题会议纪要》显示，2014年7月22日被告作出的《解除天然气特许经营协议的函》予以废止。综上所述，请求法院判决被告全面履行2010年5月25日原被告签订的《城市管道燃气经营协议》，解决行政协议争议。

被告江夏城管委辩称：

1）2010年5月25日，江夏区城乡建设局与原告未通过招标、拍卖等公平竞争的方式签订的《城市管道燃气经营协议》违反了行政许可法的强制性规定，应属无效。基于协议无效，被告作为江夏区人民政府授权行使天然气管理职能的机构可随时终止或解除该特许经营协议。《中华人民共和国行政许可法》第十二条第（二）项及第五十三条的规定，政府实施有限自然资源开发利用、公共资源配置以及直接关系公共利益的特定行业的市场准入等，需要赋予特定权益的事项时，应通过招标、拍卖等公平竞争的方式作出决定，但是法律、行政法规另有规定的，依照其规定。即政府将天然气的投资和经营特许给第三方应采取招标或拍卖等公平竞争方式确定中标者并与之签订特许协议。目前，我国相关法律或者行政法规尚无规定允许天然气的特许经营可采取非公平竞争的方式签订协议。且参照《关于审理建设工程施工合同纠纷案件适用法律问题的解释》的第1条的规定，建设工程必须进行招标而未招标的，建设工程合同无效。即法律规定必须经过招标等公平竞争的方式签订合同的，该规定属于效力性强制规定，一旦违反将会导致所签订合同无效。故被告有权随时终止或解除与原告签订的《城市管道燃气经营协议》。

2）即便该协议有效，但鉴于原告迟延履行该协议约定的天然气投资建设义务，致使合同目的不能实现，因此，被告有权解除与原告签订的上述特许经营协议。2009年4月21日，江夏区人民政府作出批复将金口地区的燃气特许经营权授予原告。2009年10月28日，江夏区城乡建设局（当时系江夏区燃气办的上级主管单位）致函原告，要求在2010年4月30日前呈报金口地区燃气总体规划，并于2010年11月前必须动工建设。此后，原告于2009年10月29日复函，承诺于2010年6月底拿出设计方案，并于2010年12月31日前开始施工建设，以确保2011年实现向金口地区供气。而原告未能如期践诺，至2010年6月一直未出台任何规划设计方案。2010年7月28日，为督促原告履约，江夏区城乡建设局再次向原告去函，要求原告在 1 个月内抓紧制定实施方案，确保 2010 年底前施工建设，并明确告知，如不能按期完成，将按规定程序许可其他单位经营。原告于 2010 年 8 月 5 日回函，表示将尽快编制完成初步设计和工程实施方案。但遗憾的是，原告再次违约，一直未制定出任何实施方案，更谈不上开工建设。根据《中华人民共和国合同法》第 94 条的规定及《市政公用事业特许经营管理办法》第 18 条的规定，被告有权解除特许经营协议。

3）即便江夏区城乡建设局与原告签订的《城市管道燃气经营协议》有效，但原告在收到被告送达的《解除天然气特许经营协议的函》后未在法定的异议期限内提出异议并向人民法院起诉，该解除函已生效。因行政合同对合同的订立、履行与解除所适用的规则没有特别规定或约定，可以参照合同法的相关规定来解决双方当事人的诉争。故依据《中华人民共和国合同法》第 96 条以及《最高人民法院关于适用〈中华人民共和国合同法〉若干问题的解释（二）第 24 条的规定，原告在解除函到达之日起三个月后才起诉的，人民法院不予支持。综上所述，请求法院驳回原告的诉讼请求。

经审理查明：2009 年 4 月 21 日，武汉市江夏区人民政府应武汉市江夏区城乡建设局（以下简称"区建设局"）《关于批准武汉中油西海燃气业务经营范围的请示》，向该局作出《区政府关于武汉中石油西海燃气公司燃气特许经营范围的批复》，同意将江夏区金口地区、安山地区、大桥新区范围以内规划三号路以西地区界定为西海燃气公司管道燃气特许经营范围，并授权该局与西海燃气公司签订特许经营协议。

2009 年 10 月 28 日，区建设局对西海燃气公司发出工作联系函，告知西海公司：根据江夏区人民政府的批复要求，江夏金口地区天然气为该公司特许经营范围，请西海燃气公司于 2010 年 4 月 30 日前将上述地区天然气发展计划方案呈报燃气管理办公室，并于 2010 年 11 月前必须动工建设，配合金口地区整体建设，如不能按时间提供规划方案及动工建设，则将上述地区天然气经营采取招投标或委托方式特许其他单位经营。2009 年 10 月 29 日，西海燃气公司向区建设局作出承诺函，承诺"在 2010 年 6 月底以前拿出金口地区燃气设计方案，并在 2010 年 12 月 31 日以前开始施工建设，确保能在 2011 年实现为金口地区供气。"

2010 年 5 月 25 日，区建设局与原告作为甲、乙方签订《城市管道燃气经营协议》，协议约定中与争议相关的内容有：特许经营权期限为 30

年，自 2009 年 5 月 10 日起至 2039 年 5 月 10 日止；特许经营权地域范围为江夏区金口地区、安山地区、大桥新区以内规划三号路以西地区；特许经营权的取消约定"乙方在特许经营期间有下列行为之一的，甲方应当依法终止特许经营协议，取消其特许经营权，并实施临时接管：①擅自转让、出租特许经营权的；②擅自将所经营的财产进行处置或者抵押的；③因管理不善，发生特别重大质量、生产安全事故的；④擅自停业、歇业，严重影响到社会公共利益和安全的；⑤法律禁止的其他行为"。双方义务的约定"甲方义务：①维护特许经营权的完整性，在特许经营期内，甲方不得在已授予乙方特许经营权地域范围内，再将特许经营权授予第三方；②维护特许经营范围内燃气市场秩序；③为乙方的特许经营提供必要的政策支持和扶持……乙方义务：①制定管道燃气发展的远、近期投资计划，按照城市总体规划及燃气专业规划的要求组织投资建设……④有普遍服务和持续经营义务，未经甲方同意，不得擅自决定中断供气、解散、歇业……⑦乙方必须将有关市政管道燃气设施设计、建设和运行的所有技术数据，包括设计报告、计算和设计文件、运行数据，在编制完成后立即提交给甲方，以使甲方能监督项目设施的设计、建设进度和设施的运行……"；违约中关于合理补救的约定"甲方认为乙方有致使其特许经营权被取消的行为时，应以书面形式向乙方告知，并应给予书面告知日后 180 日的补救期，乙方应在补救期内完成纠正或消除特许经营障碍，或在该期内对甲方的告知提出异议，甲方应于接到异议后 180 日内重新核实情况，并做出取消或不取消决定。"

2010 年 7 月 28 日，区建设局向原告发出工作联系函，表明"根据江夏区人民政府的布置和《江夏区燃气专项规划》要求，今年内开始建设金口地区天然气主管道，以及按照金口地区经济建设发展需要和城市总体规划的要求，配套建设天然气管网……你公司于 2009 年 10 月 29 日回复承诺在 2010 年 6 月底以前拿出金口地区燃气设计方案，以及 2010 年 12 月 31 日以前开始施工建设。但至今仍未收到你公司对金口地区天然气建设的任何方案、措施……望你公司接此函一个月内抓紧完成金口地区天然气发展及实施方案（必须满足于 2010 年底前施工建设），及时上报我局和区人民政府，如不能按期完成，我局将报请区人民政府，采取招投标或委托方式，许可其他单位经营。"2010 年 8 月 5 日，原告向区建设局作出回复函，主要内容为：原告已在郑店联合村特为金口地区预留接口，输气量足以确保金口地区各类用户的用气需求；原告会尽快编制完成初步设计和工程实施方案；原告已与该地区有关单位达成用气意向，希望区建设局协助完善金口地区调研和市场摸底；原告会按照江夏区燃气专项规划要求，以最快速度、最好质量建设金口地区天然气利用项目。2010 年 9 月 8 日，为彻底解决金口地区燃气经营问题，江夏区人民政府组织了有相关职能部门和原告参加的金口地区天然气特许经营问题协调会，会议明确，虽然原告违反承诺，但在符合区政府相关要求的前提下，原告同等条件仍可继续享有金口地区天然气特许经营权。而后，原告仍未办理相关的施工建设手续。因双方协商未果，被告向江夏区人民政府作出《关于确定江夏区天然气企业天然气特许经营范围的请示》，2014 年 5 月 22 日，江夏区人民政府对被告作出批复，将原告的特许经营范围重新予以划定，原告的天然气特许经营权范围不再包含金口地区，并要求被告完善各项手续。被告收到该批复后于 2014 年 7 月 22 日向原告作出《关于解除天然气特许经营协议的函》，并于 2014 年 7 月 24 日向原告送达。在此期间，原告因知晓了江夏区人民政府作出的改变其特许经营权范围的批复而于 2014 年 7 月 23 日向武汉市人民政府提起行政复议。在复议期间，原告 2014 年 8 月 6 日针对被告的《关于解除天然气特许经营协议的函》提出了异议，称被告未按照协议约定以书面形式告知有致使特许经营权被取消的行为和书面告知 180 天的补救期，其单方解除函无效。2014 年 8 月 14 日，武汉市江夏区燃气管理办公室针对原告的异议召开了有原、被告参加的专题协调会，该会议形成纪要，主要内容为：将江夏区人民政府 2014 年 5 月 22 日批复改变原告天然气特许经营权范围调整为金水农场、大桥新区三号路以西、金港新区和郑店街不属于江夏中安燃气有限公司的区域，同时废除原解除函，原告重新与政府签订燃气特许经营协议。会后，该会议纪要因原告不同意而未具体实施。2014 年 11 月 12 日，武汉市人民政府复议决定驳回了原告的复议申请。遂原告向法院提起诉讼。

另查明，2010 年下旬，江夏区燃气特许经营管理由武汉市江夏区城乡建设局的职权范围调整为被告的职权范围，武汉市江夏区城乡建设局原作出的燃气特许经营事项均由被告承接。

（2）裁判要旨

法院认为：根据《城镇燃气管理条例》第五条、《湖北省燃气管理条例》第十六条的规定及法院查明事实，被告具有对江夏区范围内的燃气特许经营进行管理、签订燃气特许经营协议等相关的法定职责。原被告对此均无异议。根据《最高人民法院关于适用〈中华人民共和国行政诉讼法〉

若干问题的解释》第十四条的规定，法院在合同效力及合同解除权的认定上，在适用行政法律规范的同时，适用《中华人民共和国合同法》及解释的相关规定。

1）合同的性质及原告的起诉是否超过了起诉期限的问题。

2015年5月1日修改后的《中华人民共和国行政诉讼法》第十二条第一款规定，人民法院受理公民、法人或者其他组织提起的下列诉讼：……（十一）认为行政机关不依法履行、未按约定履行或者违法变更、解除政府特许经营协议的、土地房屋征收补偿协议等协议的……。《最高人民法院关于适用〈中华人民共和国行政诉讼法〉若干问题的解释》第十一条第一款规定，行政机关为实现公共利益或者行政管理目标，在法定职责范围内，与公民、法人或者其他组织协商订立的具有行政法上权利义务内容的协议，属于行政诉讼法第十二条第一款第（十一）项规定的行政协议。根据上述规定，审查本案原被告签订燃气特许经营协议的形式和内容，该协议应当为行政协议，属于人民法院行政诉讼的受案范围。

因原告在收到武汉市人民政府复议决定后向武汉市中级人民法院起诉的时间是2014年11月，未修改的《中华人民共和国行政诉讼法》还未就行政协议的诉讼作出具体规定，原告原起诉的被告是江夏区人民政府，针对的是与协议相关的四个行政行为，其中包括"请求法院撤销《关于解除天然气特许经营协议的函》"。该案件被指定法院管辖后，因原告针对四个行政行为的诉讼请求存在独立性，故法院向原告释明，征得其同意后分案处理。在分案处理的过程中，修改后的《中华人民共和国行政诉讼法》开始施行，法院根据该法及同时生效的《最高人民法院关于适用〈中华人民共和国行政诉讼法〉若干问题的解释》第二条第（六）项的规定，在本案中对原告再次进行释明，明确诉讼请求为请求法院判决被告履行《城市管道燃气经营协议》、解决该行政协议的争议。可见，原告一直在采用行政复议和行政诉讼的方式救济其权利，被告《关于解除天然气特许经营协议的函》也是在行政复议过程中作出，与前期江夏区人民政府的相关批复行为存在连续性，故原告没有超过行政诉讼的起诉期限，被告根据《中华人民共和国合同法》及《最高人民法院关于适用〈中华人民共和国合同法〉若干问题的解释（二）》的规定来判断原告超过了起诉期限不符合法律规定，法院不予支持。

2）合同效力问题。根据《中华人民共和国合同法》的相关规定，原被告签订特许经营协议属双方自愿，对原被告双方具有法律约束力。针对被告称协议无效的观点，虽《中华人民共和国行政许可法》对有限自然资源开发利用、公共资源配置以及直接关系公共利益的特定行业的市场准入等事项的行政许可设定了通过招标、拍卖等公平竞争的方式，但根据特许经营协议具备的强管理性特点，该规定应当为首先对行政机关行为模式的约束，行政相对人在特许经营准入模式上属被动接受方，其在特许经营准入模式上没有选择权。故根据诚实信用原则，被告不能因为该协议未经过招标、拍卖方式而否定协议效力，该规定应当属于管理性强制性条款。根据《中华人民共和国合同法》第五十二条第（五）项及《最高人民法院关于适用〈中华人民共和国合同法〉若干问题的解释（二）》第十四条的规定，只有违反效力性强制性条款的合同才能被认定无效。故本案协议应当为有效合同，被告的上述观点，法院不予支持。

3）被告是否享有合同解除权及是否依法行使了合同解除权的问题。《中华人民共和国合同法》第九十四条第（四）项规定，当事人一方迟延履行债务或者有其他违约行为致使不能实现合同目的的，当事人可以解除合同。本案特许经营协议中，原告的义务包括"制定管道燃气发展的远、近期投资计划，按照城市总体规划及燃气专业规划的要求组织投资建设"。根据法院查明的事实，原告在起诉前一直未完成金口地区的初步设计和工程实施方案，亦未按照江夏区燃气专项规划要求进行金口地区的建设。该事实表明原告迟延履行义务，导致金口地区供气的目的不能实现，合同解除的法定条件成立，被告享有合同解除权。关于原告认为被告未按照合同的约定给予180天补救期的观点，根据《中华人民共和国合同法》第六十二条第（四）项的规定，履行期限不明确的，债务人可以随时履行，债权人也可以随时要求履行，但应当给对方必要的准备时间。本案原被告双方在协议中未明确约定具体的履约期限，被告可以随时要求原告履行，案件事实表明，被告于2009年10月28日、2010年7月28日先后两次催促原告，要求其履行上述义务，并在函件尾部说明了如不履约将导致取消其特许经营权的情况，应当认定被告已经履行了书面告知义务。被告的两次催促时间间隔9个月，后一次催促时间与解除函时间间隔近四年，故被告应当给予了原告足够的补救期。在该补救期内，原告对被告的催促函件均作出了回复和承诺，但并未按照其承诺纠正或消除特许经营障碍，亦未向被告提出不能履行相关义务的异议，被告据此向原告发出取消特许经营权的函符合《中华人民共和国合同法》第九十六条第一款的规定和双方协议的约定，原告的上述观点法院不予支持。

（3）裁判结果

综上所述，原被告签订的燃气特许经营协议为有效合同，原告违约在先，被告依法享有合同解除权，该协议现已依法解除。原告要求继续履行协议的诉讼请求没有事实和法律依据，法院不予支持。根据《最高人民法院关于执行〈中华人民共和国行政诉讼法〉若干问题的解释》第五十六条第（四）项 的规定，判决如下：驳回原告武汉西海燃气公司的诉讼请求。

（4）律师解析

在本案中，虽然人民法院并未以违反招标投标为由确定燃气特许经营合同无效。但是却以城镇燃气公司违约，未履行燃气特许经营合同中的义务为由确定政府单方解除合同行为有效。与本案相同的还有辽宁金润天然气有限公司与建平县人民政府收回工业燃气特许经营权上诉案，在该案中，县法院虽然回避了燃气特许经营合同效力的问题，但却以违反招标投标的法定程序确认合同无效，因此，从法律逻辑上还是认可未经招标投标的特许经营合同的合法性的。但是仍然以城镇燃气公司违反约定未开发确认当地政府解除合同有效。

综上，燃气公司经营权被收回的情况通常有两种，一是违反经营权取得程序获得经营权，二是未尽到经营权协议约定的开发。投资义务。

实践中，虽然城镇燃气公司取得特许经营权，可是部分特许经营权区域内管道投资巨大且区域内客户达不到收益时，如何取舍就成为燃气公司管理层需要认真考虑的问题。这不单单是法律问题，更是管理和投资问题，值得深思。

（5）实务启示

建议城镇燃气公司取得燃气特许经营权后及时按照特许经营协议约定履行自己的建设投资义务。否则，在出现竞争对手或政府想收回燃气特许经营权时，将成为政府收回特许经营权最合法的理由。

（6）相关规定链接

1）《市政公共事业特许经营管理办法》

第十八条　获得特许经营权的企业在特许经营期间有下列行为之一的，主管部门应当依法终止特许经营协议，取消其特许经营权，并可以实施临时接管：

（一）擅自转让、出租特许经营权的；

（二）擅自将所经营的财产进行处置或者抵押的；

（三）因管理不善，发生重大质量、生产安全事故的；

（四）擅自停业、歇业，严重影响到社会公共利益和安全的；

（五）法律、法规禁止的其他行为。

2）《湖北省燃气管理条例》

第十六条　管道燃气实行特许经营制度。燃气主管部门依据同级人民政府的授权，负责本行政区域内管道燃气特许经营的具体实施。

特许经营权的授予符合招标投标条件的，应当采取招标投标的方式进行。

取得管道燃气特许经营权的企业应当与燃气主管部门签订特许经营协议，并严格遵守国家有关规定。

第二节　燃气特许经营权民事侵权纠纷

燃气特许经营权从性质上讲，属于行政许可，由当地人民政府授权当地的园区管理委员会、城市管理局或城乡建设局与燃气公司签订，是一种行政权力。而燃气公司取得特许经营权后，即取得在特定时间、特定区域内独家经营燃气的投资、建设、收益的权利，是民法上的财产权，具有排他性。如有第三方违反特许经营协议规定，在燃气公司区域内发展客户并收费，属于对燃气公司财产权的侵犯，燃气公司可以民事诉讼方式要求停止侵害、排除妨碍并赔偿损失。

一、实务要点

（1）被竞争对手入侵经营区域是否一定会得到损失赔偿？

（2）燃气公司取得燃气特许经营权违反了招标投标的法律规定，是否可以此作为在对方特许经营区域内发展客户的免责理由？

二、案例解析

1. 案例一　西海燃气公司与东方燃气公司纠纷

（1）案情概要

原告西海燃气公司诉称：2009 年 5 月，博爱县政府与西海燃气公司签订博爱县天然气综合利用项目合作框架协议。

同年 12 月 9 日，博爱县政府授权县建委与原告签订《博爱县城市管道燃气特许经营协议》，约定了经营权范围及期限，原告领取燃气经营许可证。

自 2011 年起，原告向经营区域内的圣宝公司供应燃气，2015 年 11 月 8 日，因圣宝公司拖欠燃气费原告中断向其供气。后原告发现被告切断原告的管道并违法铺设管道向圣宝公司供气。

原告认为，被告的行为侵犯了原告的特许经营权。据此，原告请求判令：被告停止侵害、排除妨碍、消除危险、恢复原状、赔礼道歉，并赔偿损失 10 万元（包含修复管线费用及利润损失）。

被告东方公司辩称：博爱县住建局与被告也签订有燃气特许经营协议，经营范围也在博爱县。原告的特许经营协议不属于行政许可之范畴，原告不能以此垄断燃气经营。被告并不是原告与住建局之间协议的当事人，故原告不能依据该协议向被告主张权利。而第三人圣宝公司在被告燃气的主管道旁，被告供气未超出经营范围，也不违法。应驳回原告的诉讼请求。

第三人圣宝公司述称：在原告停止供气之后，被告是根据第三人的申请向其供气，而供气管道是第三人自行铺设的。被告与第三人之间的供用气行为符合市场竞争，原告无权向被告主张权利。

根据原、被告的诉辩意见，法院确定本案的争议焦点为：原告要求被告停止侵害、排除妨碍、消除危险、恢复原状、赔礼道歉，并赔偿损失的理由能否成立。

经庭审质证，依据有效证据，法院确认以下案件事实：

2009 年 5 月 25 日，西海燃气公司与博爱县政府签订博爱县天然气综合利用项目合作框架协议。

同年 12 月 9 日，博爱县政府授权博爱县建设委员会（现更名为博爱县住房和城乡建设局）与原告签订博爱县城市管道燃气特许经营协议，其经营权地域范围为除文化路、新华路、鸿昌路和月山路所包围区域以外的博爱县全部行政区域；有效期为 30 年。

2011 年 8 月 1 日，被告与博爱县住建局签订博爱县城市管道燃气特许经营协议，其经营权地域范围为博爱县现行行政管辖区域内，文化路以南，新华路以西，鸿昌路以北，月山路以东，以及经文化路、松林大道至河南恒裕炭素有限公司天然气管网；有效期为 30 年。

第三人圣宝公司位于原告经营区域内（临近被告的供气主管道），自 2011 年起使用原告燃气。2015 年 8 月 11 日，原告以第三人圣宝公司拖欠燃气费为由中断向其供气。同日，根据第三人的申请被告开始向第三人供应燃气。2015年8月20日，博爱县住建局向被告发放责令改正通知书。2015年9月21日，博爱县住建局向被告下达了行政处罚决定书（被告已申请行政复议）。

另，本案在审理中，第三人圣宝公司已于2015年10月底恢复使用原告燃气。

（2）裁判要旨

法院认为：根据原、被告与政府相关部门签订的协议，第三人圣宝公司临近被告的供气主管道，但并不在被告的经营范围内，而位于原告经营范围内。被告向第三人圣宝公司供气，违反了其与政府相关部门签订的协议，并对原告的经营活动产生影响，侵害了原告的特许经营权。

本案在审理中，被告已停止向第三人供气，第三人已恢复与原告之间的供气，故法院对原告要求停止侵害，排除妨碍，消除危险、恢复原状的请求不再处理；鉴于本案被告向第三人供气是在原告中断供气之后且是根据第三人的申请，其也已中断供气，故法院对原告要求被告赔礼道歉的请求不予支持。

原告主张的修复管线费用损失，因未向法院提供证据，法院不予支持。对于经营损失，被告向第三人供气发生在原告与第三人断气期间，原告并未向第三人供气，不产生经营利润，故法院亦不予支持。

（3）裁判结果

根据《中华人民共和国民事诉讼法》第六十四条第一款、《最高人民法院关于民事诉讼证据的若干规定》第二条之规定，判决如下：

驳回原告西海燃气公司的诉讼请求。

（4）律师解析

基于上述案例，对于原告西海燃气公司来看，虽然被驳回诉讼请求，但是仍然是值得肯定的。理由是，虽然法院没有支持西海燃气公司的诉讼请求，但是法院肯定了在西海燃气公司的燃气特许经营区域内，私自发展客户进行供气是对特许经营权人权利的侵害。

但是，由于原告没有提供证明自身损失的证据，导致法院没有判决被告赔偿经济损失。可见，不是损失存在就一定会得到赔偿的。

（5）实务启示

今后发生类似案件，对于被侵权人的燃气公司，应该从侵权人的供气数量、当地政府的非居民气价进行举证，力争取得人民法院的支持，判决对方赔偿相应的经济损失。

（6）相关规定链接

1）《中华人民共和国民事诉讼法》

第六十四条第一款　当事人对自己提出的主张，有责任提供证据。

2）《最高人民法院关于民事诉讼证据的若干规定》

第二条　当事人对自己提出的诉讼请求所依据的事实或者反驳对方诉讼请求所依据的事实有责任提供证据加以证明。

没有证据或者证据不足以证明当事人的事实主张的，由负有举证责任的当事人承担不利后果。

2. 案例二　东明燃气公司与中安燃气公司侵权责任纠纷案

（1）案情概要

2013 年 6 月 6 日，商都市人民政府授权商都市住房和城乡建设局（作为甲方）与中安燃气公司（作为乙方）签订《中心城区（部分）管道燃气特许经营协议》。该协议主要约定："中安燃气公司的特许经营期限为 30 年，即 2013 年 7 月 1 日至 2043 年 6 月 30 日。特许经营权区域范围为商都市中心城市现行规划区范围，但不包括建成区已批准特许经营的西南片区、东南片区、北部片区、商都经济技术开发区及东明燃气公司已建成的龙洲经济技术开发区内 LNG 中心汽化站（含汽化站至西南、东南、北部片区的输气主管）；也不包括古蛟新区的蛟洋工业区、永丰新区的高新园区。建成区已批准特许经营的西南片区、东南片区、北部片区、商都经济技术开发区及龙洲经济技术开发区内 LNG 中心气化站以外，原管道燃气公司根据市政要求预先设置的城市道路管网、管道燃气设施及部分已通气区域用户、在建未通气区域用户，由乙方与相关燃气管道公司另行协商约定。本协议签约后甲方不再批准除乙方外的第三方在乙方特许经营区域内开展新的燃气业务，发展新的燃气用户等。乙方权利为在特许经营地域和范围内独家经营管道燃气业务、管道燃气的投资发展权利等。"双方还对燃气设施的建设、维护和更新、供气安全、供气质量和服务标准、双方的权利义务及违约责任等进行了约定。

2013 年 6 月 20 日，东明燃气公司（作为乙方）与平安老年颐养有限公司（作为甲方）签订《居民燃气入户合同（集体）》。该合同约定："燃气供应服务项目名称为平安老年公寓燃气入户项目，地点位于商都市新罗区莲庄路以东浮东路以北交叉口，内容为燃气管道的设计、施工及竣工验收，范围从市政干管至进入甲方居民用户室内的表后阀为止。按照每户 2900 元计取，涉及本项目用户共计 1059 户，金额为 3071100 元，按实际安装户数进行结算等。"该燃气项目系在中安燃气公司取得的管道燃气特许经营区域之内。

2014 年 8 月 25 日，商都市住房和城乡建设局就东明燃气公司提交的《关于请求对"三件事"反馈的报告》出具书面答复意见，主要内容为："关于我市燃气门站的建设问题，现需等待市政府召开专题会议研究确定。关于铁山方向（包括东方三洋城、铁山保障房、铁山佳苑和兴想江山名筑等）敷设燃气管道事宜，主要是涉及中心城区管道燃气特许经营权历史遗留问题。关于商都烟草工业有限责任公司管道燃气事项，主要是 2005 年曹溪路、乘风路改造建设需要，我局同意你司预先敷设了市政燃气管道，但 2013 年市政府将商都中心城市现行规划区范围内尚未批准区域（含商都烟草工业有限责任公司区域）的特许经营权授予了中安燃气公司，因此该事项同样也涉及中心城区管道燃气特许经营权历史遗留问题。为妥善处理好历史遗留问题，我局 7 月 30 日已专题报请市政府研究，尽快明确解决办法，统一协调解决。市政府已批复近期召开协调会，明确有关问题，具体会议事项另行通知。因此，你司暂不宜与商都烟草工业有限责任公司签订《燃气建设合同》或《供气协议》。"

2014 年 9 月 3 日，商都市住房和城乡建设局向中安燃气公司出具书面答复意见，主要内容为："关于维护管道燃气特许经营权问题，主要是妥善处理好历史遗留问题。我局于 7 月 30 日向商都市人民政府请示，市政府将在近期召开协调会研究解决该问题。因你司所反映的问题需要商都市人民政府协调解决，请你司等召开协调会后，再协调处理。如中心城区部分地产项目和市政燃气管道项目确属历史遗留问题的，按市政府协调会确定的方案办理；如不属历史遗留问题的，严格按有关法律、法规、规定以及《管道燃气特许经营协议》，予以严肃处理。根据我局与你司签订的《商都中心城区（部分）管道燃气特许经营协议》规定，'建成区已批准特许经营的西南片区、东南片区、北部片区、商都经济技术开发区及龙洲经济技术开发区内 LNG 中心气化站以外，原管道燃气公司根据市政要求预先设置的城市道路管网、管道燃气设施及部分已通气区域用户、在建未通气区域用户，由东明燃气公司与相关燃气管道公司另行协商约定。'符合上述规定的，应执行此规定。"原告诉至法院，请求判令被告立即停止在原告管道燃气特许经营权区域内实施的平安老年公寓项目管道燃气项目的侵权经营行为。

一审法院认为，本案争议焦点：①本案是否属于人民法院受理的民事纠纷。②原告是否具备特许经营权合法主体资格。③平安老年公寓燃气入户项目是否属于历史遗留问题中的在建未通气区域用户，即是否侵犯了原告的特许经营权。

关于争议焦点①，对于平安老年公寓燃气入户项目系在中安燃气公司取得的管道燃气特许经营区域之内，双方均无异议。根据原告与商都市住房和城乡建设局签订的《特许经营协议》约定的相互间的权利、义务内容看，均符合民事合同的构成要件，因此原告所取得的特许经营权亦属于民事权利范畴，该权利受到侵害时则有权提起民事诉讼，故本案属于平等民事主体因特许经营权引发的一般民事侵权纠纷，属于法院应受理的民事案件。

关于争议焦点②，根据《城镇燃气管理条例》第十五条规定："国家对燃气经营实行许可证制度。从事燃气经营活动的企业，应当具备下列条件：（一）符合燃气发展规划要求；（二）有符合国家标准的燃气气源和燃气设施……。"经查，中安燃气公司的经营范围为燃气工程的设计、施工、建设等。原告在已获得相关行政部门的授权下，有权根据《特许经营协议》的约定在获得特许经营许可的区域范围内进行管道燃气的建设等。

关于争议焦点③，《特许经营协议》已载明，"原管道燃气公司根据市政要求预先设置的城市道路管网、管道燃气设施及部分已通气区域用户、在建未通气区域用户，由原告与相关燃气管道公司另行协商约定"。对于在建通气区域用户的认定，应当具备两个条件，即根据市政要求预先设置、正在建设但尚未通气的区域用户。而被告提供的政府文件，不能证明平安老年公寓燃气入户项目被认定或属于商都中心城区管道燃气特许经营权历史遗留问题。被告亦未能提供证据其获得平安老年公寓燃气入户项目的特许经营许可资质。被告虽然于2013年6月20日签订了《居民燃气入户合同（集体）》，其主张的该项目进场时间为2014年12月15日，亦在中安燃气公司获得该区域的特许经营权之后。

综上，中安燃气公司诉请东明燃气公司立即停止在中安燃气公司管道燃气特许经营权区域内实施的平安老年公寓管道燃气项目的侵权经营行为有理，予以支持。

据此，依照《中华人民共和国民法通则》第一百三十四条第一款第（一）项，《中华人民共和国侵权责任法》第二条、第六条第一款之规定，判决：东明燃气公司应立即停止在平安老年公寓内管道燃气项目的经营行为。一审案件受理费100元，由被告东明燃气公司负担。

宣判后，东明燃气公司不服，向法院提起上诉。

经二审审理查明，对原审查明的事实，双方均无异议，法院予以认定。

（2）裁判要旨

法院认为，本案争议焦点：①本案的特许经营协议是什么性质？是否属于民事合同？②被上诉人是否有权根据特许经营协议进行管道燃气建设，被上诉人取得特许经营权是否违反《福建省燃气管理条例》第十二条及建设部《市政公用事业特许经营管理办法》第八条有关规定？③讼争地是否属于适用特许经营的范围？上诉人东明燃气公司在商都平安老年公寓是否属于"在建未通气""按市政要求预先设置管道燃气设施"？

本案的特许经营协议是指政府或其授权的部门允许有经营资质的燃气企业在特定的期限和特定的地域范围内独家建设、运营管道燃气设施、以管道输送形式向用户供应燃气，并收取费用的权利。即在其有效期限和规定的地域范围内，其他任何企业、组织和个人不得在同一时间、同一范围以同种生产方式使用该项权利。因此，本案的特许经营协议的性质是一种行政合同，不属于民事合同，原审认为是民事合同错误。被上诉人以特许经营协议为依据请求上诉人立即停止在平安老年公寓项目管道燃气项目的侵权行为，属民事案件审理的范围。若上诉人认为本案特的许经营协议，被上诉人取得的方式违反了《福建省燃气管理条例》第十二条及建设部《市政公用事业特许经营管理办法》第八条关于招标规定的法定程序或该特许经营协议侵犯了其权益，应另行提起行政诉讼。

在本案的特许经营协议未经法定程序撤销之前，应作为本案的定案依据。故上诉人主张"被上诉人取得特许经营协议不符合法律、法规强制性规定，应属无效"，法院不予支持。被上诉人特许经营权区域范围为商都市中心城市现行规划区范围，但不包括建成区已批准特许经营的西南片区、东南片区、北部片区、商都经济技术开发区及金市公司已建成的龙洲经济技术开发区内 LNG 中心汽化站（含汽化站至西南、东南、北部片区的输气主管）；也不包括古蛟新区的蛟洋工业区、永丰新区的高新园区。建成区已批准特许经营的西南片区、东南片区、北部片区、商都经济技术开发区及龙洲经济技术开发区内 LNG 中心汽化站以外，原管道燃气公司根据市政要求预先设置的城市道路管网、管道燃气设施及部分已通气区域用户、在建未通气区域用户，由乙方与相关燃气管道公司另行协商约定。本协议签约后甲方不再批准除乙方外的第三方在乙方特许经营区域内开展新的燃气业务，发展新的燃气用户等。根据中安燃气公司的特许经营协议，可以明确商都平安老年公寓涉案范围在中安燃气公司特许经营权范围内。上诉人所提供的文件均不能证明"商都平安老年公寓项的管道燃气设施系上诉人商都金市公司按市政要求预先设置及得到相关职能部门的承认"的事实，即属除外情形，故上诉人主张其与业主签订的《居民燃气入户合同（集体）》在"特许经营协议"之前，不构成侵权，法院不予支持。

关于中安燃气公司否具备特许经营权合法主体资格的问题。根据《城镇燃气管理条例》第十五条规定："国家对燃气经营实行许可证制度。从事燃气经营活动的企业，应具备下列条件：（一）符合燃气发展规划要求；（二）有符合国家标准的燃气气源和燃气设施"。经查被上诉人公司的经营范围包括燃气工程的设计、施工、建设等。被上诉人根据《特许经营权协议》的约定，在获得相关行政部门的授权下按照相关规划、应急保障要求即可以进行管道燃气设施的建设。而被上诉人是否取得送气要求的《燃气经营许可证》，属于行政范畴，不属本案审理范围。

（3）裁判结果

综上，原审认定事实清楚，法院予以维持。依照《中华人民共和国民事诉讼法》第一百七十条第一款第（一）项之规定，判决如下：

驳回上诉，维持原判。即，东明燃气公司应立即停止在老年公寓内管道燃气项目的经营行为。

（4）律师解析

通过上述案例，可以看出，在其他燃气公司已经取得燃气特许经营权的地域内发展客户供气，即使对方未经招标投标取得的燃气特许经营权有瑕疵，在民事侵权案件审理中，也会因燃气特许经营权协议性质为行政合同，不属于民事案件审理范围而需另行提起行政诉讼处理。

在原燃气特许经营权未被撤销以前，燃气公司取得燃气特许经营权违反了招标投标的法律规定，不能以此作为在对方特许经营区域内发展客户的免责理由。仍然构成对已取得燃气特许经营权燃气公司财产权的侵犯，应当承担法律责任。

（5）实务启示

如想合法进入经营权有瑕疵的竞争对手区域发展用户，必须先通过合法程序撤销有瑕疵的经营权。否则，仍会在因竞争引起的侵权诉讼中有败诉风险。

（6）相关规定链接

1）《市政公用事业特许经营管理办法》

第八条 主管部门应当依照下列程序选择投资者或者经营者：

（一）提出市政公用事业特许经营项目，报直辖市、市、县人民政府批准后，向社会公开发布招标条件，受理投标；

（二）根据招标条件，对特许经营权的投标人进行资格审查和方案预审，推荐出符合条件的投标候选人；

（三）组织评审委员会依法进行评审，并经过质询和公开答辩，择优选择特许经营权授予对象；

（四）向社会公示中标结果，公示时间不少于20天；

（五）公示期满，对中标者没有异议的，经直辖市、市、县人民政府批准，与中标者（以下简称"获得特许经营权的企业"）签订特许经营协议。

2）《福建省燃气管理条例》

第十二条 管道燃气经营实行特许经营制度。

从事管道燃气经营的企业，必须依法取得管道燃气项目所在地设区的市、县（市）人民政府授予的特许经营权及其颁发的管道燃气特许经营许可证，并与设区的市、县（市）人民政府或者其授权的燃气行政主管部门签订特许经营协议。

管道燃气特许经营权的授予，应当依法通过招标方式作出决定。有效投标人不足三个的，可以依法采取其他公开、公平的方式作出决定。

管道燃气特许经营权的招标等工作由设区的市、县（市）人民政府燃气行政主管部门组织实施。组织实施方案征求省人民政府燃气行政主管部门意见后实施。

第三节 管道运输合同纠纷

管道运输是指以管道作为运输方式运输货物的行为，管道运输的工具本身就是管道，是固定不动的，只是货物本身在管道内移动，它是运输通道和运输工具合二为一的一种专门运输方式。管道运输主要输送石油、天然气等液体、气体或者其他易于流动的货物，是石油、天然气最经济、最方便、最主要的运输方式之一。律师预见在目前"管住中间、放开两头"的宏观政策引导下，拥有管道燃气特许经营权的燃气企业日后利润的主要来源之一，将会是利用自有燃气管道向下游用户收取管输费。律师撰写本节内容，以为燃气公司在此种业务模式下规避相关经营风险提供参考。

一、实务要点

(1) 燃气经营企业从事管道运输业务如何做好有效贸易结算？

(2) 燃气经营企业从事管道运输业务应当具备什么条件？

二、案例解析

1. 案例一 内江中安燃气有限公司与云端天然气开发有限公司管道运输合同纠纷

(1) 案情概要

2003 年 3 月 7 日，云端公司成立的自然人投资或控股的有限责任公司，从事城镇管道燃气经营，其用气来源由中国石油天然气股份有限公司西南油气田分公司蜀南气矿提供，天然气的交接点在内江配气站围墙外卖方管道和买方管道连接焊缝端面。

2010 年 8 月 24 日，中安公司、云端公司签订《天然气管道运输服务协议书》，中安公司为云端公司输送天然气（为中国石油西南油气田分公司计划天然气），运输价格为 0.12 元/m³，按季向中安公司支付管道运输服务费，如果逾期付款，将支付违约金。合同签订后中安公司为云端公司提供管道运输天然气，云端公司向中安公司支付了部分管输费。

2012 年 6 月 12 日，云端公司的股东发生变更，该公司的法定代表人变更为孟某。

2017 年 1 月 12 日，中安公司、云端公司重新签订《天然气管道运输服务协议》，协议将管输费价格变更为 0.103 元/m³，违约金约定标准在 10%。

2017 年 1 月 18 日，中安公司、云端公司签订《天然气管道运输服务协议书的补充协议》，协议约定截至 2016 年 12 月 31 日云端公司共欠管输费 1102435.40 元，中安公司同意云端公司最后至 2018 年 8 月分三次支付所欠费用，如果一方违约按欠款金额 10% 计算违约金。

2017 年 3 月 15 日，中安公司分两次向云端公司发出催收 2013 年至 2016 年及 2017 年 1 至 2 月管输费的函。

2017 年 4 月 14 日，云端公司向中安公司发出《关于中安公司与云端公司管输协议作废的通知书》，通知作废的理由是：云端公司一直购买的是蜀南气矿的天然气，从未购买中安公司的天然气，不存在支付给中安公司的管输费用。去年年底之所以签订该协议，是为确保春节期间供气稳定及安全之需要，并不是云端公司真实意思表示，所以中安公司、云端公司之间不存在管输费用交纳问题。

2017年4月19日，中安公司向云端公司发出复函称：中安公司已收到云端公司的通知，但云端公司所述不属实，中安公司将依法维护自身权益。中安公司、云端公司因管输费用支付问题没有达成一致，因此，中安公司向法院起诉提出上述诉讼请求。

一审法院认为：中安公司将云端公司所购买的蜀南气矿的天然气用自有管道从隆昌输送到内江，中安公司为云端公司输送天然气，收取每立方米0.12元。双方于2010年8月24日签订了《天然气管道运输服务协议书》协议签订后，2011年12月31日、2013年3月12日、2013年3月14日、2013年12月4日、2013年3月28日云端公司数次向中安公司交纳了部分管输费用，该协议系双方真实意思表示合法有效并且已经开始履行。2017年1月12日中安公司、云端公司重新签订《天然气管道运输服务协议书》，重新约定了双方的权利、义务。2017年1月18日中安公司、云端公司又签订《天然气管道运输服务协议书的补充协议》对2016年12月31日前云端公司所欠管输费予以了结算共欠1102435.40元，同时约定了10%的违约责任。补充协议签订后，虽然云端公司以在2012年6月12日云端公司公司股东变更时，以没有涉及与中安公司的管道运输合同为由，认为中安公司系乘人之危，在云端公司不是真实意思表示的情况下与之签订补充协议，故该协议不真实，云端公司方不予履行的辩解意见因没有证据予以证实，不能成立。云端公司应当按照《天然气管道运输服务协议书的补充协议》所结算的金额向中安公司支付管输费用，虽然中安公司、云端公司约定最后履行期限在2018年8月，但云端公司向中安公司发出不予履行的函，以行为表示不愿意履行合同约定的义务，因此，中安公司有权在履行期限届满前主张自己的权利。蜀南气矿2017年上半年对内江云端公司供气情况表，因系复印件，在庭审中云端公司也不予认可，中安公司也没有证据说明该销售的天然气的数量就是中安公司在2017年上半年为云端公司输气量，因此中安公司不能依据此数据来收取云端公司2017年的管输费。

一审法院判决：①云端公司于本判决书生效后30日内向中安公司支付拖欠的管输费1102435.40元，及承担10%的违约金110243.54元，合计 1212678.94 元；②驳回中安公司其他诉讼请求。

中安公司与云端公司均不服一审民事判决，向中级人民法院提起上诉。中安公司上诉请求：一审判决驳回中安公司请求判令云端公司从 2017 年 1 月 1 日进账至 2017 年 6 月 30 日欠费 287096.94 元的诉讼请求的判决与事实不符，要求判决支持。云端公司上诉请求：一审判决认定云端公司与中安公司之间的管道运输合同关系成立，并据此判决支持中安公司的诉讼请求是不正确的。

二审法院查明：中安公司一审提交了蜀南气矿 2017 年上半年对云端公司供气情况表，中安公司在一审复庭时将所有证据原件以及盖有中安公司鲜章的复印件一并交予云端公司质证，云端公司对此证据三性均无异议。一审判决认定蜀南气矿 2017 年上半年对云端公司供气情况表系复印件，属认定错误，二审依法予以纠正。

（2）裁判要旨

本案争议焦点为：①中安公司与云端公司是否建立了天然气管道运输服务协议及协议内容是否是云端公司的真实意思表示；②云端公司是否拖欠中安公司管输费，包括 2016 年 12 月 31 日前欠费 1102435.40 元和 2017 年 1 月 1 日至 6 月 30 日欠费 407826.234 元，并承担 10% 的违约金。

法院认为，关于中安公司与云端公司签订协议是否是云端公司的真实意思表示的问题。云端公司称双方签订的《天然气管道运输服务协议书》和《天然气管道运输服务协议书的补充协议》，并非云端公司的真实意思表示，是基于春节期间保障居民的供气稳定及安全的考虑，在违背真实意思的情况下签订的，云端公司与中安公司之间的管道输送合同关系不成立，请求驳回中安公司要求支付管输费的上诉请求，但没有提供证据予以证实，其上诉理由不能成立，法院不予支持。

关于云端公司是否拖欠中安公司 2017 年 1 月 1 日至 6 月 30 日管输费 407826.234 元，并承担 10% 的违约金的问题。经查，蜀南气矿 2017 年上半年对云端公司供气情况表，中安公司在一审复庭时将所有证据原件以及盖有中安公司鲜章的复印件一并交予云端公司质证，云端公司对此证据三性均无异议。一审判决蜀南气矿 2017 年上半年对云端公司供气情况表，因系复印件，中安公司不能依据此数据来收取云端公司 2017 年的管输费与查明的事实、证据不符，属认定事实错误，法院予以纠正。中安公司上诉请求云端公司支付 2017 年 1 月 1 日至 6 月 30 日拖欠的管输费及承担 10% 的违约金符合法律规定，法院予以支持。

（3）裁判结果

1）云端天然气开发有限公司于本判决书生效后 30 日内向内江中安燃气有限公司支付拖欠的管输费 1102435.40 元，及承担 10％的违约金 110243.54 元，合计 1212678.94 元；

2）云端天然气开发有限公司于本判决书生效后 30 日内向内江中安燃气有限公司支付拖欠的 2017 年 1 月 1 日至 6 月 30 日的管输费 407826.234 元，及承担 10％的违约金 40782.62 元，合计 448608.85 元。

（4）律师解析

如果当初中安公司在与云端公司签订《天然气管道运输服务协议书》和《天然气管道运输服务协议书的补充协议》时，即对贸易结算方式进行明确、易操作的约定，且双方合作期间工作人员能够依约定期对账。那么中安公司可能无需通过二审才要能回 2017 年 1 月 1 日至 6 月 30 日期间的管输费。

（5）实务启示

燃气经营企业从事管道运输业务，可通过以下方式做好贸易结算：

1）燃气经营企业与用气企业约定日均或月均最小用气量以及最短合作年限。一是为了保证燃气企业的投资利益得以实现，二是为了确保一旦双方对贸易计量数据产生异议时，可以最小用气量作为结算依据。

2）选定具有数据存储功能的流量计作为贸易计量表并定期检定，建议配备同型号的流量计作为比对表。另约定非双方授权代表同时签字确认，任何一方不得擅自更改贸易计量表参数。贸易计量表应设置在方便双方工作人员检查的位置。

3）合同约定双方工作人员定期进行抄表对账，确认无误后双方负责人签字并盖章确认。

（6）相关规定链接

《中华人民共和国合同法》

第六十条　当事人应当按照约定全面履行自己的义务。

当事人应当遵循诚实信用原则，根据合同的性质、目的和交易习惯履行通知、协助、保密等义务。

第一百零七条　当事人一方不履行合同义务或者履行合同义务不符合约定的，应当承担继续履行、采取补救措施或者赔偿损失等违约责任。

第一百零八条　当事人一方明确表示或者以自己的行为表明不履行合同义务的，对方可以在履行期限届满之前要求其承担违约责任。

第一百零九条　当事人一方未支付价款或者报酬的，对方可以要求其支付价款或者报酬。

第一百一十四条　当事人可以约定一方违约时应当根据违约情况向对方支付一定数额的违约金，也可以约定因违约产生的损失赔偿额的计算方法。

约定的违约金低于造成的损失的，当事人可以请求人民法院或者仲裁机构予以增加；约定的违约金过分高于造成的损失的，当事人可以请求人民法院或者仲裁机构予以适当减少。

当事人就迟延履行约定违约金的，违约方支付违约金后，还应当履行债务。

2. 案例二　九悦煤化有限责任公司与安心煤气输送有限责任公司管道运输合同纠纷

（1）案情概要

2009 年 6 月 19 日，被告九悦公司与宝塔能源（集团）热电有限责任公司（以下简称宝塔能源）签订《煤气供应合同》，约定由被告九悦公司向宝塔能源供应煤气，定于 2009 年 11 月 10 日前供气，其中合同第六条规定："甲方（九悦公司）一号焦炉正常运营后，对乙方（宝塔能源）煤气的日均供应量不得低于 20 万 m^3，乙方保障日均煤气用量不低于 20 万 m^3……"

2009 年 8 月 5 日，原告安心公司的法定代表人徐某与被告九悦公司签订《煤气输送管道项目合作协议书》，双方就煤气输送管道项目合作事宜达成协议：由原告安心公司投资建设煤气输送管道，从被告九悦公司处起点至宝塔能源终点，产权归原告安心公司所有，管道煤气输送的数量计算依据以宝塔能源厂区内煤化计量表的数字为计算依据，管道煤气输送的价格为 0.04 元/m^3，管道铺设交工使用时间为 2009 年 11 月 10 日，双方就煤气输送管道使用的起止时间约定为：初步合作时限为 10 年，时间自 2009 年 12 月 1 日起计算。协议签订后，原告安心公司依约定投资建设煤气输送管道工程。

2009 年 11 月 5 日，原告安心公司接收由宝月建筑工程有限公司施工的管道工程。

2010 年 2 月 27 日，特种设备检验所对原告安心公司建设的煤气输送管道项目进行气密试验检测，试验结果：合格。

2011 年 12 月 15 日，市安全生产监督管理局对于原告安心公司焦化煤气输送管道建设项目安全验收评价报告备案。

2012 年 4 月 25 日，原告安心公司注册成立。

2012 年 5 月 18 日，被告九悦公司正式使用原告安心公司建设的管道输送煤气。被告九悦公司向宝塔能源输送煤气仅此一条管道。

2012 年 7 月 12 日，被告九悦公司出具证明一份，内容为："2009 年 8 月 5 日，徐某经理代表安心煤气输送有限责任公司与九悦煤化有限责任公司签订了《煤气输送管道项目合作协议书》。安心煤气输送有限责任公司于 2012 年 5 月正式注册，任命徐某为董事长兼总经理，因此徐某董事长签订的《煤气输送管道项目合作协议书》具有法律效力，特此证明"。

管道建成后，被告九悦公司未及时使用该煤气输送管道，直至 2012 年 5 月 18 日才正式使用。原告安心公司据此起诉被告九悦公司，要求其赔偿因未按合同约定时间使用煤气输送管道，致使安心公司受到的可得利益损失，赔偿标准根据九悦公司与宝塔能源之间约定的最低日均供应量进行计算。一审过程中，双方对损失赔偿的起始日期产生争议。

一审法院认为，被告九悦公司履行合同义务不符合约定，给原告安心公司造成损失，原告安心公司请求被告九悦公司赔偿的损失额应当相当于合同履行后可以获得的利益，故对原告安心公司要求被告九悦公司根据其与宝塔能源之间约定的最低日均供应量的标准赔偿损失的请求法院予以支持。原告安心公司建设的煤气输送管道虽然于 2009 年 11 月 5 日竣工，但获得特种设备检验所试验合格是其投入使用的前提条件，因此，原告安心公司要求被告九悦公司赔偿损失的请求日期，应自 2010 年 2 月 27 日计算。被告九悦公司主张原告安心公司对于煤气输送管道建设项目取得备案时间才是管道可以投入使用的合理时间。但因双方签订的合作协议已依法成立，依据合同约定，原告安心公司所建工程符合使用条件，被告九悦公司即应使用并依约定支付租金。原告安心公司取得特种设备检验所对所建管道检测合格的报告，即视为管道已符合合同约定的使用条件，原告安心公司是否备案，只是履行行政法律义务，不是本案原被告履行合同必备的前提条件，原告安心公司对其后果承担行政责任，被告九悦公司不能因此而取得民事上的抗辩权，故对被告九悦公司该抗辩意见不予采纳。被告九悦公司与宝塔能源签订《煤气供应合同》，被告九悦公司主张因宝塔能源技术改造等原因导致本案合同未能如期履行，根据合同相对性原则，被告九悦公司与宝塔能源的合同未能履行的理由不能抗辩原告安心公司依据与被告九悦公司之间的合作协议而享有的权利，故对于被告九悦公司上述抗辩意见不予采纳。

一审法院判决：被告九悦煤化有限责任公司于本判决生效后立即赔偿原告安心煤气输送有限责任公司损失 640 万元（自 2010 年 2 月 28 日至 2012 年 5 月 17 日，合计 800 天，每天 8000 元）。

九悦公司不服一审民事判决，向中级人民法院提起上诉。九悦公司上诉请求：撤销原审判决，依法改判九悦公司只赔偿自安心公司具备管道燃气经营资格或宝塔能源具备煤气使用条件之日起至 2012 年 5 月 17 日期间的可得利益损失。上诉理由：①原审错误认定当事人之间法律关系的性质和案件案由，由此回避了管道燃气经营资格对被上诉人期求利益能否成立的影响。九悦公司与安心公司之间建立的是管道运输合同关系而非租赁使用合同关系。根据相关法律规定，个人不得从事管道燃气经营，企业经营燃气的，须取得行政许可。由此，主体工程竣工验收、安全设施竣工验收、安心公司取得营业执照、取得营业许可、宝山热电公司具备煤气使用条件这几项时间不一致时，最后一个时间才是为安心公司计算损失最为准确的起始点。②忽视燃气主体工程竣工验收、安全设施竣工验收的意义，无视安全设施与主体工程"三同时"的强制性规定，错将一个气密性检测作为煤气管道投入使用的充分条件。③忽略宝塔能源具备煤气使用条件对确定被上诉人客观损失的影响。

二审中，九悦公司提交了安心公司出具的"货物运输业统一发票"十枚，时间均在 2012 年 5 月 18 日之后，收费种类是：管道煤气运输。证明：安心公司收的是运输费，而不是租赁费，进一步证明双方是管道煤气运输关系。

二审法院查明：2011 年 12 月 15 日，市安全生产监督管理局为安心公司下发的"关于《安心煤气输送有限责任公司焦化煤气输管道建设项目安全验收评价报告》备案的通知"记载："安心煤气输送有限责任公司：你公司只负责煤气输送、管道维修和管理，不属煤气经营单位，因此该项目属备案类。……"双方均认为，个人不能从事管道运输业务，法人从事管道煤气运输必须经许可才行。双方还承认，涉案煤气的生产和出售方为九悦公司，购买和使用方为宝塔能源；九悦公司与宝塔能源之间有 6.5km 左右的距离，煤气交易是通过涉案管道运输完成的。九悦公司认为，如果其构成违约，对原审计算的每天损失为 8000 元不持异议。

（2）裁判要旨

本案争议焦点为：1）本案是管道运输合同纠纷还是租赁合同纠纷？

2）九悦公司是否应向安心公司负赔偿责任？

法院认为，关于本案是管道运输合同纠纷还是租赁合同纠纷的问题。九悦公司是煤气的生产和出售方，宝塔能源是煤气使用和购买方，双方的煤气交易是通过管道运输的方式完成的，对此九悦公司与安心公司均认可。本案符合管道运输合同的特征。从《煤气输送管道项目合作协议书》内容看，安心公司就是为了实现上述管道煤气输送业务而设立的"煤气输送有限责任公司"。该协议书中约定的按煤气输送量结算价款的方式，安心公司出具的"货物运输业统一发票"且收费名称为"管道煤气运输"的发票，以及政府相关部门下发的通知中认定安心公司从事了煤气输送业务等事实，进一步证实双方间形成的是管道运输合同关系。本案应定为管道运输合同纠纷，原审判决将本案确定为租赁合同纠纷欠妥，二审予以纠正。

关于九悦公司是否应向安心公司负赔偿责任的问题。管道输送煤气涉及公共安全，涉案管道在没有得到市安全生产监督管理局已完成备案的通知前，即 2011 年 12 月 15 日前，是不得投入使用或运营的，或者说，该时间点之前，不使用涉案管道输送煤气是守法行为，这期间不存在可得利益损失的问题。原审判决将此前按履行合同的可得利益损失予以保护属适用法律欠当，二审予以纠正。而在市安全生产监督管理局已完成备案后，证明市安全生产监督管理局已同意涉案的管道投入使用。但由于九悦公司的原因导致从完成备案的次日起至 2012 年 5 月 17 日止，长达 154 天的时间里，未使用涉案管道进行煤气输送，造成了安心公司的可得利益损失。该损失应由构成违约的九悦公司予以赔偿。原审判决对该期间的损失予以保护有事实和法律依据，二审亦认可。

（3）裁判结果

1）变更一审民事判决即"被告九悦煤化有限责任公司于本判决生效后立即赔偿原告安心煤气输送有限责任公司损失 640 万元"为九悦煤化有限责任公司于本判决生效后十日内赔偿安心煤气输送有限责任公司可得利益损失 1232000 元（自 2011 年 12 月 16 日至 2012 年 5 月 17 日，合计 154 天，每天 8000 元）；

2）驳回被上诉人安心煤气输送有限责任公司的其他诉讼请求。

（4）律师解析

燃气经营企业只有依法依规经营，其权益才能收到法律保护。从事管道运输业务，应当依法取得燃气经营许可，并在许可事项规定的范围内经营。同时，应当具备国家规定的条件，应当接受规划部门、燃气主管部门以及安全生产监督管理部门的监督和管理。

（5）实务启示

燃气经营企业从事管道运输业务，应当取得所属区域的燃气特许经营权以及燃气经营许可证等相关证照，并严格遵守《城镇燃气管理条例》《基础设施和公用事业特许经营管理办法》《市政公用事业特许经营管理办法》《燃气经营许可管理办法》《燃气经营企业从业人员专业培训考核管理办法》以及各地方性燃气管理法规等相关规定。燃气工程需经规划、设计、施工、验收、备案后方可投入使用。

（6）相关规定链接

1）《城镇燃气管理条例》

第十一条　进行新区建设、旧区改造，应当按照城乡规划和燃气发展规划配套建设燃气设施或者预留燃气设施建设用地。

对燃气发展规划范围内的燃气设施建设工程，城乡规划主管部门在依法核发选址意见书时，应当就燃气设施建设是否符合燃气发展规划征求燃气管理部门的意见；不需要核发选址意见书的，城乡规划主管部门在依法核发建设用地规划许可证或者乡村建设规划许可证时，应当就燃气设施建设是否符合燃气发展规划征求燃气管理部门的意见。

燃气设施建设工程竣工后，建设单位应当依法组织竣工验收，并自竣工验收合格之日起15日内，将竣工验收情况报燃气管理部门备案。

第十五条　国家对燃气经营实行许可证制度。从事燃气经营活动的企业，应当具备下列条件：

（一）符合燃气发展规划要求；

（二）有符合国家标准的燃气气源和燃气设施；

（三）有固定的经营场所、完善的安全管理制度和健全的经营方案；

（四）企业的主要负责人、安全生产管理人员以及运行、维护和抢修人员经专业培训并考核合格；

（五）法律、法规规定的其他条件。

符合前款规定条件的，由县级以上地方人民政府燃气管理部门核发燃气经营许可证。

2）《基础设施和公用事业特许经营管理办法》

第九条　县级以上人民政府有关行业主管部门或政府授权部门（以下简称项目提出部门）可以根据经济社会发展需求，以及有关法人和其他组织提出的特许经营项目建议等，提出特许经营项目实施方案。

特许经营项目应当符合国民经济和社会发展总体规划、主体功能区规划、区域规划、环境保护规划和安全生产规划等专项规划、土地利用规划、城乡规划、中期财政规划等，并且建设运营标准和监管要求明确。

项目提出部门应当保证特许经营项目的完整性和连续性。

第二十九条 特许经营项目涉及新建或改扩建有关基础设施和公用事业的，应当符合城乡规划、土地管理、环境保护、质量管理、安全生产等有关法律、行政法规规定的建设条件和建设标准。

3)《燃气经营许可管理办法》

第五条 申请燃气经营许可的，应当具备下列条件：

（一）符合燃气发展规划要求。燃气经营区域、燃气种类、供应方式和规模、燃气设施布局和建设时序等符合依法批准的燃气发展规划。

（二）有符合国家标准的燃气气源。

① 应与气源生产供应企业签订供用气合同。

② 燃气气源应符合国家城镇燃气气质有关标准。

（三）有符合国家标准的燃气设施。

① 有符合国家标准的燃气生产、储气、输配、供应、计量、安全等设施设备。

② 燃气设施工程建设符合法定程序，竣工验收合格并依法备案。

（四）有固定的经营场所。有固定办公场所、经营和服务站点等。

（五）有完善的安全管理制度和健全的经营方案。安全管理制度主要包括：安全生产责任制度，设施设备（含用户设施）安全巡检、检测制度，燃气质量检测制度，岗位操作规程，燃气突发事件应急预案，燃气安全宣传制度等。经营方案主要包括：企业章程、发展规划、工程建设计划，用户发展业务流程、故障报修、投诉处置、质量保障和安全用气服务制度等。

（六）企业的主要负责人、安全生产管理人员以及运行、维护和抢修人员经专业培训并经燃气管理部门考核合格。专业培训考核具体办法另行制定。经专业培训并考核合格的人员及数量，应与企业经营规模相适应，最低人数应符合以下要求：

① 主要负责人。是指企业法定代表人和未担任法定代表人的董事长（执行董事）、经理。以上人员均应经专业培训并考核合格。

② 安全生产管理人员。是指企业分管安全生产的负责人，企业生产、

安全管理部门负责人，企业生产和销售分支机构的负责人以及企业专职安全员等相关管理人员。以上人员均应经专业培训并考核合格。

③ 运行、维护和抢修人员。是指负责燃气设施设备运行、维护和事故抢险抢修的操作人员，包括但不仅限于燃气输配场站工、液化石油气库站工、压缩天然气场站工、液化天然气储运工、汽车加气站操作工、燃气管网工、燃气用户检修工、瓶装燃气送气工。最低人数应满足：管道燃气经营企业，燃气用户 10 万户以下的，每 2500 户不少于 1 人；10 万户以上的，每增加 2500 户增加 1 人；瓶装燃气经营企业，燃气用户 1000 户及以下的不少于 3 人；1000 户以上不到 1 万户的，每 800 户 1 人；1 万～5 万户，每增加 1 万户增加 10 人；5 万～10 万户，每增加 1 万户增加 8 人；10 万户以上每增加 1 万户增加 5 人；燃气汽车加气站等其他类型燃气经营企业人员及数量配备以及其他运行、维护和抢修类人员，由省级人民政府燃气管理部门根据具体情况确定。

（七）法律、法规规定的其他条件。

第四节　气　源　计　量　纠　纷

燃气公司除经营管道燃气业务外还经常从事 LNG/CNG 买卖业务，主要是向燃气管道暂时覆盖不到区域的用户进行点供或燃气公司作为 LNG/CNG 经销商赚取差价。由于 LNG/CNG 与管道燃气的运输方式及物理性质均不尽相同，导致计量结算方式存在明显区别，LNG/CNG 多以车辆运输为主并以装车计量单作为结算依据，承运人多不是燃气公司而是第三方。因此 LNG/CNG 买卖业务中普遍存在在途货物买卖现象，即货物在运输途中还没有到达目的地前，中途又转卖给另外一方。这要求燃气公司在从事 LNG/CNG 买卖业务时，务必规范业务流程做到留痕管理，不然买卖双方在结算时很容易出现分歧。本节律师将就实践过程中燃气公司在 LNG/CNG 买卖业务里需要重点注意的事项进行提示分析。

一、实务要点

（1）LNG/CNG 买卖合同中需要重点约定哪些事项？

（2）燃气公司从事 LNG/CNG 买卖业务应当如何做的留痕管理？

二、案例解析

1. 案例一　北城燃气有限公司与西海燃气有限公司买卖合同纠纷

（1）案情概要

北城燃气有限公司（以下简称北城公司）与西海燃气有限公司（以下简称西海公司）自 2011 年起发生 CNG 业务往来。2013 年 10 月 24 日，双方签订《购销合同》一份，合同载明：本合同约定甲方（西海公司）自 2013 年 10 月 20 日开始向乙方（北城公司）稳定供气。本合同有效期内甲方日供应乙方压缩天然气 1.5 万～3 万 m^3。运输方式及交接：由甲方负责 CNG 运输车负责运输。压缩天然气的交接地点为：乙方北二环天然气储配站内。双方应委派代表在《供购气量交验单》上签字确认甲方加气数量，乙方于卸气后在交验单上注明实际卸气数量。CNG 的计量方式采用质量流量计计量，以甲方充装计量结果为准，乙方计量结果为复核。根据国家规定及行业惯例，根据乙方复核结果，甲方供应给乙方的压缩天然气产生的气差，由乙方承担每车 CNG 气差≤气量的 2% 以下部分，甲方承担每车 CNG 气差大于总气量的 2% 以上。本合同约定甲方供应给乙方的 CNG 价格定为 3.7 元/m^3（含运费和税金）。气款结算：气量结算以双方签认的《供购气量交验单》为结算依据。双方合作采用预付款方式，即从双方确定首次用气之日前 5 日内，预付下周 7 天的总计划量气款；以后以 7 天用气量为周期进行预付，甲方收到乙方的预付款后给予加气。每月月末前一天为结算日，结算日后 3 日内甲方将当月的气量明细表以传真形式发给乙方，经乙方核对无误后，甲方根据结算金额向乙方开具增值税发票，并于月底前邮寄给乙方。

此后双方就供气量、价格问题，又签订《补充协议》一份，载明：为甲乙双方于 2013 年 10 月 24 日签订的 CNG 购销合同作为补充，经双方友好协商达成如下协议。①供气时间及价格：从 2013 年 12 月 5 日起至 2014 年 1 月 31 日止，当甲方日供应乙方压缩天然气 1.5 万～3 万 m^3（含 3 万 m^3），气价执行 3.7 元/m^3（含运费和税金），当甲方日供应乙方压缩天然气 3 万～5 万 m^3（含 5 万 m^3），气价执行 3.85 元/m^3（含运费和税金）。②乙方每日上报计划量不超过 5 万 m^3 且上下浮动控制在 1 万 m^3 以内，特殊情况双方协商，超出 5 万 m^3 气量部分执行气价 3.85 元/m^3。③甲方需保证为乙方提供足够的运输的车辆。④乙方预付款按 3 万 m^3/天×3.7 元/m^3×7 天＝77.7 万元，支付 77.7 万元，在下一结算周期提前 2 个自然日到账，节假日提前预付。⑤此协议为原合同的补充协议，其他条款不变。……

2014年10月至2015年12月16日期间，双方工作人员通过QQ联系，核对码单量、卸气量及运输气差、发票开具等事宜。2014年5月29日双方工作人员通过QQ联系，就4月30日至5月26日开票事宜，西海公司工作人员表述"领导说按原价先结，气损后算，需要商议，之后再补上，之后我们王总会过去跟你们商议"，北城公司工作人员陈述"刚我也问了一下顾总，他让你们先不要开票了，票开过来我们也不能入账"。2014年11月13日双方工作人员通过QQ联系，确认2014年4月21日至6月14日码单量为1032668.95m³，卸气量为955713m³，西海公司已按照码单量开具了发票，在此期间输差未结算。

事后，双方因2014年4月21日至6月14日期间天然气的气损差额产生争议协商未果，北城公司遂诉至一审法院，诉请气损差额及利息损失。

一审法院认为，依法成立的合同，对当事人具有法律约束力。当事人应当按照约定履行自己的义务不得擅自变更或解除合同。一审中，案件的争议焦点：①《补充协议》所约定的期限是否为《购销合同》期限的补充规定？②2014年4月21日至6月14日双方天然气交易期间是否存在气差？

关于争议焦点①，一审法院认为：《补充协议》所约定的期限不是2013年10月24日《购销合同》期限的补充规定。首先，2013年10月24日双方签订的《购销合同》并未明确约定合同终止时间，亦未约定合同的解除或终止条件。从该合同内容可以看出讼争双方均希望保持长期友好的合作关系；其次，《补充协议》中明确载明"为甲乙双方于2013年10月24日签订的CNG购销合同第4.1和7.1条作为补充，经双方友好协商达成如下协议……"，说明《补充协议》签订目的是为2013年10月24日签订的《购销合同》中第4.1和7.1条进行补充，仅是对合同部分条款的补充。2013年10月24日《购销合同》中第4.1条约定"本合同有效期内甲方日供应乙方压缩天然气1.5万～3万m³"，第7.1条约定"本合同约定甲方供应给乙方的压缩天然气价格定为3.7元/m³（含运费和税金）"，由此可见该《补充协议》的主要目的系对天然气的价格和供气量进行变更，而非对合同期限进行变更。虽《补充协议》中约定了供气时间，但在该补充协议的第5条约定"此协议为原合同的补充协议，其他条款不变"，该时间约定应视为双方对特定时间内天然气价格和供气量进行了变更，而非对《购销合同》的期限进行了变更；第三，《补充协议》期满后，讼争双方仍然发生了数笔天然气的购销往来。双方既未另行达成天然气购销合同，又未书面或以其他合法形式通知对方解除或终止 2013 年 10 月 24 日签订的《购销合同》，故《补充协议》所约定的期限不是 2013 年 10 月 24 日《购销合同》期限的补充规定。

关于争议焦点②，一审法院认为：双方仍应遵照 2013 年 10 月 24 日签订的《购销合同》约定履行各自义务。《购销合同》中约定"根据国家规定及行业惯例，根据乙方复核结果，甲方供应给乙方的压缩天然气产生的气差，由乙方承担每车 CNG 气差≤气量的 2% 以下部分，甲方承担每车 CNG 气差大于总气量的 2% 以上。"因此在天然气购销合同中，天然气气差在气量 2% 以内由北城公司自行负担，超出气量 2% 的部分应由西海公司负担。关于气差数额的确定，在《购销合同》中第 6.2、第 6.4 条进行了约定压缩天然气的计量"以甲方充装结果为准，乙方计量结果为复核"，"根据国家规定及行业惯例，根据乙方复核结果，甲方供应给乙方的压缩天然气产生的气差……"，即一般情形下，天然气的气量以西海公司的充装计量结果为依据，乙方计量结果为复核，但在发生气差时，应当以国家规定、行业惯例及北城公司复核结果计算。同时，在《购销合同》中第 8.1 条中约定"气量结算以双方共同签认的《供购气量交验单》为结算依据"，而非西海公司辩称的"气差结算依据在于《天然气销售交接凭证》"。在讼争双方实际交易期间，双方也是遵循上述原则进行资金结算，北城提供的 QQ 记录及 2014 年 2 月至 4 月 20 日的增值税发票证明了两家工作人员在实际交易中，以此方式对气差进行了核对、结算，已形成了该阶段的交易习惯，故对于西海公司辩称的意见一审法院不予采纳。综上所述，2014 年 4 月 21 日至 2014 年 6 月 14 日西海公司共计少供给天然气 56302.57m³，按照 3.7 元/m³×56302.57m³＝208319.5 元，该款项系西海公司超额收取，应予返还。关于北城公司要求西海公司承担超收气款利息的诉求，因讼争双方未在合同中未约定该项违约责任，北城公司在实际交易中对气差的结算、管理上也存在一定的责任，故对超收气款利息的诉求，不予支持。

一审法院判决：①西海公司于判决生效之日起 20 日内返还北城公司 208319.5 元；②驳回北城公司的其他诉讼请求。

西海公司不服江苏省泰兴市人民法院（2017）苏 1283 民初 4387 号民

事判决，向江苏省泰州市中级人民法院提起上诉。西海公司上诉请求：撤销一审判决，改判驳回北城公司全部诉讼请求。事实与理由：①一审判决认定《补充协议》不是对《购销合同》合同期限的变更，是错误认定。《购销合同》第4.1条是约定合同有效期内的供气量问题，但是第4.1条并未规定合同有效期具体的起止，所以在补充协议第1条中，讼争双方明确了供气时间。《补充协议》是在《购销合同》没有明确合同期限的情况下，对合同期限的明确。②讼争双方在购销合同履行过程中已经就供气量进行了结算，北城公司提供的交验单上所记载的气差是其自行填写，没有任何证明效力。

二审期间，西海公司围绕上诉请求提交下列证据：证据一，《天然气销售交接凭证》（绿联）一组，用以证明北城公司提供的卸气量及气差数据系其自行填写且未经双方确认；证据二，案外人俞群的证人证言，用以证明其没有被授权核对2014年4月21日至6月14日期间的气差，最终气差数额的确定仍需由讼争双方领导协商。对前述证据，北城公司经质证认为，对证据一真实性予以认可，但不能实现西海公司的证明目的；对证据二，只能证明西海公司内部的工作流程，同时该证人对讼争双方如何结算、以什么为结算依据等与案件相关的情况并不知晓。

二审查明事实与一审认定的事实一致。

（2）裁判要旨

本案争议焦点为：①双方2013年10月24日签订的《购销合同》是否已经到期且履行完毕。②北城公司要求西海公司赔偿气差损失的诉讼请求能否予以支持。

法院认为，关于争议焦点①，讼争双方于2013年10月24日签订《购销合同》，其中第三条规定，"合同履行期限：本合同约定甲方（西海公司）自2013年10月20日开始向乙方（北城公司）稳定供气"，双方未明确约定合同终止时间。嗣后，双方又签订《补充协议》，明确供气时间"从2013年12月5日起至2014年1月31日止"。该约定系双方真实意思表示，且不违反法律、行政法规强制性规定，应认定为合法、有效。故在《购销合同》对合同履行终止时间未有约定的情况下，《补充协议》中确定的供气终止时间即为《购销合同》的终止时间。据此，案涉《购销合同》已经到期且已履行完毕。一审法院认为，《补充协议》所约定的期限不是案涉《购销合同》期限的补充规定，认定有误，法院予以纠正。

关于争议焦点②，2014年2月1日后，讼争双方仍然发生压缩天然气的购销往来。对此，法院认为，依据《最高人民法院关于适用〈中华人民共和国合同法〉若干问题的解释（二）》第二条，当事人未以书面形式或者口头形式订立合同，但从双方从事的民事行为能够推定双方有订立合同意愿的，人民法院可以认定是以合同法第十条第一款中的"其他形式"订立的合同；结合《中华人民共和国合同法》第三十六条，当事人未采用书面形式但一方已经履行主要义务，对方接受的，该合同成立。据此，虽然案涉《购销合同》到期后双方没有续签合同，但是双方实际发生了天然气交易，在双方未另行达成新的书面天然气购销合同的情形下，应继续依据《购销合同》、《补充协议》及交易习惯来确定双方的权利义务。依据《购销合同》6.4条，"根据国家规定及行业惯例，根据乙方复核结果，甲方供应给乙方的压缩天然气产生的气差，由乙方承担每车 CNG 气差≤气量的 2% 以下部分，甲方承担每车 CNG 气差大于总气量的 2% 以上。"因此在天然气购销合同中，天然气气差在气量 2% 以内由北城公司自行负担，超出气量 2% 的部分应由西海公司负担。本案中，讼争双方一直通过 QQ 联系，核对码单量、卸气量及运输气差、发票开具等事宜。关于讼争 2014 年 4 月 21 日至 2014 年 6 月 14 日期间的气差，根据双方工作人员的 QQ 聊天记录，双方已确认该时间段天然气的码单量为 $1032668.95m^3$，卸气量为 $955713m^3$。故北城公司已完成关于案涉气差损失的初步证明责任；西海公司虽然对北城公司提供的卸气量数据持有异议，二审中也提供了《天然气销售交接凭证》（绿联）以及证人证言等证据予以反驳，但法院认为，前述证据依然不足以推翻北城公司提供的有关卸气量的数据，相应举证不能的法律后果，应由西海公司承担。

（3）裁判结果

西海公司于判决生效之日起二十日内返还北城公司 208319.5 元。

（4）律师解析

本案中暴露出双方在合规管理以及业务实践中的漏洞，虽然《中华人民共和国合同法》第十条"当事人订立合同，有书面形式、口头形式和其他形式。"第六十一条"合同生效后，当事人就质量、价款或者报酬、履行地点等内容没有约定或者约定不明确的，可以协议补充；不能达成补充协议的，按照合同有关条款或者交易习惯确定。"以及最高人民法院关于适用《中华人民共和国合同法》若干问题的解释（二）第二条"当事人未以书面形式或者口头形式订立合同，但从双方从事的民事行为能够推定双方有订立合同意愿的，人民法院可以认定是以合同法第十条第一款中的

'其他形式'订立的合同。但法律另有规定的除外。"均对合同形式以及约定不明时的补救措施进行了相关规定，但是为了明确双方的权利义务关系及违约责任，合同订立仍应采用书面形式，并且确保业务往来在合同有效期之内。

（5）实务启示

LNG/CNG 买卖合同中需要重点约定以下事项：

1）明确双方结算的依据，以装车磅单为准还是以卸车后双方复核后确认单；

2）明确双方有权对气量核对的负责人，以及人员若发生变动应书面通知对方；

3）合同履行期间价格是否变动以及变动的依据；

4）不同重量或比例下气差的承担；

5）最长卸车时间以及超时压车费等；

6）定期结算的具体时间和结算方式。

（6）相关规定链接

《中华人民共和国合同法》。

第六十一条　合同生效后，当事人就质量、价款或者报酬、履行地点等内容没有约定或者约定不明确的，可以协议补充；不能达成补充协议的，按照合同有关条款或者交易习惯确定。

第六十二条　当事人就有关合同内容约定不明确，依照本法第六十一条的规定仍不能确定的，适用下列规定：

（一）质量要求不明确的，按照国家标准、行业标准履行；没有国家标准、行业标准的，按照通常标准或者符合合同目的的特定标准履行。

（二）价款或者报酬不明确的，按照订立合同时履行地的市场价格履行；依法应当执行政府定价或者政府指导价的，按照规定履行。

（三）履行地点不明确，给付货币的，在接受货币一方所在地履行；交付不动产的，在不动产所在地履行；其他标的，在履行义务一方所在地履行。

（四）履行期限不明确的，债务人可以随时履行，债权人也可以随时要求履行，但应当给对方必要的准备时间。

（五）履行方式不明确的，按照有利于实现合同目的的方式履行。

（六）履行费用的负担不明确的，由履行义务一方负担。

《最高人民法院关于适用〈中华人民共和国合同法〉若干问题的解释（二）》。

第二条 当事人未以书面形式或者口头形式订立合同，但从双方从事的民事行为能够推定双方有订立合同意愿的，人民法院可以认定是以合同法第十条第一款中的"其他形式"订立的合同。但法律另有规定的除外。

2. 案例二 西海能源有限公司与月月物流有限公司、刘某供用气合同纠纷

（1）案情概要

2013年3月29日，原告西海能源有限公司与被告月月物流有限公司签订了LNG供应协议，约定：甲（原告）、乙（被告月月物流有限公司）双方协议有效期限自2013年3月29日起至2013年12月31日止，供气时间自2013年3月29日起至2013年12月31日止。协议供气期内，每月乙方向甲方提供购气指标申请书，甲方根据乙方的购气指标申请书，向乙方发出确认函，双方确认无误后签字盖章。乙方向甲方预付购气款后，甲方履行LNG供气义务，购气前双方需核定中国石油辽宁销售分公司同期柴油零售价格，乙方按确认函支付预付款。甲、方双方在每月25日前根据乙方签收单，经双方核对无异议后，进行结算。

被告月月物流有限公司与刘某于2013年4月3日签订车辆挂靠协议，被告刘某将自购的重型半挂牵引车/重型集装箱半挂车登记在甲方（月月物流有限公司）名下，并由甲方向乙方（被告刘某）提供服务。服务期间乙方每年每台车向甲方交付服务费6000元。乙方车辆由乙方自主经营，独立核算，自负盈亏，甲方不参与乙方经营活动，也不承担乙方任何直接、间接和连带的经济责任。

被告刘某与案外人李某原系夫妻关系。2014年3月至7月间，李某以银行转账方式先后8次向原告汇款312448元；2015年7月25日，李某以现金方式给付原告气款25160.72元，总计337608.72元。

原告诉请被告月月物流有限公司给付欠气款95141.28元（截至2014年2月28日共欠432750元，已还337608.72元），为此而提供的LNG加注确认单传真件上半部分系打印，而下半部分为手写（原告单位财务人员书写），亦没有被告月月物流有限公司签字确认。提供的16张加气记录单，其中12张日期为2014年2月21日，4张日期为2014年4月22日。经原告多次催要，被告尚欠原告气款95141.28元和延期付款利息。为此，诉至法院，要求被告月月物流有限公司给付欠款95141.28元和逾期付款利息。

（2）裁判要旨

法院认为，本案原告主张被告月月物流有限公司欠气款 95141.28 元，但原告提供的证据，无法认定被告月月物流有限公司欠原告气款 95141.28 元。其理由如下：第一，LNG 供用协议中约定，合同履行期限：自 2013 年 3 月 29 日起至 2013 年 12 月 31 日止。而原告提交的加气记录单均系 2014 年 2 月。第二、LNG 供用协议中约定，结算方式：每月乙方（被告月月物流有限公司）向甲方（原告）提供购气指标申请书，甲方根据乙方的购气指标申请书，向乙方发出确认函，双方确认无误后签字盖章，双方在每月 25 日前根据乙方签收单，经双方核对无异议后，进行结算。而原告未能提供相应的签收单。第三，原告主张共欠其气款 432750 元，已偿还 337608.72 元，尚欠 94141.28 元，但从原告提供的中国工商银行对账单及收款收据，缴款人均为李某，而李某并非被告月月物流有限公司的工作人员或代理人，其缴款行为不能认定为被告月月物流有限公司与原告存在买卖合同关系，且系被告月月物流有限公司偿还原告的购气款。第四，被告月月物流有限公司对此欠款不予认可，亦未在签收单上签字确认。故原告的诉讼请求，因无充分有效的证据证明，法院不予支持。

（3）裁判结果

驳回原告西海能源有限公司的诉讼请求。

（4）律师解析

合同因履行期限届满履行完毕后，如果双方仍存在业务往来的情形，则应根据一一对应的原则，另行签订合同或补充协议，使得双方的权利义务有合同做保障。

双方对结算依据进行签字复核时，应留意对方签字人员的身份，是否是对方员工，是否具有代理权等。否则一旦发生争议，对方可能以签字人员不是本单位员工为名，否认结算数据的复核结果。此外还应注意，对方在对账单上盖的是经过备案的公章，还是私刻的业务专用章等，如果不是备案的公章，如若发生争议，对方可能对对账单的真实性不予认可。

（5）实务启示

LNG/CNG 买卖业务的留痕管理，主要在实践中注意以下几点：

1）建议双方的业务负责人采用邮件、微信、短信等方式进行沟通；

2）双方定期进行气量核对，并负责人签字盖章；

3）留存好原始的装车、卸车磅单。

（6）相关规定链接

本案例无参考规定，此类问题解决主要依靠管理规定的完善，以及是否能拿出充足的证据。

第六章　反不正当竞争与
反垄断类

第一节 垄 断 协 议 类

根据《中华人民共和国反垄断法》第十三条、第十四条的规定,有竞争关系的燃气企业之间、上游燃气公司与下游采购单位之间不得达成固定或限制价格、分割市场、限制新技术新产品开发、联合抵制交易等类型的垄断协议。一旦达成并实施这类协议,会极大限制燃气市场的自由竞争,使市场优胜劣汰机制失灵,严重损害企业竞争力,让社会资源无法有效配置,损害终端客户和消费者权益。

本节从横向垄断和纵向垄断两个方面出发,从近十年来的经典案例中精选了两个案例作为解析对象,对地方性液化气公司和气源销售单位预防违规垄断行为、合法经营均有一定的借鉴意义。

一、实务要点

(1)同一地区的液化气公司可以通过协议统一分割市场区域吗?

(2)上游气源可以通过协议限定下游采购单位最低转售价格吗?

二、案例解析

1. 案例一 赣工商公处字【2010】01 号江西省泰和县液化石油气经营者市场分割垄断协议案

(1)案情概要

2010 年 3 月,原江西省工商行政管理局❶(以下称江西省局)接到报告,反映泰和县液化石油气行业存在涉嫌垄断经营现象。经初步核查及上报,原国家工商行政管理总局❷(以下称国家总局)授权江西省局立案查处。2010 年 8 月 6 日,江西省局正式立案。

立案后至 2011 年 3 月,经调查,明确以下事实:2008 年 10 月,当事人泰和县汇泉液化石油气储配站(以下称汇泉气站)为独家经营泰和县城散装液化石油气业务,与该县六家经营户(另案处理)达成协议:由汇泉气站一家经营泰和县城的散装液化石油气充装、销售业务,另外六家经营

---

❶ 经机构合并调整,自 2018 年 11 月 3 日起正式更名为江西省市场监督管理局。

❷ 经机构合并调整,自 2018 年 4 月 10 日起正式更名为国家市场监督管理总局。

户中，东环公司负责液化气批发业务（不再从事散装零售），西环液化气站负责附近乡下散装零售业务，其他四家经营户均停止县城液化气零售业务。汇泉气站按月支付六家经营户现金0.85万元至4万元不等，每月共计9.4万～10.4万元（其中一家经营户给付标准自2009年1月起由3万元调整为4万元）。

另查：2009年1～12月，汇泉气站销出散装液化石油气1827t，销售额13023000元；其在2009年依据法律、法规和省级以上人民政府的规定支付吉安市锅炉压力容器服务中心、吉安市特种设备监督检验中心等单位税费计659600元，直接用于经营活动开支1395199元；汇泉气站从中获经营收入205537元。

2011年3月27日，江西省局向当事人汇泉气站送达了行政处罚听证告知书，当事人在规定期限内未作陈述、申辩，也未提出听证申请。

（2）处理依据

根据以上事实，江西省局认为：本案中，汇泉气站为控制泰和县的散装液化石油气经营市场，与其他六名本案当事人达成协议，人为排除、限制了正当竞争，造成泰和县液化石油气市场独家经营的状况。汇泉气站行为构成《中华人民共和国反垄断法》第十三条第一款第三项所禁止的垄断协议行为。

（3）处理结果

江西省局作出如下行政处罚：①责令汇泉气站停止违法行为；②没收汇泉气站违法所得205537元；③并处罚款130230元。

（4）律师解析

该案是由原国家工商总局根据《中华人民共和国反垄断法》第十条规定授权原江西省工商局办理的案件，是现在公开渠道中能查询到的燃气行业反垄断执法公告中较早的一个。该案于2010年8月正式立案，2011年3月调查完毕，2011年4月公布处罚决定书。根据《中华人民共和国反垄断法》第十三条第一款第三项规定，禁止具有竞争关系的经营者达成分割销售市场或者原材料采购市场的垄断协议，汇泉气站明显违背了这一规定，属于违法行为。

根据《中华人民共和国反垄断法》第四十六条规定，垄断协议类的案件处罚比例为上一年度销售额的1%～10%。上一年度一般指立案调查的前一年度，本案即是这种情况。

从处理结果看，汇泉气站2009年销售额为13023000元，罚金为

130230元，罚款比例为上一年度销售额的1%，为法定处罚标准的最低比例，也是律师了解到的燃气行业垄断行为处罚程度最轻的几个案例之一。在近几年被查处的企业中，处罚比例有逐渐上扬的趋势，最高的达到了6%。处罚较轻的原因，与该案为县域案件影响范围小、持续时间不长（一年半左右）有一定关系。

（5）实务启示

液化气终端销售企业应通过市场竞争方式扩展市场，切忌以协议方式进行市场分割和买卖。

（6）相关规定链接

《中华人民共和国反垄断法》。

第十条　国务院规定的承担反垄断执法职责的机构（以下统称国务院反垄断执法机构）依照本法规定，负责反垄断执法工作。

国务院反垄断执法机构根据工作需要，可以授权省、自治区、直辖市人民政府相应的机构，依照本法规定负责有关反垄断执法工作。

第十三条　禁止具有竞争关系的经营者达成下列垄断协议：

（一）固定或者变更商品价格；

（二）限制商品的生产数量或者销售数量；

（三）分割销售市场或者原材料采购市场；

（四）限制购买新技术、新设备或者限制开发新技术、新产品；

（五）联合抵制交易；

（六）国务院反垄断执法机构认定的其他垄断协议。

本法所称垄断协议，是指排除、限制竞争的协议、决定或者其他协同行为。

第四十六条　经营者违反本法规定，达成并实施垄断协议的，由反垄断执法机构责令停止违法行为，没收违法所得，并处上一年度销售额百分之一以上百分之十以下的罚款；尚未实施所达成的垄断协议的，可以处五十万元以下的罚款。

经营者主动向反垄断执法机构报告达成垄断协议的有关情况并提供重要证据的，反垄断执法机构可以酌情减轻或者免除对该经营者的处罚。

行业协会违反本法规定，组织本行业的经营者达成垄断协议的，反垄断执法机构可以处五十万元以下的罚款；情节严重的，社会团体登记管理机关可以依法撤销登记。

2. 案例二　发改办价监处罚【2018】1 号、发改办价监处罚【2018】2 号西海一号公司、西海二号公司转售价格垄断协议案

（1）案情概要

西海一号公司与西海二号公司均为西海公司旗下公司。2016 年 8 月 11 日、8 月 25 日，两家公司召集 13 家 CNG 母站开会，要求自 2016 年 9 月 1 日起，各家母站统一执行向子站转售价格不得低于 2.25 元/m³ 的新价格。此前，各家母站根据市场情况自行确定转售价格，范围在 1.76～2.3 元/m³ 之间。

2016 年 8 月 29 日，两家公司组织下游的 13 家 CNG 母站签署了《CNG 市场销售协议》。该协议明确规定自 2016 年 9 月 1 日起，CNG 母站按照 2.25 元/m³ 的最低售价对外销售 CNG 天然气，任何母站不得低于最低销售价格。

2016 年 9 月 2 日，两家公司下发了《关于执行〈CNG 市场销售协议〉的补充通知》，要求严格按照约定的最低限价对外销售，对于拒不执行的，威胁停气。

在垄断协议执行期间，各 CNG 母站即按照 2.25 元/m³ 的最低限价对外销售 CNG。同时，两家公司要求各 CNG 母站定期上报销售价格数据，通过下发问卷、成立督导小组监督等形式跟踪最低限价执行情况，对拒不执行的以削减计划、限气甚至停气相威胁。

根据国家发改委查明情况，两家公司 2016 年度 CNG 天然气销售收入分别为 6.46 亿元、7.55 亿元。以上事实有调查询问笔录、销售数据、财务数据等证据材料为证。

（2）处理依据

国家发改委认定两家公司违反了《中华人民共和国反垄断法》第十四条第（二）项的规定，属于达成并实施"限定向第三人转售商品的最低价格"垄断协议的违法行为。两家公司积极配合、如实陈述相关事实，及时自查自纠，撤销《CNG 市场销售协议》并进行全面整改。

（3）处理结果

处理决定如下：

1）责令停止实施价格垄断协议的违法行为。

2）对两家公司分别处以 2016 年度 CNG 天然气销售收入 6％的罚款 3876 万元、4530 万元。两家公司罚款合计 8406 万元。

（4）律师解析

从本案的发生过程看，两家公司先召开会议确定最低转售价格，随后组织签订《CNG 市场销售协议》，后续通过下发补充通知、要求上报销售数据、成立督导小组督导执行情况等手段强迫各 CNG 母站执行协议内容，属于典型的上游气源与下游采购单位限定向第三人转售燃气的最低价格的情况，应按照《中华人民共和国反垄断法》第四十六条的规定处罚。

本案中，两家公司创下了当时的处罚力度新高。一是罚款金额。两家公司合计处罚额度达到 8406 万元，远超 2016 年时江苏某燃气公司的 2505 万元的记录，创下新的处罚金额记录。二是处罚比例，两个公司均被处以上一年度销售额 6% 的罚款，这一比例也创下新高。虽然处罚决定书中载明了两家公司有积极配合、如实陈述相关事实、及时自查自纠等从宽处理的情节，处罚力度虽然没有按照顶格的 10% 进行，但与此前其他案例相比，仍然较重。

（5）实务启示

气源企业应遵守国家法律规定合法经营。无论有何客观原因，均不得突破法律规定违规操作，尤其是签订明显违规的书面协议。

（6）相关规定链接

《中华人民共和国反垄断法》。

第十四条　禁止经营者与交易相对人达成下列垄断协议：

（一）固定向第三人转售商品的价格；

（二）限定向第三人转售商品的最低价格；

（三）国务院反垄断执法机构认定的其他垄断协议。

第四十六条　经营者违反本法规定，达成并实施垄断协议的，由反垄断执法机构责令停止违法行为，没收违法所得，并处上一年度销售额百分之一以上百分之十以下的罚款；尚未实施所达成的垄断协议的，可以处五十万元以下的罚款。

经营者主动向反垄断执法机构报告达成垄断协议的有关情况并提供重要证据的，反垄断执法机构可以酌情减轻或者免除对该经营者的处罚。

行业协会违反本法规定，组织本行业的经营者达成垄断协议的，反垄断执法机构可以处五十万元以下的罚款；情节严重的，社会团体登记管理机关可以依法撤销登记。

第四十九条　对本法第四十六条、第四十七条、第四十八条规定的罚款，反垄断执法机构确定具体罚款数额时，应当考虑违法行为的性质、程度和持续的时间等因素。

第二节 强 制 收 费 类

虽然近年燃气价格等收费项目已经从政府定价逐步变更为政府指导价,有政府管理逐步放开的迹象。但是,燃气供应属于公用事业,各项收费仍应严格遵守《中华人民共和国价格法》《政府定价指导目录》等规定。收费合规这条线不能轻易突破。

一、实务要点

（1）要求用户承担居民燃气表使用期满后的新表费用有无依据？

（2）违规收取表费是不正当竞争滥收费行为还是价格违法行为？

（3）面对反不正当竞争和反垄断调查时如何减轻处罚和负面影响？

二、案例解析

1. 案例一　银沙燃气公司与承德市市场监督管理局行政处罚纠纷案

（1）案情概要

银沙燃气公司于 2014 年 7 月开始,根据《膜式燃气表》JJG 577 中"燃气表使用满 6 年到期必须更换"的规定,先后在其经营的小区,计 2000 户小区居民更换了燃气表,每户收取 380 元的燃气表费,计收费 760000 元。燃气表系银沙燃气公司以每块 380 元购入。

本案第三人承德市物价局于 2014 年 10 月接到政府 961890 服务热线关于反映银沙燃气公司为小区用户更换智能表收取费用的问题。

2014 年 10 月 14 日,物价局经调查,作出要求银沙燃气公司"对更换智能表收费问题进行整改,并停止向用户收取更换智能表费用"的限期整改通知。

2015 年 1 月 22 日,执法人员在网络巡查时发现网易房产频道关于《承德市一小区燃气公司收费换表惹争议》的新闻报道及该小区全体业主的投诉。

2015 年 5 月 19 日,银沙燃气公司涉嫌滥收费用行为被原承德市工商局（即承德市市场监督管理局）立案调查,并于 2015 年 7 月 24 日依据《中华人民共和国反不正当竞争法》第二十三条关于滥收费用的条款作出行政处罚决定,责令银沙燃气公司改正违法行为,并做如下行政处罚：

①没收违法所得 760000.00 元；②处罚款 760000.00 元。

银沙燃气公司不服处罚，向承德市人民政府申请行政复议，承德市人民政府于 2015 年 11 月 1 日作出行政复议决定，维持了承德市市场监督管理局作出的行政处罚决定。

银沙燃气公司向法院提起行政诉讼，请求撤销承德市市场监督管理局作出的行政处罚决定及承德市人民政府作出的行政复议决定。法院于 2015 年 12 月 30 日作出一审行政判决，驳回了银沙燃气公司的诉讼请求。

银沙燃气公司向承德市中级人民法院提起上诉，承德市中级人民法院于 2016 年 6 月 20 日作出二审行政判决，以原审认定事实不清，主要证据不足为由，撤销了一审行政判决；发回一审法院重审。

一审法院认为银沙燃气公司违反了《河北省燃气管理办法》规定，但不违反《中华人民共和国反不正当竞争法》规定，承德市市场监督管理局行政处罚适用法律、法规错误，承德市人民政府行政复议应撤销。判决：撤销承德市市场监督管理局的处罚决定和承德市政府的行政复议决定。

本案两被告不服判决均上诉。两被告的核心观点是：

1）银沙燃气公司收取表费不是价格违法而是公用企业滥收费的不正当竞争行为。

2）银沙燃气公司不交费换表就断供燃气的行为如果长期不纠正将存在严重的安全隐患。

3）市场监管局对银沙燃气公司的违法行为有管辖权。银沙燃气公司的滥收费行为涉嫌同时违反《反不正当竞争法》和《价格法》，市场监管局和物价局均可进行行政处罚。在物价局未监督检查或立案的情况下，市场监管局有权对银沙燃气公司的违法行为进行管辖。

银沙燃气公司的核心观点是：

1）银沙燃气公司收费不存在滥收费行为，也不是不正当竞争行为。户内燃气表属于业主专有部分，不属于燃气公司承担改造责任的范围，没有义务承担新购燃气表费。银沙燃气公司按购进价格收取表费且不禁止居民购买第三方燃气表，并未违规。

2）承德市市场监督管理局的违法处罚决定如不及时纠正会危及百姓生命财产安全。户内燃气表超过使用年限不更换是存在器件老化后漏气等安全隐患的。银沙燃气公司在业主拒绝更换燃气表时依法停止供气不是强制购表的手段，而是按《河北省燃气管理办法》规定采取的隐患排除措施。承德市市场监督管理局利用个别投诉，无视燃气价格不包括燃气表更换费用、无法实现燃气表费计入企业成本的客观事实，滥用职权、通过违法处罚的方式误导消费者，妨碍到期表更换工程进程，才是造成大量燃气用户被停气的根本原因。承德市市场监督管理局行政处罚决定依法应撤销。

3）市场监管局对本案行政处罚没有管辖权。《反不正当竞争法》第二十三条规定的"借此滥收费用"必须以排挤其他经营者公平竞争为前提，与《河北省燃气管理办法》第五十条所规定的"燃气经营者违反燃气价格和服务收费管理规定"不是同一概念。银沙燃气公司不存在强制交易、限制竞争等不正当竞争行为，不应受到《反不正当竞争法》制裁。即使燃气表收费行为违反《河北省燃气管理办法》第二十五条规定，也应按《河北省燃气管理办法》第五十条的规定，由价格部门责令限期改正，工商行政管理部门无权对此作出处罚。

另外，银沙燃气公司向用户按照购表成本价收取表费，换表过程中没有收取任何人工费、服务费，收取的 76 万元表费属于经营的合理支出，不属于违法所得。市场监管局违反《工商行政管理机关行政处罚案件违法所得认定办法》的规定将 76 万元认定为违法所得并处以天价罚款，属于滥用职权。

（2）裁判要旨

二审法院认为：

银沙燃气公司虽然要求燃气用户更换其所进的燃气表并收取燃气表费，但目的是为了广大燃气用户的安全，并非是以排挤其他经营者的公平竞争为目的。因此，银沙燃气公司的行为，不属于违反《中华人民共和国反不正当竞争法》的违法行为，承德市市场监督管理局作出的行政处罚决定适用法律、法规错误，应予撤销；原审被告承德市人民政府作出的行政复议决定，也应予以撤销。银沙燃气公司向燃气用户收取更换燃气表的费用，违反了《河北省燃气管理办法》第二十五条、第五十条等相关规定，应由有权机关对其违法行为进行处理。故一审判决认定事实清楚、证据充分、适用法律正确、审判程序合法。

（3）裁判结果

依据《中华人民共和国行政诉讼法》第八十九条第一款第（一）项之规定，判决如下：驳回上诉，维持原判。即，撤销承德市市场监督管理局的处罚决定和承德市政府的行政复议决定。

（4）律师解析

本案体现的第一个问题是，民用户燃气表到期需更换时，新表表费应由用户还是燃气公司承担。

从地方性规定来说，本案中，《河北省燃气管理办法》有明确规定，到期表更换应由燃气公司负责，所需费用计入企业成本。另外，《青岛市城镇燃气服务规范》等地方文件明确规定燃气公司应当按照国家规定定期免费更换居民用户燃气计量表。从全国性规定来说，《城镇燃气管理条例》规定燃气公司负责业主专有部分以外的设施的更新改造责任。而《城镇燃气管理条例释义》规定业主专有部分以外的设施是包含燃气计量器具的。所以，新表表费应由燃气公司负担。但是，对于新表表费如何计入成本，以及政策法规与实际措施的衔接，现在做得并不完善，导致类似本案的情况出现。

第二个问题是，违规收取表费的性质和处罚依据。不同于滥用优势地位获取交易机会、排挤其他经营者的行为，燃气表本就属于应由燃气公司免费安装的设施，不涉及竞争的问题。本案中燃气公司的过错是在不应收费的项目中收取了费用，而不是利用优势地位排挤了其他经营者。所以，违规在本应免费的项目中收费，并不属于不正当竞争行为，而是价格违规行为。当然，在2017年修改后，《中华人民共和国反不正当竞争法》已经删除了原第六条、第二十三条有关公用企业滥收费用的条款。今后，再出现与本案类似的情况，不会再出现是否应适用《中华人民共和国反不正当竞争法》来处罚的争议了。

（5）实务启示

1）除法律法规另有规定外，居民燃气表到期后应免费换新。

2）燃气公司收费项目应严格遵照物价规定执行。只要属于政府定价范围内事项，即使有合理收费理由，在无明文规定的情况下收费也会有违规风险。

（6）相关规定链接

1）《中华人民共和国反不正当竞争法》❶

第六条　公用企业或者其他依法具有独占地位的经营者，不得限定他人购买其指定的经营者的商品，以排挤其他经营者的公平竞争。

第二十三条　公用企业或者其他依法具有独占地位的经营者，限定他

---

❶　本案发生在《中华人民共和国反不正当竞争法》2017年修改之前，所以这里指的是1993年颁布的最初版本。修改后的版本已删除原第六条、第二十三条内容。

人购买其指定的经营者的商品，以排挤其他经营者的公平竞争的，省级或者设区的市的监督检查部门应当责令停止违法行为，可以根据情节处以五万元以上二十万元以下的罚款。被指定的经营者借此销售质次价高商品或者滥收费用的，监督检查部门应当没收违法所得，可以根据情节处以违法所得一倍以上三倍以下的罚款。

2）《河北省燃气管理办法》

第二十五条　管道燃气经营者对燃气计量装置应当依法进行检定。燃气计量装置使用到规定年限后，由管道燃气经营者负责更换，所需费用计入企业成本。

对管道燃气计量装置准确度有异议的，可以申请有资质的计量检测机构检定。经检定，燃气计量装置符合标准的，检定费用由申请方承担；不符合标准的，检定费用由被申请方承担，并退还或者补交燃气费用。

第五十条　燃气经营者违反燃气价格和服务收费管理规定的，由价格部门责令限期改正，可以并处罚款；情节严重的，责令停业整顿，或者由工商行政管理部门吊销营业执照。

3）《工商行政管理机关行政处罚案件违法所得认定办法》

第二条　工商行政管理机关认定违法所得的基本原则是：以当事人违法生产、销售商品或者提供服务所获得的全部收入扣除当事人直接用于经营活动的适当的合理支出，为违法所得。

本办法有特殊规定的除外。

2. 案例二　西海燃气公司与绍兴市工商行政管理局❶行政处罚案

（1）案情概要

2006年12月18日，绍兴市发改局作为绍兴市价格主管部门，作出《关于新昌县管道煤气配套设施建设费标准的批复》，规定从2007年1月1日起，新昌县住宅小区管道燃气配套设施建设费，以小区为单位，使用按户和按面积计收两种办法。住宅建筑面积户平均在144m²以下的小区，一律实行按户计收，标准为每户1900元；住宅建筑面积户平均在144m²以上的，实行按面积计收，标准为每平方米13元；住宅小区管道燃气配套设施建设范围为小区红线到用户室内接口前的建设安装的材料费、安装费和调试费等全部费用；该项费用由燃气建设安装单位向住宅开发建设单位收取，住宅开发建设单位，一律记入房屋开发建设成本，不得在房价外

---

❶　本案发生时，工商行政管理局尚未更名为市场监督管理局。

收取；原实行的燃气初装费一律取消，同时转换为管道燃气配套建设费。

2007 年 1 月 1 日至 2012 年 6 月 30 日期间，西海燃气公司在其燃气持许经营区域内，分别与当地的八家房地产企业签订天然气管道建设合同。建设费用按户收取，价格每户 2600～2800 元不等，1900 元外的其他费用共计收取 1857300 元。

绍兴市工商行政管理局认为西海燃气公司行为已构成限定他人购买自己提供的商品的限制竞争行为和作为被指定的经营者借此滥收费用的行为，所收取的其他费用 1857300 元扣除税费 63705.39 元后，余款 1793594.61 元属于违法所得，遂作出绍兴市工商新案字（2013）197 号行政处罚决定，决定对西海燃气公司没收违法所得 1793594.61 元，罚款 1793594.61 元。西海燃气公司不服该处罚决定，向法院提起行政诉讼。

西海燃气公司认为，绍兴市工商行政管理局的行政处罚决定在事实认定及法律适用方面存在严重错误。西海燃气公司和新昌县金泰房地产开发有限公司等公司签订的天然气管道建设配套合同，是双方自愿签订，西海燃气公司并未实施限定他人购买其指定的经营者的商品的行为，不违反《中华人民共和国反不正当竞争法》第二十三条的规定。新昌县发改局及新昌县政府没有将新收费文件已将"原实行的燃气初装费一律取消"重要规定通知自己。同时，绍兴市工商行政管理局对西海燃气公司作出处罚已超过时效。故请求撤销绍市工商新案字（2013）197 号行政处罚决定。

绍兴市工商行政管理局辩称，对西海燃气公司作出的绍市工商新案字（2013）197 号行政处罚决定事实清楚、证据确凿、程序合法、适用法律正确。《关于新昌县管道煤气配套设施建设费标准的批复》是向社会公众公布的，西海燃气公司在新昌县具有燃气业务独占优势，对此不知情不符合常理。西海燃气公司的违法行为具有连续性，对其违法行为作出行政处罚未超过二年的法定时效。请求依法维持绍兴市工商行政管理局作出的行政处罚决定。

（2）裁判要旨

本案历经一审、二审、重审、二审、再审五个阶段。

历次庭审的焦点共计四个问题。法院观点分别如下：

一是西海燃气公司是否构成强制绑定工程施工的限制竞争行为。对于何为《中华人民共和国反不正当竞争法》第二十三条❶规定中的"限定"，

---

❶　2017 年《中华人民共和国反不正当竞争法》修改后，该条已删除。

相关法律法规并无明确规定。参考国家工商行政管理总局❶《关于电信局对不从该局购买手机入网者多收入网费的行为是否构成不正当竞争行为问题的批复》中关于"限定"的解释："限定，是指公用企业或者其他依法具有独占地位的经营者以强行要求、设置服务障碍、胁迫、推荐、差别待遇等方式，强制或者变相强制他人购买其指定的经营者的商品。"从西海燃气公司工作人员马某及涉案多个房地产开发企业负责人的笔录中可以看出，西海燃气公司利用其作为辖区供气企业的优势地位，告知房地产开发企业小区管道天然气配套工程建设只能或者必须由其进行开发建设。西海燃气公司的这种自我推荐行为，足以迫使房地产开发企业放弃选择其他有资质的施工企业。绍兴市工商行政管理局据此认定西海燃气公司存在强制或者变相强制房地产开发企业选择其提供的管道燃气配套建设服务，属于限制竞争行为，并无不当。

二是西海燃气公司是否构成滥收费用的行为。根据《浙江省定价目录》（浙价法〔2002〕331号）及2003年2月27日浙江省物价局《关于进一步明确有关政策问题的通知》的规定，城市管道燃气等配套设施建设收费的定价范围，授权市人民政府定价。绍兴市发展和改革委员会作为绍兴市人民政府价格主管部门，于2006年12月18日作出《关于新昌县管道燃气配套设施建设费标准的批复》。西海燃气公司与涉案房地产开发单位签订的天然气管道建设配套合同中，除每户1900元的住宅小区管道燃气配套设施建设费外，其余收费行为不在上述文件定价范围内，该收费行为缺乏依据。绍兴市工商行政管理局据此认定西海燃气公司存在滥收费用行为，亦无不当。

三是行政处罚是否超过法定时效的问题。本案西海燃气公司虽先后与多个房地产开发企业签订了不同的天然气管道建设配套合同，但均存在收取每户1900元住宅小区管道燃气配套设施费以外其他费用的情况，均系基于"多收费"的同一主观故意。西海燃气公司的上述行为，系基于同一违法故意、连续实施数个独立的行政违法行为并触犯同一行政处罚规定的情形，属于《行政处罚法》第二十九条规定的"违法行为的连续状态"。绍兴市工商行政管理局于2013年9月12日对西海燃气公司在2007年1月1日至2012年6月30日之间的违法行为进行处罚，并未超过法定时效。

---

❶　2018年4月10日，已更名为国家市场监督管理总局。

　　四是行政处罚程序是否合法的问题。绍兴市工商行政管理局在获悉西海燃气公司可能存在违法行为的线索后，委托新昌县工商行政管理局开展相应的调查取证工作，并经过告知、听证等法定程序，最终做出被诉行政处罚决定，程序并无明显不当。

　　（3）裁判结果

　　法院最终认定绍兴市工商行政管理局行政处罚合法，驳回了西海燃气公司的再审申请。

　　（4）律师解析

　　从裁判文书披露的信息来看，法院的裁判理由是非常充分的。西海燃气公司虽主张合同自愿签订并实际履行、公司未收到旧的收费标准已经废除的通知、处罚已超时效，但是工作人员马某、涉案房地产企业负责人的笔录推翻了合同自愿签订的观点。发改局向社会公布的文件，西海燃气公司声称未收到、不知情明显不合理。同时，有明确的依据证明处罚未超时效。

　　这种全面溃退的情况西海燃气公司是应当能够预计到的。但是，西海燃气公司仍起诉且在败诉后进行上诉。凭借已公布的材料律师无法得知背后的原因。

　　单从案件结果看，律师认为，在遇到反不正当竞争或反垄断调查时，配合调查、争取从轻处理是最明智的做法，而不是等到处罚决定作出后通过复议或诉讼的方式解决问题。

　　除以上观点外，律师不再进行额外解析。

　　（5）实务启示

　　燃气公司应及时关注政府政策信息，严格按规定标准收取燃气建设费用。

　　（6）相关规定链接

　　1）《中华人民共和国反不正当竞争法》❶

　　第六条　公用企业或者其他依法具有独占地位的经营者，不得限定他人购买其指定的经营者的商品，以排挤其他经营者的公平竞争。

　　第二十三条　公用企业或者其他依法具有独占地位的经营者，限定他人购买其指定的经营者的商品，以排挤其他经营者的公平竞争的，省级或

---

　　❶　本案发生在《中华人民共和国反不正当竞争法》2017年修改之前，所以这里指的是1993年颁布的最初版本。修改后的版本已删除原第六条、第二十三条内容。

者设区的市的监督检查部门应当责令停止违法行为，可以根据情节处以五万元以上二十万元以下的罚款。被指定的经营者借此销售质次价高商品或者滥收费用的，监督检查部门应当没收违法所得，可以根据情节处以违法所得一倍以上三倍以下的罚款。

2）《中华人民共和国行政处罚法》

第二十九条　违法行为在二年内未被发现的，不再给予行政处罚。法律另有规定的除外。

前款规定的期限，从违法行为发生之日起计算；违法行为有连续或者继续状态的，从行为终了之日起计算。

3）《国务院法制办公室对湖北省人民政府法制办公室〈关于如何确认违法行为连续或继续状态的请示〉的答复》

……《中华人民共和国行政处罚法》第二十九条中规定的违法行为的连续状态，是指西海燃气公司基于同一个违法故意，连续实施数个独立的行政违法行为，并触犯同一个行政处罚规定的情形……

第三节　工　程　绑　定　类

对于燃气公司尤其是民用户多工业用户少的燃气公司而言，燃气工程建设费用是公司利润的重要来源。所以，尽量多地获得燃气工程合同，是燃气公司的重点工作之一。作为管道燃气特许经营单位，燃气公司在燃气工程合同谈判中有天然的优势。但是，同时易触碰强制绑定工程的高压线。

一、实务要点

（1）燃气公司是否可以第三方施工安全性无法保证为由限定开发商必须将燃气建设工程交由自己施工？

（2）由燃气公司施工的燃气建设工程，保证材料质量和方便以后维护是否可以成为指定材料必须由燃气公司提供的合法理由？

二、案例解析

1. 苏工商案字【2016】第 00048 号西海燃气公司行政处罚案

（1）案情概要

2015年2月，江苏省工商行政管理局❶接江苏省宿迁市市区部分房地产开发企业举报，反映西海燃气公司在新建居民小区开发过程中利用其独家供气的垄断地位，限定房地产开发企业所开发楼盘的天然气管道安装工程必须由其承接安装。

2015年6月8日，经国家工商总局授权，江苏省工商行政管理局对西海燃气公司涉嫌垄断行为予以立案调查。

经查，西海燃气公司以自己获得了宿迁市城区范围内天然气及相关业务的特许经营资格且宿迁市政府相关部门发布的文件明确了西海燃气公司具有住宅小区管道燃气安装施工的法定职责、交由第三方承建安全性无法保证西海燃气公司不承担后续维护责任为由，限定房地产开发企业只能将所开发住宅小区的燃气管道工程交由西海燃气公司承建。

同时，西海燃气公司限定房地产开发企业在与其签订的《燃气管道报装合同》中所需用的施工材料只能由其提供，理由是，由开发商提供施工材料不合适，难以确保工程质量。由西海燃气公司提供材料可以确保施工质量，方便后期维护。

2015年12月16日，江苏省工商行政管理局向西海燃气公司送达行政处罚听证告知书（苏工商案听字〔2015〕38号），将江苏省工商行政管理局拟做出行政处罚的事实、理由、依据及处罚内容进行告知。西海燃气公司提出听证要求，后又申请延期听证。2016年1月11日，江苏省工商行政管理局举行了案件听证，听取西海燃气公司意见。西海燃气公司向江苏省工商行政管理局提交了书面陈述和申辩意见，请求从轻或减轻处罚。

（2）处理依据

江苏省工商行政管理局认为，西海燃气公司限定房地产开发企业只能与自己交易没有正当理由。

在限定住宅小区燃气工程施工方面，针对西海燃气公司的申辩，江苏省工商行政管理局观点如下：

第一，西海燃气公司的《宿迁市城市管道燃气特许经营协议》第二章2.7、2.8、2.11对庭院管道燃气设施、市政管道燃气设施和特许经营权的解释表明，西海燃气公司的特许经营权包括运营、维护市政管道燃气设施范畴内，并不包括庭院管道燃气设施；

第二，西海燃气公司不具备住宅小区燃气管道安装施工的资质，且宿

❶　2018年11月2日上午，该局正式挂牌更名为江苏省市场监督管理局。

迁市政府相关部门发布文件明确其具有住宅小区燃气管道安装施工的职能与《工商行政管理机关制止滥用行政权力排除、限制竞争行为的规定》第五条要求经营者不得以行政机关制定发布的行政规定为由滥用市场支配地位的相关规定相悖；

第三，依据《国家计委、财政部关于全面整顿住房建设收费取消部分收费项目的通知》（计价格［2001］585号）第五条关于对住房开发建设中燃气安装工程要打破垄断引入竞争的规定，可以明确居民小区燃气管道安装工程应当从供气行业剥离，其市场应是开放的、自由竞争的。因此宿迁市城区居民小区燃气管道安装工程施工不应在特许经营范围之内，而应当由房地产开发企业自主选择有相应资质的企业承担安装工程；

第四，根据《城镇燃气管理条例》第十九条和《江苏省物业管理条例》第三十七条规定，燃气公司对居民小区内燃气管道的维护更新有着不可推卸的法律义务，西海燃气公司以居民小区燃气管道工程不是自己承建就不负责后期维护工作的理由是不合法的；

第五，西海燃气公司因自身无燃气管道工程施工资质，所以从房地产企业手中承接燃气管道工程后需发包给具备相应资质的施工单位承建，这对于取得相关资质的施工企业而言，从燃气公司和从房地产企业承包的燃气管道工程质量和安全性并无差异。

在限定住宅小区燃气管道工程所需施工材料方面，针对西海燃气公司申辩，江苏省工商行政管理局观点如下：

第一，《江苏省燃气管理条例》第十条要求燃气工程建设选用的设备、材料，应当符合国家标准，并未规定必须由燃气公司提供，所以房地产开发企业对材料提供问题有自由选择的权利；

第二，从实际市场情况来看，西海燃气公司能够买到的施工材料，房地产开发企业以及其他单位也都可以从市场上自由地获得，房地产开发企业从其他途径购买符合国家标准的燃气管道施工材料并不必然导致工程质量的问题。

所以，以保证质量和安全性为由要求材料由西海燃气公司提供的理由是不成立的。

西海燃气公司滥用市场支配地位，剥夺了其他企业的公平竞争权，扰乱了公平竞争的市场秩序，剥夺了房地产开发企业的自由选择权，其行为违反了《中华人民共和国反垄断法》第十七条第一款第（四）项禁止性规定。

（3）处理结果

江苏省工商行政管理局依据《中华人民共和国反垄断法》第四十七条规定，决定责令西海燃气公司停止违法行为，并处上一年度经营额百分之五的罚款，即罚款 2505 万元。

（4）律师解析

由于商业活动的逐利性，加之频频爆出的房地产建设项目质量问题，燃气公司怀疑燃气工程交由开发商自行选择施工单位容易出现安全与质量问题是有一定合理性的。但是与此相比，保证其他有资质企业的公平竞争权、维护公平竞争的市场秩序更加重要。

除由燃气公司亲自施工外，质量与安全问题并非没有解决的途径。《江苏省燃气管理条例》第十一条、《山东省燃气管理条例》第十二条、《河北省燃气管理办法》第九条等地方性规定明确要求未经验收合格的燃气工程不得交付使用。对有这类规定的省份，燃气公司可以从燃气工程验收方面把关，如工程确实存在安全和质量问题，在开发商整改完成前，有权拒绝供气。

在没有这类规定的地区，也仍有预防事故的措施。根据《城镇燃气管理条例》第二十八条、第四十九条的规定，燃气公司可对安装使用不符合气源要求的燃气燃烧器具、在不具备安全条件的场所使用燃气等存在安全隐患的行为要求用户整改或举报至燃气主管部门进行行政处罚。

如从燃气公司利润角度出发，与其冒着被处罚的风险强制开发商签订燃气工程合同，不如利用用户资源开展增值服务，转移利润增长压力。

（5）实务启示

1）工程质量与安全的保证方面，建议通过参与燃气工程验收，进行供气前工程质量核查、运行后安全隐患排查整改等方式进行风险预防。

2）利润增长方面，建议充分利用用户资源，通过开展燃气具销售、燃气保险推广、家政服务等增值业务分摊燃气工程业务的创收压力。

（6）相关规定链接

1）《中华人民共和国反垄断法》

第十七条 第一款第（四）项 禁止具有市场支配地位的经营者从事下列滥用市场支配地位的行为：……

（四）没有正当理由，限定交易相对人只能与其进行交易或者只能与其指定的经营者进行交易……

第四十七条 经营者违反本法规定，滥用市场支配地位的，由反垄断执法机构责令停止违法行为，没收违法所得，并处上一年度销售额百分之一以上百分之十以下的罚款。

2)《城镇燃气管理条例》

第十九条　管道燃气经营者对其供气范围内的市政燃气设施、建筑区划内业主专有部分以外的燃气设施，承担运行、维护、抢修和更新改造的责任。

管道燃气经营者应当按照供气、用气合同的约定，对单位燃气用户的燃气设施承担相应的管理责任。

3)《工商行政管理机关制止滥用行政权力排除、限制竞争行为的规定》❶

第五条　经营者不得从事下列行为：

（一）以行政机关和法律、法规授权的具有管理公共事务职能的组织的行政限定为由，达成、实施垄断协议和滥用市场支配地位；

（二）以行政机关和法律、法规授权的具有管理公共事务职能的组织的行政授权为由，达成、实施垄断协议和滥用市场支配地位；

（三）以依据行政机关和法律、法规授权的具有管理公共事务职能的组织制定、发布的行政规定为由，达成、实施垄断协议和滥用市场支配地位。

4)《国家计委、财政部关于全面整顿住房建设收费取消部分收费项目的通知》（计价格［2001］585号）❷

五、规范垄断企业价格行为。对住房开发建设过程中，经营燃气、自来水、电力、电话、有线或光缆电视（简称"两管三线"）等垄断企业的价格行为进行全面整顿。"两管三线"安装工程要打破垄断，引入竞争，由房地产开发企业向社会公开招标，自主选择有相应资质的企业承担安装工程；所需设备材料由承担安装工程的单位自主或委托中介组织采购。省级价格主管部门应加强对"两管三线"材料费、安装工程费等相关价格的管理，规范垄断企业价格行为。严厉查处垄断企业强制推销商品和服务及强制收费的价格违法行为。

5)《江苏省物业管理条例》

---

❶　该规定于2011年2月1日起施行，于2019年9月1日起废止，被《制止滥用行政权力排除、限制竞争行为暂行规定》代替。

❷　该规定于2016年1月1日起被发改委令31号《国家发展改革委关于废止部分规章和规范性文件的决定》废止。

第三十七条第二款　建设单位在组织竣工验收时，应当通知供水、供电、供气、供热等专业经营单位参加；在竣工验收合格后，应当将住宅物业管理区域内专业经营设施设备移交给专业经营单位负责管理。专业经营单位应当接收并承担维修、养护和更新的责任，有关费用由专业经营单位承担，但二次供水设施的费用承担，按照《江苏省城乡供水管理条例》有关规定执行。

6)《江苏省燃气管理条例》

第十条　燃气工程的勘察、设计、施工和监理，应当严格执行国家和省有关标准和规范。燃气工程建设选用的设备、材料，应当符合国家标准。

附录1：燃气公司新闻舆情应对法律指引

1. 总则

燃气公司在日常经营活动中，为工商业户和数量众多的居民用户提供服务，生产经营工作还受到政府燃气主管部门、公安部门、消防部门、物价部门、市场监督管理部门等及有关部门的监督和管理，同时也受到新闻媒体的关注。面对舆情危机能否及时妥当处理，将直接影响燃气公司的企业形象和商业信誉。为应对舆情事件，保护燃气企业的合法权益，帮助燃气公司妥善应对舆情危机，汉顿燃气法律服务团队针对客户投诉、新闻媒体采访、政府问责、网络舆情四种常见引起舆情的情景，特编写《燃气公司新闻舆情应对法律指引》（以下简称"本指引"）供燃气公司在应对过程中参考。

2. 燃气公司舆情应对基本原则

（1）早发现、早报告、早应对、早处置，保证信息及时性，快速做出反应；

（2）保证信息源的一致性，统一口径，用一个声音说话；

（3）重视受众的想法，由统一新闻发言人出面接受访问；

（4）保持坦诚，不要隐瞒事实真相；

（5）保证与媒体的有效沟通，整体策划，信息言简意赅；

（6）回复内容中体现关心占30%，突出行动占60%，描绘全景占10%。

3. 燃气公司舆情应对组织机构

（1）坚持"正确引导、重点管控、避免炒作"的原则，燃气公司应成立舆情应急处置领导小组，组长由燃气公司总经理担任，副组长由负责对外联系的副总经理担任，客户服务部、安全部、综合办公室、市场部等相关部门负责人及公司常年法律顾问律师作为小组成员，负责舆情的评估、预警、分析和报告、处理。新闻发言人建议由燃气公司综合办主任担任，特殊情况下由燃气公司总经理担任。

（2）舆情应急处置领导小组的工作职责

1）根据舆情突发事件的发生发展启动应急预案，决定各相关部室介入突发事件的处置工作。

2）审定舆情控制与信息发布方案，决定新闻发布的口径、原则和内容，确定负责新闻发布、审定新闻发布稿和接受记者采访的领导和相关部门负责人。严格执行保密相关规定，严防在报道中泄漏上级公司的商业秘密。

3）对舆情突发事件与信息发布应急处置过程中出现的新情况、新问题及时请示公司新闻舆情工作领导小组，遇到重大情况必须报请集团公司（如有）或公司董事会进行会商，按领导具体安排进行处置。

4）依纪依法对当事人、责任人、责任单位提出处理和责任追究意见建议，并按有关程序交相关部门处理。

5）落实上级领导交办的其他事项。

4. 燃气公司舆情应对情景指引

（1）燃气公司舆情应对流程示意图

（2）舆情应对情景一：客服投诉

1）客服人员应重点注意区分对方来电人员身份，是普通客户还是新闻媒体。如果是普通客户，应当耐心听取客户陈述事实及反馈诉求，并针对客户问题进行有逻辑、有层次的回复。如果是客服人员不清楚的问题，不能贸然给予答复，应等待落实清楚答案后再行回复。

统一回复参考：感谢您来电对我公司工作提出建议。您陈述的问题，我简单陈述如下……您的要求是……非常理解您的心情，依据相关政策和法规，我公司的意见是……希望您能理解。如果有您不清楚的问题，请您继续提出来，我再为您解答……/抱歉，您反映的问题我不是很清楚，但是我们非常重视您的来电，我马上向公司其他部门落实，并将在 2 小时内答复您，请您耐心等待。

2）客服人员应对来电内容进行妥善记录，详细填写来访电话的诉求、理由、问题及其他情况。

3）客服记录完毕后第一时间向公司相关业务部门核实情况，在承诺时限内给用户回复意见。

4）如燃气公司认为来电内容涉及法律问题，可以咨询顾问律师，由律师出具法律意见。

（3）舆情应对情景二：新闻媒体采访

1）新闻媒体对燃气公司现场工作人员进行采访时，现场工作人员应依照公司新闻发言人制度坚持由公司新闻发言人统一对外发布信息的原

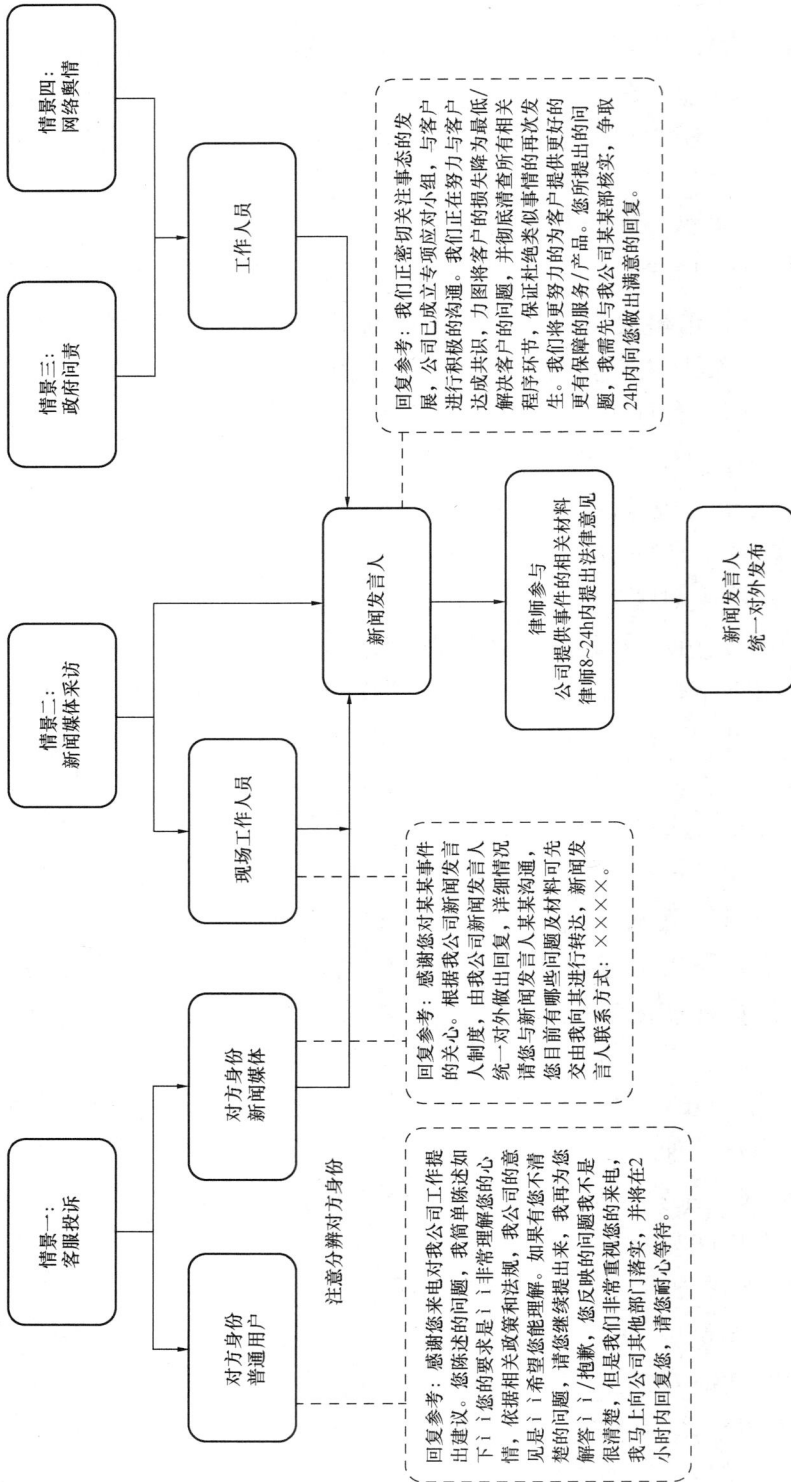

流程图节点：

- 情景四：网络舆情
- 情景三：政府问责
- 工作人员
- 情景二：新闻媒体采访
- 新闻发言人
- 现场工作人员
- 情景一：客服投诉
- 对方身份 新闻媒体
- 对方身份 普通用户
- 注意分辨对方身份
- 律师参与 公司提供事件的相关材料 律师 8~24h 内提出法律意见
- 新闻发言人 统一对外发布

回复参考：我们正在密切关注事态的发展，公司已成立专项应对小组，与客户进行积极的沟通。我们正在努力将客户的损失降为最低/达成共识，解决客户的问题，并彻底底清查所有相关程序环节，保证杜绝类似事情的再次发生。我们将更努力的为我客户提供更好的产品/服务。我们有保障的为客户提供更好的产品。您所提出的问题，我需先与我公司某某部核实，争取在 24h 内向您做出满意的回复。

回复参考：感谢您对某某事件的关心程度，由我公司新闻发言人统一对外做出回复，详细情况请您与新闻发言人某某沟通。您目前有哪些问题及材料可先交由我向其进行转达，新闻发言人联系方式：×××。

回复参考：感谢您来电对我公司工作提出建议。您陈述的问题，我简单陈述如下：依据相关政策和法规，我非常理解您的心情，您的要求是？希望您能理解。如果有您对相关政策能理解。如果有您不清楚的问题，您继续提出来，我再为您解答？抱歉，您反映的问题我不是很清楚，但是我们其他部门重视您的来电，我马上向公司其他部门回复落实，并将在 2 小时内向您回复等待。

则，不对新闻媒体采访做出任何正面回复，建议现场工作人员事先询问媒体要采访的问题及对方手中的材料，并及时将相关信息转至公司新闻发言人处。由公司新闻发言人统一对外发布信息。

统一回复参考：感谢您对某某事件的关心。根据我公司新闻发言人制度，由我公司新闻发言人统一对外做出回复，详细情况请您与新闻发言人某某沟通，您目前有哪些问题及材料可先交由我向其进行转达，新闻发言人联系方式：×××。

特别提示：将问题流转给新闻发言人处理后，其他部门切勿另行接受新闻媒体对舆情事项的采访。

2）新闻媒体对公司新闻发言人进行采访时，新闻发言人应注意以下几点：

① 及时告知公司的全体员工统一口径，信息发布由新闻发言人负责，避免员工在面对采访时不知所措；

② 给媒介真实、准确的新闻素材，做出肯定的回答，对未知的事情不要推测，赢取公信力；

③ 不要议论或攻击媒体，应有意的疏导媒体，让媒体沿着良性的方向报道。

统一回复参考：我们正密切关注事态的发展，公司已成立专项应对小组，与客户进行积极的沟通。我们正在努力与客户达成共识，力图将客户的损失降为最低/解决客户的问题，并彻底清查所有相关程序环节，保证杜绝类似事情的再次发生。我们将更努力地为客户提供更好的更有保障的服务/产品。您所提出的问题，我需先与我公司某某部核实，争取 24 小时内向您做出满意的回复。

（4）舆情应对情景三：政府问责

1）政府问责时，一般会将客户投诉、上访的问题直接反馈给燃气公司，并要求燃气公司做出情况说明。律师建议，燃气公司应及时将事件经过及相关材料发送给律师，律师依据事件的实际情况出具法律意见，经公司新闻发言人与律师共同研讨提出应对方案，最后公司以书面形式将回复意见呈报政府有关部门。

2）鉴于政府一般均有法制办公室或常年法律顾问，在起草书面材料或报告时应谨记尊重事实，观点符合逻辑，论据有法律依据支持，在合适的情况下，可事先听取或咨询法制办公室或常年法律顾问意见后正式回复。

（5）舆情应对情景四：网络舆情

1）网络舆情需要动员燃气公司全体员工在日常生活中留心关注，及时发现及时反馈，由新闻发言人与律师一起对舆情进行分析，及时提出解决方案。一般情况下，善意的负面报道、没有影响力的负面报道和持续时间不长的负面报道并不会引发真正的舆情危机，燃气公司根据所反应的实际情况自查自纠后，可不做正面回应。

2）建议燃气公司将本公司关键词（比如"某某燃气"）与百度新闻、天眼查、启信宝，通过微信、电子邮件或微博等相关联，做到对燃气公司相关网络信息的及时查收。同时要加强对报纸、广播、电视、网络等媒介渠道舆情信息的监测。建议设专人进行监控，做到早发现、早上报、早应对、早处置。

3）建议燃气公司关注竞争对手或其他外地同行的敏感新闻，一旦竞争对手或外地同行出现舆情问题，应第一时间检查自身是否存在类似问题并立即整改。

（6）媒体监督常问清单

序号	媒体常问问题（举例）
1	此次危机是怎么发生的？
2	燃气公司会如何处理相关责任人？
3	燃气公司采取了什么处理措施？
4	现在局势如何？
5	有关部门何时开始处理危机的？
6	危机还会产生哪些负面影响？
7	你们公司是否有违反法律法规的地方？
8	谁来负责处理危机？
9	还有哪些坏消息没有发布？
10	危机受害者是否得到妥善处理？
11	在发生之前，有关部门是否提出过警告？
12	有关部门提供的那些数据/资料/结果意味着什么？

5. 舆情处理应急程序

舆情应急，应坚持以正面导向为主，把握主动权，增强事件处理透明度，以疏代堵，具体程序为：

（1）各部门要密切注意舆情动态，发现问题及时向公司主管部门报告，由各部室负责人集体对事件进行初步分析，根据事件严重程度决定是否召开舆情应急处置工作会议。

（2）舆情应急处置领导小组接到汇报后，召开应急会议，在请示公司主管领导后，有针对性地布置处置工作，形成新闻通稿并组织宣传报道。

（3）小组成员及时将舆情情况以及事件有关信息以书面形式上报公司新闻舆情工作领导小组。

（4）做好突发公众舆论事件的 24 小时全程处置工作的文字、声像记录工作。保存好相关记录，以备将来复盘研究，用于提高舆情处置水平。

6. 附则

（1）本指引作为燃气公司应对舆情的规范，结合燃气公司舆情应急处置领导小组成员的经验，在实践过程中使用。

（2）本指引著作权人为山东汉顿律师事务所，著作权人同意其他人可以发布和转载，但是应当注明著作权人。

附录2：关于工业用户气费清欠工作流程

燃气公司在回收应收账款时，针对工业用户的气费清欠，因数额较大、对账单等欠费证据存在瑕疵等原因往往比较难处理。近期，律师在处理燃气公司的气费清欠工作过程中，发现存在燃气用户的门卫未经授权代签用气单据等情况，影响欠费证据的效力，给清欠工作造成潜在障碍。

为帮助燃气公司完善清欠证据和流程，扫除清欠后顾之忧，推进清欠顺利进行，律师建议清欠工作增加律师参与环节，按照"搜集欠费证据→律师审核欠费证据→补充证据、初步催收→律师函催收→起诉"的程序进行。就此，律师特编写工业用户气费清欠工作流程指引，希望对燃气公司现有或潜在的气费清欠工作有所帮助。

1. 清欠流程简图

注：虚线及标红步骤表示律师可参与的环节。

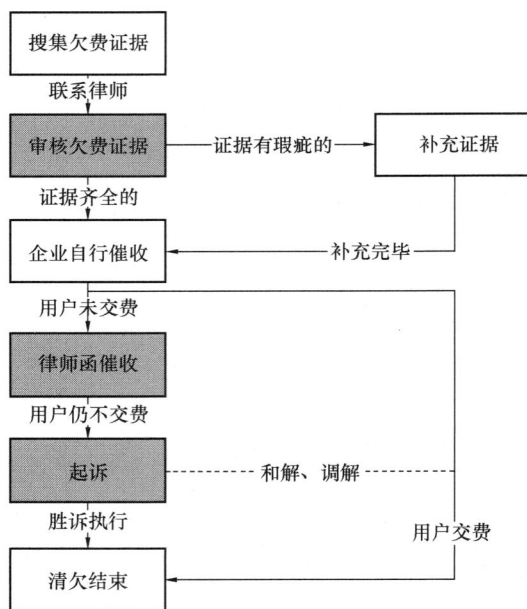

2. 清欠流程详解

第一步：搜集欠费证据

196

欠费证据的搜集工作需要从给用户供气伊始即开始准备，防患于未然。这一阶段的证据准备主要是指签约时在合同中约定欠费违约处理条款，供气过程中注意保存好缴费充值凭证及《抄表缴费通知单》等日常业务资料。

出现欠费情况需要催收时，需准备的证据包含但不限于《供气协议》、缴费充值凭证、《抄表缴费通知单》等所有能够证明交费情况、用气情况的材料。

第二步：律师审核欠费证据

在欠费证据审核中，用气单据签字出现瑕疵是容易发生的问题之一。如果签字人是门卫、基层工人等未经用户书面授权的普通员工甚至是无劳动关系的临时工，一旦涉诉，燃气公司很难证明签字人与用户间具有劳动关系及签字授权情况。

如果证据出现此类瑕疵，除非用户自认，否则燃气公司存在瑕疵部分的诉讼请求将很难得到法院支持。

建议燃气公司梳理《抄表缴费通知单》等单据的管理情况，如存在类似问题，及时进行完善。抄表单取得用户财务盖章最佳，如果仅能取得签字，则燃气公司可与用户约定，抄表单由指定专人进行签字确认。被指定人为公司法定代表人、总经理、财务负责人以外人员的，须有书面授权。

第三步：补充证据、初步催收

如果欠费证据经律师审核无问题，可以直接催收。如果欠费证据有缺失或其他瑕疵，需要在正式催收前完善、补充证据。

做好证据的搜集工作是正式启动催收程序的前提。如果在催款清收未成、计划启动诉讼程序时再去搜集、补充证据，那时用户已有很高的警惕防范心理，再想补充难度会很大。很容易导致证据缺失的欠款无法得到法院支持。

燃气公司可以通过给用户财务负责人、法定代表人或总经理等人员录音、双方对账等方法确认欠款情况。做完证据补充工作后，燃气公司就可以无后顾之忧地启动正常催收程序了。

第四步：律师函催收

如燃气公司商务催收无效，可以联系律师，以律师函的形式再次催收。律师函中一般会提及未按规定时间还款将启动诉讼程序等强制性催收措施。考虑到公司信誉及诉讼的成本，用户一般不愿被诉，接到律师函后在诉前补交气费的可能性是比较大的。这一步工作，需要燃气公司提前准备好用户通信地址和联系电话等信息。

第五步：起诉

如前面的催收环节均无效，则燃气公司可通过司法途径追索欠款。如果已经通过前面几个环节收集到了充分的证据，胜诉的概率是非常高的。为保证案件判决后能够顺利执行，在这一阶段需要及时搜集欠费用户的财产线索，做好保全工作。如果判决、裁定生效后用户拒不履行法院裁判文书，可以申请强制执行。如果提前做了财产保全工作，将大大提高案款顺利执行到位的概率。

附录3：居民燃气用户入户安检流程法律指引

根据《山东省燃气管理条例》等法规规定，对民用户安全用气进行定期入户安检，是燃气经营企业必须履行的义务。但是，在实际操作过程中，燃气公司常常遇到拒绝入户、到访不遇等无法正常安检的情况，埋下安全用气隐患。如日后出现燃气爆炸等意外事故，容易使燃气公司陷入纠纷。律师结合实务经验，总结以下入户安检流程，通过规范操作程序，在最大程度上降低燃气公司风险。

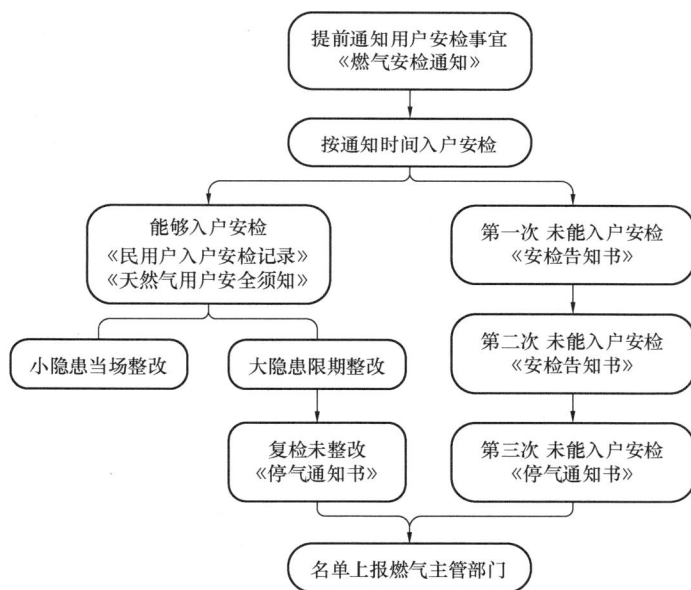

```
         ┌──────────────────────┐
         │  提前通知用户安检事宜   │
         │   《燃气安检通知》      │
         └──────────┬───────────┘
                    │
         ┌──────────┴───────────┐
         │   按通知时间入户安检    │
         └──────────┬───────────┘
         ┌──────────┴────────────────────┐
         │                               │
┌─────────────────┐          ┌─────────────────────┐
│  能够入户安检      │          │  第一次 未能入户安检   │
│《民用户入户安检记录》│          │   《安检告知书》       │
│《天然气用户安全须知》│          └──────────┬──────────┘
└──┬──────────┬───┘                     │
   │          │               ┌─────────────────────┐
┌──────┐  ┌────────┐          │  第二次 未能入户安检   │
│小隐患  │  │大隐患    │          │   《安检告知书》       │
│当场整改│  │限期整改  │          └──────────┬──────────┘
└──────┘  └────┬───┘                     │
               │               ┌─────────────────────┐
      ┌────────────────┐       │  第三次 未能入户安检   │
      │  复检未整改       │       │   《停气通知书》       │
      │ 《停气通知书》     │       └──────────┬──────────┘
      └────────┬───────┘                  │
               └──────────┬───────────────┘
                 ┌─────────────────────┐
                 │   名单上报燃气主管部门  │
                 └─────────────────────┘
```

第一步，提前通知用户安检事宜。

提前与预检社区物业沟通，经允许后在每个单元门口及小区布告栏张贴《燃气安检通知》（附件1），告知用户具体安检时间及注意房内留人配合安检。有条件的燃气公司，可以同时在业主群内发布通知，或向用户联系手机发送安检短信。

第二步，按通知时间入户安检。

燃气公司安检人员在实施用户安检时，应当统一着装并佩戴工作牌，主动表明身份，遵守服务规范，不得从事与用户安检工作无关的活动。

（1）能够入户的用户

① 经检查设施合格无隐患的，安检员当场填写《民用户入户安检记录》（附件2）并经用户签字确认，同时告知用户仔细阅读安检记录背面的《天然气用户安全须知》（注：签字人最好为户主本人，若非户主本人签字，则应注明签字人与户主关系，例如亲属关系、租赁关系等），留复写联，安检结束。

② 经检查存在隐患的，对能够当场整改或整改成本较小的隐患，燃气公司可免费提供整改服务，对整改较复杂或需要一定整改成本的隐患，提示用户自行承担整改亦可请燃气公司提供有偿整改服务。安检员在《民用户入户安检记录》上载明隐患情况及整改期限并由用户签字确认，留复写联。

（2）未能入户的用户

未能入户的原因大致有室内无人、警惕心强拒绝入户检查、担心盗气或私改等违法行为被发现拒绝入户检查几种类型。对这些用户，当无法入户安检时，需要张贴《安检告知书》（附件3）告知上门安检情况，要求尽快配合安检，并拍照备案。

第三步，后续跟进。

（1）存在隐患的用户

对已查明隐患情况进行复检。

（2）未能入户的用户

连续第三次安检仍无法入户的，拒绝检查或到访不遇的可张贴《停气通知书》（附件4）并拍照备案，最后一次给用户自觉接受安检的机会。用户如逾期仍未联系预约安检，燃气公司可按法规政策规定做停气处理，直至用户接受安检、排除安全隐患为止。

第四步，安检工作整体结束。

燃气公司应集中整理未入户安检及隐患未整改用户名单，请求物业协助提供用户联系方式或者在小区宣传栏张贴通告，要求被通告的用户主动联系燃气公司预约安检。年底时，燃气公司应将本年度未入户安检及隐患未整改用户名单向上级燃气主管部门备案。建议有条件的燃气公司，将未检用户及隐患用户在区域内有影响力的报纸或电视台进行集中公告，并且留存好相应资料。已证明燃气公司尽己所能、穷尽所有途径进行安检。

以上告知书，均须拍照上传至燃气公司用户管理系统备案（注意留存原始照片），同时将相关资料报送燃气主管部门。

其他注意事项

（1）照片原始版本的保存

建议：根据实际需求设置保存期（如 3 年），保存期限内留存相关照片并妥善保管存储设备。

解释：如果未入户安检用户日后因燃气事故等缘由对燃气公司提起诉讼。由于用户管理系统储存的照片是复制件，对方会对真实性提出质疑，直接出示原始照片是最有效的举证方式。因此，原始照片的保存非常重要。

（2）《民用户入户安检记录》的填写

建议：存在隐患的项目采用"√"避免使用"—"。

解释：划"—"有时表示否定，为避免歧义，使用通常表示肯定的"√"较好。

（3）《民用户入户安检记录》的存档工作

建议：①封存安检资料时，为每本《民用户入户安检记录》单独做一份表格，填写对应的小区名称、楼号、户数、安检率等信息；②给每本《民用户入户安检记录》打孔穿线、贴封条、盖章封存。

解释：采取第①种措施可以提高存档工作规范化，方便查看资料。采取第②种措施是为了降低资料造假的可能性，提高资料证明力。

附件1：燃气安检通知

燃气安检通知

尊敬的＿＿小区＿＿楼＿＿单元管道天然气用户：

为了您和他人能够安全使用管道天然气，我公司将入户例行一年一次的安全大检查。我公司安检人员将统一佩戴工作卡并携带专业检测仪器对您家中燃气管道设施进行免费安全检测。

请您在＿＿月＿＿日至＿＿月＿＿日＿＿：＿＿至＿＿：＿＿期间家中务必留人。否则引起的一切事故自负！

感谢您的配合和支持！

咨询电话：

＿＿＿＿＿＿＿燃气有限公司

＿＿＿＿＿年＿＿＿月＿＿＿日

附件 2：民用户入户安检记录及天然气用户安全须知

民用户入户安检记录

安检单号：　　　　　　　　　　　　　　　　安检日期：　　年　　月　　日

用户姓名				地址			
电话				燃气设施		□灶具　□热水器　□燃气供暖炉	
租户电话				表钢号			
安检情况	燃气设备设施	□存在漏气 □灶前阀未关 □灶前阀损坏 □阀门漏气 □燃气设备、设施接口漏气 □私接燃气设施 □私拆、私改燃气管道 □盗气 □使用报废燃气具 □燃气具无熄火保护装置 □燃气表前阀门损坏 □计量表具严重锈蚀 □燃气表故障 □厨房或燃气设施房间住人 □燃气热水器安装不合规定 □燃气燃烧器具安装位置不合规定 □燃气燃烧器具排烟管道安装位置不合规定 □存在双火源		安检情况	燃气管道	□管道接口漏气 □管道缠绕或吊挂物品 □管道及计量表包裹 □管道穿越灶台、水池 □管道被用作接地线 □管道（软管）穿越吊顶 □管道穿越卫生间 □管道（软管）暗埋 □管道缺失管卡 □管道与电线、暖气等安全间距不合规定 □管道锈蚀 □引入管锈蚀 □接头锈蚀 □管道接口锈蚀	
	胶管类	□胶管使用超两年，已告知用户更换 □胶管老化 □胶管中间有接口 □胶管过长 □胶管接口未加装喉箍 □胶管使用简易三通连接 □未连接燃气燃烧器具，端口开放			燃气报警器	□报警器未接电，非正常使用 □紧急切断阀不能正常工作 □报警器未定期检验 □报警器探头超 5 年，已告知用户更换	
其他				备注：以上√内容的隐患，请于＿＿＿日内整改完毕			
用户是否同意整改		□是　　　□否		字轮数		液晶数	

　　尊敬的用户：请确认工作人员已向您示范燃气管道设施使用方法，告知您使用后必须关闭燃气阀门，告知您可燃气体探测器必须连接电源使用，超期须及时更换及其他安全注意事项，告知您仔细阅读安检记录背面的《天然气用户安全须知》。当您在本单据上签字后将代表工作人员已认真、全面的完成上述工作。

安检员：　　　　　　　　用户签字：　　同户主关系：□本人　□亲属　□租赁

天然气用户安全须知

（1）用气前应仔细阅读天然气用户须知，掌握燃气设施的日常维护、报修及安全常识。

（2）请在每次使用后及时关闭燃气灶具阀门及燃气表前阀门。

（3）定期用肥皂水检查室内天然气设备接头、软管等部位有无漏气，检查燃气软管有无松动、脱落、龟裂变质，软管老化应及时更换。如发现有气泡冒出，或有天然气气味，应打开门窗通风，严禁开关电器或使用明火，并立即用户外电话与我公司客服热线×××联系。

（4）严禁私拆、私装、私改、包裹燃气管道和设备，禁止拆卸天然气表；严禁在燃气管道上缠绕电线、悬挂其他物品或作为搭构设施的支撑；严禁将有天然气管道设备的房间作为卧室。

（5）使用燃气热水器必须安装排烟管道，注意保持室内通风；厨房内严禁天然气与液化气双火源共用；不得在天然气管道和燃气具周围堆放易燃易爆物品。

（6）国家规定天然气灶具判废年限为8年，燃气灶具必须带有熄火保护装置。

（7）按《膜式燃气表》JJG 577规定，以天然气为介质的燃气表使用期限不得超过10年。

（8）燃气软管使用年限不应超过2年，燃气报警器使用年限不应超过5年，使用到3年时至少要检测1次，紧急切断阀使用年限不应超过10年。

（9）燃气表的计量结算以基表字轮显示气量为准，燃气表IC卡电控部分只做为预付费使用。

（10）如发现防拆扣私自拆除均视为偷盗气行为，将依法追究刑事责任并追缴气费。

（11）如有疑问，请拨打客服中心24小时咨询报修电话：×××

投诉电话：×××   质量服务监督电话：×××

附件3：安检告知书

安检告知书

尊敬的管道天然气用户：

_____小区____楼____单元____室_____用户

我公司安检员于____年____月____日____时____分到您家进行安全检查，因您 □家中无人 □拒绝入户 留下此条，请您见到此条后，尽快与我公司联系预约安检。

感谢您的配合和支持！

24 小时服务热线：×××

安检员电话：

_____燃气有限公司

_____年____月____日

附件4：停气通知书

停气通知书

_____小区____楼____单元____室_____用户：

□我公司安检员连续两次到您家例行燃气安全检查均未能入户。今日第三次进行燃气安全检查，但本次仍未能入户安检。

□我公司安检员到您家入户安检时发现存在用气安全隐患，并书面通知您限期整改。现整改期限已到，但今日入户安检时发现隐患尚未整改。

鉴于以上情况，我公司通知如下：

（1）您的上述行为违反了《山东省燃气管理条例》第二十八条规定，燃气用户应当配合燃气经营企业入户进行燃气安全检查，遵守安全用气规则。配合燃气公司进行安检、遵守安全用气规则不但是燃气用户的法定义务，也是对社会公众承担的责任。

（2）请于____年____月____日前，□隐患整改完毕，拨打我公司服务电话_____预约安检。

（3）如您未在规定时间内履行义务，我公司将根据《地方燃气法规》第____条规定，自____年____月____日____时起对您家进行停气，直至您接受入户安检、排除安全隐患为止。

请从自身用气安全及邻里生命财产安全角度出发，接受入户安检、排除安全隐患。否则，由此引发不利后果由您自行承担。

感谢您的配合和支持！

_____燃气有限公司

_____年____月____日

附录 4：天然气盗窃刑事案件大数据分析报告

1. 数据分析目的

近年来，全国各地区盗窃天然气行为时有发生，不仅给燃气企业造成巨大经济损失，而且严重危害到城市燃气供用气安全。由于盗窃燃气的隐蔽性强，造成发现难、取证难、定量难、查处难的现状。如何客观、公正、合理计算出盗窃天然气的具体案值，在实践中因为缺乏相应科学实用的计算方法，一直困扰着天然气行业打击盗窃天然气行为的进程。为此，山东汉顿律师事务所燃气法律服务团队搜集整理了中国裁判文书网关于天然气盗窃的裁判文书。我们期待通过研究各地燃气盗窃刑事案例，分析各地针对天然气盗窃刑事案件的案值认定方式和量刑标准，从而更好地为燃气企业提供顾问服务，使燃气企业可提前做好燃气盗窃证据搜集等相关工作，在发现盗气后，妥善处置盗气有关事宜，为企业挽回最大损失。

2. 天然气盗窃案例检索情况

关键词："盗窃天然气"。

案由：刑事案件，判决。

检索期限：自 2011 年至 2018 年 3 月 5 日。

案例数量：共检索盗窃罪案例 64 个。

检索情况分析：

（1）关于盗气方式，经统计主要有 8 种方式，见附录 4 表 1。

盗气方式　　　　　　　　　　　　　　　　　　　附录 4 表 1

序号	具体操作方式
1	在燃气皮膜表内气门上加装磁铁，在表外放置强磁铁牵制气门运行，使燃气计量表不计量的方式
2	在天然气表上采取打孔扎针的方式致使天然气表停转
3	在流量计中塞入异物的方式使流量计慢走或停走
4	把表反装，或者拆表线
5	使用远程遥控装置（电子干扰仪）放置在燃气表上，减少燃气表计量
6	自行安装的燃气表与天然气公司正常安装的燃气表交替使用
7	绕过燃气表接通管线
8	在天然气管道上打孔窃气

（2）关于盗窃数额。64 个案例中，盗窃数额分布见附录 4 图 1、附录 4 图 2。

从数额分布来看，盗窃数额在 1—5 万元最多，占了 42%。

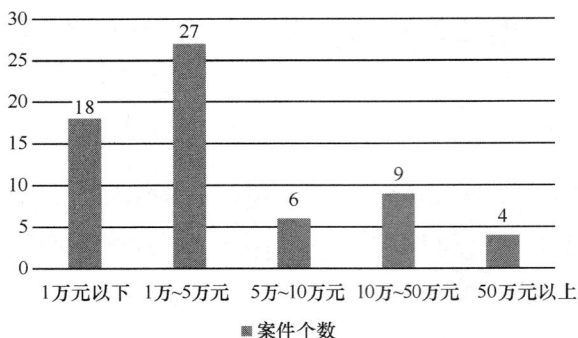

附录 4 图 1　盗窃数额分布

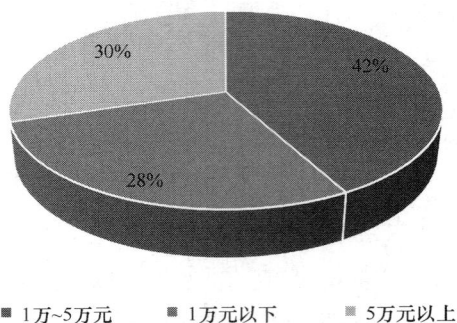

附录 4 图 2　盗窃数额比例分布

（3）对于判决结果，法院会根据盗窃金额的大小、被告人的认罪态度等多种元素考虑刑罚。从检索到的案例来看，盗窃金额在 5000 元以下的，大多单处罚金；5000 元～5 万元之间的，判处有期徒刑三年以内，大多适用缓刑；64 个案例中，有 29 个案例适用了缓刑。缓刑案件具有犯罪嫌疑人认罪态度好，主动交代了案件事实和经过，具有自首和坦白情节，并把赃款全部退回得到被害单位谅解的情形。（具体刑罚措施和量刑标准见附录 4 表 2）

刑罚措施和量刑标准　　　　　　　　　　附录 4 表 2

盗窃金额 案件数量	单处罚金	有期徒刑并处罚金 适用缓刑	有期徒刑并处罚金		说明
			3 年以内（含 3 年）	3 年以上	
1 万元以下（18 个）	单处罚金（7 个）说明：盗窃金额全部在 5000 以下	有期徒刑 6～12 个月（11 个）	无	无	罚金 1000 元～2 万元之间
1 万～5 万元（27 个）	无	有期徒刑 6～36 个月（15 个）	有期徒刑 6～36 个月（12 个）	无	罚金 5000 元～3.5 万元之间
5 万～10 万元（6 个）	无	有期徒刑 2～3 年（3 个）	有期徒刑 2～3 年（2 个）	有期徒刑 10 年（1 个）	罚金 2 万～3 万元之间
10 万元以上（13 个）	无	无	有期徒刑 3 年（3 个）	有期徒刑 3～15 年（10 个）	罚金 2 万～50 元万之间

3. 关于对盗窃数额和盗气时间的认定

在检索的案例中，对于盗窃数额的认定方式主要有如附录 4 表 3 所示的 4 种：

盗窃数额的认定　　　　　　　　　　　　　　　　　　　　附录 4 表 3

盗窃数额认定方法	参考案例
1	盗窃数量能够查实的，按照查实的数量计算盗窃数额；盗窃数量无法查实的，以盗窃前六个月月均正常用量减去盗窃后计量仪表显示的月均用量推算盗窃数额；盗窃前正常使用不足六个月的，按照正常使用期间的月均用量减去盗窃后计量仪表显示的月均用量推算盗窃数额	《施金虎、韩国胜等犯盗窃罪一审刑事判决书》（2015）嘉海刑初字第 950 号、《聂国春盗窃一审刑事判决书》（2014）杨刑初字第 594 号
2	由燃气公司或第三方评估机构测算企业用气量，出具评估、鉴定报告	《被告人张兴盗窃一案》（2011）华区刑初字第 383 号、《孙某盗窃一审刑事判决书》（2014）闸刑初字第 663 号
3	参考该用户正常平均用气量及合理的营业天数，经价格认证中心估价确定案值	《吴建军诈骗、盗窃二审刑事裁定书》（2016）湘 01 刑终 501 号、《姜伟盗窃罪一审刑事判决书》（2016）黑 0604 刑初 28 号
4	根据盗气前与盗气后的用气量进行比对算出差额进行估算盗用天然气的数量与价值	《陈万广盗窃罪一审刑事判决书》（2013）朝刑初字第 1399 号

　　对于盗窃时间的认定，如有证据证明嫌疑人盗气的具体时间，则以证据证明的盗气时间为嫌疑人盗气开始之日；如无证据证明，则以嫌疑人自认的时间为盗气开始的时间；如嫌疑人对盗气时间未自认且无其他证据能够证明盗气时间的，则以发现盗气时间作为盗气开始的时间。

　　4. 检索案例情况（见附录 4 表 4）

检索案例情况　　　　　　　　　　　　　　　　　　　　附录 4 表 4

序号	名称	案号	审理法院	裁判观点
1	施金虎、韩国胜等犯盗窃罪一审刑事判决书	（2015）嘉海刑初字第 950 号	海宁市人民法院	关于本案盗窃金额的认定。首先，涉案气体涡轮流量计经鉴定计量性能符合国家计量检定规程 JJG 1037—2008《涡轮流量计检定规程》要求；其次，远传电子数据系统显示杭海镀锌公司自 2011 年 7 月 30 日开始出现工况为 0 的现象，且出现的时间段与各被告人拔插数据线的时间段相印证，与抄表记录关于杭海镀锌公司天然气用气量自 2011 年下半年开始减少随后保持稳定的情况亦相符，故认定本案盗窃开始时间为 2011 年 7 月 30 日；再次，浙江方正校准有限公司出具的鉴定意见，根据电子数据中体积修正系数的平均值来计算盗窃金额，因体积修正系数根据温度、气压等时刻变化，该计算方法缺乏客观性，不予采纳，根据《最高人民法院、最高人民检察院关于办理盗窃刑事案件适用法律若干问题的解释》规定，盗窃电力、燃气、自来水等财物，盗窃数量无法查实的，以盗窃前六个月月均正常用量减去盗窃后计量仪表显示的月均用量推算盗窃数额，因杭海镀锌公司的天然气费结算时间为每月 25 日左右，故以 2011 年 2 月至 7 月的月平均用量作为盗窃前六个月的月均正常用量，按照各被告人参与的盗窃时间及增值税发票结算的天然气单价认定其盗窃金额，其中被告人施金虎盗窃金额 5574586 元，被告人韩国胜盗窃金额为 5091753 元，被告人吴建华盗窃金额为 482833 元，被告人施某盗窃金额为 160944 元

序号	名称	案 号	审理法院	裁判观点
2	聂国春盗窃一审刑事判决书	（2014）杨刑初字第594号	上海市杨浦区人民法院	根据最高人民法院、最高人民检察院《关于办理盗窃刑事案件适用法律若干问题的解释》第四条规定，盗窃电力、燃气、自来水等财物，盗窃数量能够查实的，按照查实的数量计算盗窃数额；盗窃数量无法查实的，以盗窃前六个月月均正常用量减去盗窃后计量仪表显示的月均用量推算盗窃数额；盗窃前正常使用不足六个月的，按照正常使用期间的月均用量减去盗窃后计量仪表显示的月均用量推算盗窃数额。本案中，关于被告人聂国春的犯罪时间，公诉机关根据证人陈甲的证言和被告人聂国春的供述等证据认定为2012年3月，被害单位亦不持反对意见，本院予以确认，故在此之前即为被告人聂国春正常使用期间；关于燃气单价，上海市杨浦区价格认证中心已出具鉴定意见，本院亦予以确认。关于设备总流量以及营业小时，被害单位认为应将浴室内六台盗气设备的流量之和认定为设备总流量，营业小时根据不同设备、不同时段按照每日12小时、6小时、3小时不等进行计算的意见，既未得到证人证言和被告人供述的印证，被害单位也未提供其他相应的证据，本院不予采纳。因本案盗窃数量无法查实，公诉机关本着疑点利益归于被告人的原则，根据被告人聂国春正常使用期间的缴费情况计算正常使用期间的月均用量，结合聂盗窃天然气的天数以及对应的单价，再扣除聂盗窃天然气期间缴纳的费用，推算盗窃数额的方法符合最高人民法院、最高人民检察院《关于办理盗窃刑事案件适用法律若干问题的解释》的规定，公诉机关据此推算被告人聂国春的盗窃数额为10余万元，本院予以采纳
3	被告人张兴盗窃一案	（2011）华区刑初字第383号	濮阳市华龙区人民法院	至案发，共盗用天然气64天。经濮阳市天然气公司对该饭店及腐竹加工厂耗气量计量，日耗气量为761.5m³。经濮阳市价格认证中心价格鉴定，案发时每立方米天然气价格为1.5元。据此计算，被告人张兴盗窃天然气价值共计73104元
4	孙某某盗窃一审刑事判决书	（2014）闸刑初字第663号	上海市闸北区人民法院	经上海市燃气安全和装备质量监督检验站现场测试，被告人孙某某盗窃天然气总价值人民币18942.2元
5	陈万广盗窃罪一审刑事判决书	（2013）朝刑初字第1399号	北京市朝阳区人民法院	关于本案的犯罪数额，本院以2010年至2011年度供暖季的用气量作为基础数额，减去2009～2010年度供暖季的实际用气量（含用油所折合的用气量），并根据供暖温度标准的变化进行相应地计算、调整，所得的差额为天然气102484m³，价值人民币199843.8元
6	苏章和盗窃罪一审刑事判决书	（2015）潮安法刑初字第518号	潮州市潮安区人民法院	"依思陶瓷厂"的工资表以及被害单位中海油潮州能源有限公司对"依思陶瓷厂"数据分析，均相互印证。 因此，对本案被盗天然气的数量，应依照《最高人民法院关于办理盗窃刑事案件适用法律若干问题的解释》第四条第（三）项的规定，根据"依思陶瓷厂"作案前6个月的月均正常用量减去每月实际用量后确定盗窃数额。同时，根据本案证据可以认定"依思陶瓷厂"盗窃被害单位中海油潮州能源有限公司天然气的期间为2013年12月份、2014年3月份至2014年8月22日，共6个月22日。本案被告人苏某甲经营的"依思陶瓷厂"在案发前6个月的月均用气量为18963.33m³，故作案期间的正常用量为127243.94m³，而其计量的用量为123134m³，故依法应认定其盗窃的天然气数量共127243.94 − 123134 ＝ 4109.94m³。根据被害单位中海油潮州能源有限公司提供的天然气单价约为5.22元/m³计，盗窃数额应为21453.89元

续表

序号	名称	案 号	审理法院	裁判观点
7	姜伟盗窃罪一审刑事判决书	(2016)黑 0604 刑初 28 号	大庆市让胡路区人民法院	本案中被告人姜伟经营宾馆采用燃气壁挂炉方式取暖，其日窃气时间计算标准应参照商服类计算，即日窃气时间 8 小时，且在鉴定结论书中也体现，本案鉴定标的为商服类用气，公诉机关指控的燃气壁挂炉日窃气时间参照工业锅炉类 12 小时计算，该计算方法不准确，应予以纠正，故本案案值应为 4.15 元 /m³×（2.4m³×3 台×8 小时/天×180 天＋1m³×3 小时/天×180 天）＝45268.6 元
8	苏全民盗窃一审刑事判决书	(2016)豫 0502 刑初 246 号	安阳市文峰区人民法院	华润公司关于聚龙大酒店盗窃天然气查处经过和窃气金额三种计算方式的说明证实，2013 年 8 月份抄表员发现气表不显示数字，以 2013 年 7 月为开始窃气时间，核算窃气金额应 295923.24 元
9	吴建军盗窃二审刑事裁定书	(2016)湘 01 刑终 501 号	长沙市中级人民法院	参考该饭店正常经营的平均用气量及合理的营业天数，经长沙市价格认证中心估价。 经查，（1）本案物价鉴定的鉴定主体、鉴定程序合法，形式要件完备，鉴定方法科学，该物价鉴定应作为定案证据。（2）本案盗窃行为发生前没有工商燃气用户正常使用的情形，最终盗窃数额的认定系通过参考各餐饮用户正常经营的平均用气量及合理的营业天数确定四家店铺的违规用气价值，并已核减去四家店铺通过正常方式购买燃气的费用及稽查后补缴的燃气费。原审判决认定盗窃数额科学合理。故对该上诉理由及辩护意见本院不予采纳
10	被告人杨某犯盗窃罪刑事判决书	(2013)龙刑初字第 00114 号	葫芦岛市龙港区人民法院	经审理查明：2012 年 2 月至 2013 年 2 月 18 日期间，被告人杨某在龙港区某店，使用未经防火检测的材料、工具私自改装其经营的店门市的天然气管道，盗窃天然气 5038.92m³。经葫芦岛市涉案物品价格鉴定中心鉴定，杨某盗窃的天然气价值为人民币 20155.68 元。 被告人杨某在庭审中对以上犯罪事实供认不讳，另有证人刘某、黄某、崔某、刘某某、费某的证言，扣押物品清单，物证照片，该店抄表数据明细，鉴定结论，被告人户籍证明等证据证实，经庭审质证，足以认定
11	陈新盗窃一案一审刑事判决书	(2013)中刑初字第 122 号	郑州市中原区人民法院	天然气表进出气的管道掐断，用一根软管越过气表，直接将天然气接入自家的灶具、热水器等燃气设备上使用，直至 2011 年 11 月 1 日被郑州市华润燃气公司的工作人员查处。经郑州市华润燃气公司核算，陈新共盗窃天燃气量为 3832m³，应追缴气费 7280.8 元

5. 各地打击燃气盗窃采取的主要措施（见附录 4 表 5）

（1）出台文件。由公安、检察院、法院、司法局、安监局、质监局等有关部门联合出台《关于办理盗窃燃气违法犯罪案件适用法律问题的若干规定》、燃气公司联合公安局发布《关于严禁非法私接私改燃气管道设施和盗窃燃气的通告》。

各地打击燃气盗窃采取的主要措施　　　　附录4 表5

地域	主要做法	部门	时间
天津	《天津市关于办理盗窃燃气违法犯罪案件适用法律问题的若干规定》	天津市高级人民法院、市人民检察院、市公安局、质监局、司法局	2002 年
黑龙江	《黑龙江省关于办理盗窃燃气违法犯罪案件适用法律问题的若干规定》	省高级人民法院、省人民检察院、省公安厅、省质监局	2009 年
上海	《关于办理盗窃燃气及相关案件法律适用的若干规定》	高级人民法院、人民检察院、公安局、司法局	2011 年
郑州	《郑州市打击破坏燃气设施及盗窃燃气违法犯罪行为的若干规定》	市中级人民法院、人民检察院、公安局、司法局、城市管理局和质量技术监督局	2011 年
连云港	专项行动防范打击盗窃燃气违法犯罪行为	市人民检察院、人民法院、公安局、司法局和质监局	2013 年
安徽安阳	《关于办理盗窃燃气违法犯罪案件适用法律问题的若干规定》	市人民检察院、市中级人民法院、市公安局、市司法局和市质监局	2014 年
河南平顶山	《平顶山市打击破坏燃气设施及盗窃燃气违法犯罪行为的若干规定》	平顶山市住建局、市公安局、市质监局、市检察院、市中院、市安监局	2015 年
周口	《周口市打击破坏燃气设施及盗窃燃气违法犯罪行为规范燃气市场经营秩序的若干规定》	市中级人民法院、周口市人民检察院、周口市公安局、周口市质量技术监督局、周口市城市管理局	2016 年
聊城	《关于严禁非法私接私改燃气管道设施和盗窃燃气的通告》	聊城市公安局东昌府分局、聊城新奥燃气有限公司	2015 年

（2）开展专项行动。开展防范打击盗窃燃气违法犯罪行为的专项行动。

（3）媒体宣传。会同行业主管部门和燃气企业利用各种新闻媒介进行广泛宣传，提高广大市民和工商用户遵章用气、诚信用气和安全用气的意识，增强居民群众的自我保护意识。

（4）建立健全举报奖励制度、定期排查。通过发动居民群众和企业职工进行调查排查，及时发现违法用气客户及违法犯罪行为，并设立举报电话、举报邮箱、建立健全举报奖励制度，以积极获取违法犯罪线索，加大查处和打击力度。

（5）建立研判制度、黑名单制度。燃气企业建立气量变化研判制度，尤其是根据此类用户行业特点、季节时段、经营规模等情况，规划合理用量范围，一旦出现异常立即查明原因。对有过盗窃记录的用户将建立黑名单制度，加强日常监管，不定期对其用气设施开展联合检查。

6. 律师建议

（1）燃气安检与充值管理系统数据监测相结合，有重点地加强预防性盗气排查。在常规安检中，要把餐饮洗浴等盗气事件频发领域的用户作为重点安检对象。通过对购气充值系统的数据分析，对购气异常用户及时发现，重点筛查，有针对性地排查盗气嫌疑户。这样可较好地预防和及早发现盗气现象，做到早发现，早处理，避免损失扩大。

（2）燃气公司出台激励措施，提高员工和人民群众参与盗气查处工作的积极性。在燃气公司内部，可以制定奖励制度，给予对查处盗气有贡献的员工一定奖励。对外，可以利用报纸、电视台、广播电台等新闻媒体，广泛宣传打击盗窃燃气的政策，公布举报奖励方案，激励广大人民群众参与打击盗气行为。

（3）建议燃气公司与执法部门沟通，推动建立燃气盗窃执法稽查队伍，定期开展巡查执法和打击盗窃燃气违法犯罪行为专项行动。

（4）建议燃气公司与政府沟通，推动政府出台打击燃气盗窃行为的政策，为相关执法工作提供指导性意见和依据。